U0895843

2013

CHINA YEARBOOK OF AGRICULTURAL PRICE SURVEY

中国农产品价格调查年鉴

国家统计局农村社会经济调查司 编

中国统计出版社
China Statistics Press

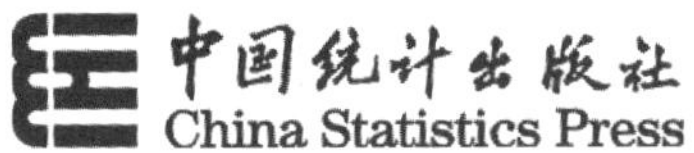

图书在版编目（CIP）数据

中国农产品价格调查年鉴. 2013 = China yearbook of agricultural price survey 2013 : 汉英对照 / 国家统计局农村社会经济调查司编. -- 北京 : 中国统计出版社, 2013.10
ISBN 978-7-5037-6993-1

Ⅰ. ①中… Ⅱ. ①国… Ⅲ. ①农产品－价格－统计资料－中国－2013－年鉴－汉、英 Ⅳ. ①F323.7-54

中国版本图书馆 CIP 数据核字(2013)第 237044 号

中国农产品价格调查年鉴—2013
CHINA YEARBOOK OF AGRICULTURAL PRICE SURVEY 2013

作　　者 / 国家统计局农村社会经济调查司
责任编辑 / 许立舫
封面设计 / 杨燕超
出版发行 / 中国统计出版社
通信地址 / 北京市丰台区西三环南路甲 6 号　邮政编码 / 100073
电　　话 / 邮购（010）63376909　书店（010）68783171
网　　址 / http://csp.stats.gov.cn
印　　刷 / 北京联兴盛业印刷有限公司
经　　销 / 新华书店
开　　本 / 880mm × 1230mm　1/16
字　　数 / 500 千字
印　　张 / 16.75
版　　别 / 2013 年 10 月第 1 版
版　　次 / 2013 年 10 月第 1 次印刷
定　　价 / 148.00 元

如有印装差错，由本社发行部调换。

《中国农产品价格调查年鉴—2013》编辑委员会

《CHINA YEARBOOK OF AGRICULTURAL PRICE SURVEY—2013》

EDITORIAL BOARD AND STAFF

前　言

一、编辑目的与作用

伴随我国市场经济体制的建立与完善，农村经济运行市场化步伐加快，市场机制在农产品流通与贸易中的基础作用日益显现，宏观决策和社会公众对农产品价格信息的需求与日俱增。为了适应这一新的形势，国家统计局农村社会经济调查系统发挥自身优势，逐步建立起完整的农产品价格调查体系，对农产品生产和流通全过程进行密切跟踪调查，全方位把握农产品价格走势，深入透视农产品生产、贸易和消费环节的分配关系和利益格局。汇编这些价格数据的目的就是为了充分发挥农产品价格信息在分析研究我国农产品供给与需求、农产品市场竞争与产业结构调整、农民收入与居民消费等方面的独特作用，更好地服务于各级党政领导的“三农”决策，服务于关注农产品价格问题的研究机构和各界社会公众。

二、主要内容与资料调查方法

本书的内容主要包括统计图、农产品生产价格指数、农产品集贸市场价格、美国农产品生产价格四部分。农产品生产价格是农产品生产者农户和农场直接出售其产品时实际获得的单位产品价格，它是农产品集贸市场价格、批发价格和消费价格形成的基础和前提。农产品生产价格调查采用随机抽样的方法抽选调查网点，实行抽样调查。全国共抽选26000个农业生产经营单位，其中普通农户占三分之二，农业生产单位和生产大户占三分之一。调查内容涉及农、林、牧、渔四个大类，180种代表品。农产品集贸市场价格调查是对全国200个农产品主产县（市）35种农产品进行的集贸市场价格调查，旨在反映我国农产品主产区大宗农产品的交易价格和价格走势。美国农产品生产价格数据是在美国农业部发布的数据信息基础上整理而来，旨在为国内外农产品生产价格的比较提供信息。

三、特别说明

本书在重点收录2012年农产品价格调查资料的同时，编发了2000年以来主要年份全国主要农产品的价格数据（全国汇总数据不含西藏）。生产价格指数以上年或上年同期价格为100。农产品集贸市场价格单位统一为元/公斤，价格数据保留两位小数；集贸市场价格走势分为环比和同比两个系列，环比以上月或上季度价格为100，同比以上年同月或同期价格为100。

为了及时反映全国农产品价格走势，我们将定期出版《中国农产品价格调查年鉴》。限于我们的经验和水平，书中疏漏在所难免，不妥之处敬请读者批评指正。

编　者

2013年7月

Preface

I. Background and Purpose

Along with the establishment and improvement of the system of market economy in China, the market-oriented pace of the rural economy has been accelerated. The market plays more and more important role in production and trade of agricultural products. Therefore, the government and publics have increasingly more demand for the information on the prices of agricultural products. In order to fit in with this situation, Rural Survey Department of National Bureau of Statistics has been carrying out surveys on the prices of agricultural products to monitor the movement of the related prices and to maintain the agricultural accounting system, through its survey teams locating all over the country since 2003. The purpose of this book is to provide the price information of agricultural products to government agencies at various level, the research institutions, agricultural holdings as well as other publics for the decision-making and analyzing the supply and demand relations of the agricultural products, the market competition of agricultural products and the agricultural restructure, the farmers,income and consumption, etc.

II. Contents and Methodology

The contents of this book include:the chart of price movement of agricultural products, the producer prices index of agricultural products, the prices of the agricultural products at the rural market fairs, the prices received by farmers in US. The second part of this book is based on National Producer Price Survey of Agricultural Products. The producer price of the agricultural product is the price of the unit product, at which the producer of the agricultural product, i.e. the agricultural household or the farm, directly sells the product. The producer prices of agricultural products are the bases of the prices of the agricultural products at the rural market fairs as well as the wholesale prices and consumer prices. National Producer Prices Survey of agricultural products is a sample survey with its sample units selected with random sampling method. A total of 26000 units engaged in agricultural production have been selected in the whole country, in which the agricultural households account for two thirds and the farms account for one third. The survey covers 180 representative agricultural products in four categories of farming, forestry, livestock and fishery. The third part of this book is based on Survey of Agricultural Products Prices at Rural Market Fairs which is a survey on the prices of 35 agricultural products in 200 major producing counties and cities conducted for reflecting the trading prices of the staple agricultural products in the major producing areas and the change of these prices. The US price received by farmers is derived from the data released by USDA, which is to provide information that can be used to compare the domestic producer price of agricultural products with the international counterpart.

III.Additional Notes

While mainly presenting the survey data on the prices of agricultural products in 2012, this book also releases the series data on the prices of main agricultural products in China since 2000 (The country's aggregated date excludes Tibet). The producer price indices take the prices in the preceding year or the prices at the same period of preceding year as 100. The unit of the prices of agricultural products at rural market fairs is unified to be Yuan/kg and two decimals are kept for the price data. The data on the change of the prices of agricultural products at rural market fairs are classified into two series, namely the chain indices and the fixed base indices. The chain indices take the prices of the previous month or quarter as 100 while the fixed base indices take the prices of the same month or same period in the preceding year as 100.

In order to better reflect the change of the prices of agricultural products in China, we will periodically publish the China Yearbook of Agricultural Price Survey. Limit to our experiences and knowledge, some slips are inevitable in the book. We warmly welcome the comments or suggestion from our readers.

The Editor
Beijing
Jul.2013

目录

前　言
Preface

第一部分　统计图
Part I Chart of Price Movement

1-1　农产品生产价格指数走势图 …… 3
Chart of Indices of the Producer Prices of Agricultural Products

1-2　农产品集贸市场价格走势图 …… 15
Chart of Prices of Agricultural Products at the Rural Market Fairs

1-3　美国农产品生产价格走势图 …… 24
Chart of US Prices of Agricultural Products

第二部分　农产品生产价格指数
Part II Producer Price Indices of Agricultural Products

2-1　全国农产品生产价格总指数(以上年为100) …… 31
Producer Price Indices of Agricultural Products（preceding year=100）

2-2　全国农产品生产价格总指数(以1978年为100) …… 32
Producer Price Indices of Agricultural Products（1978=100）

2-3　全国农产品生产价格总指数(以1995年为100) …… 33
Producer Price Indices of Agricultural Products（1995=100）

2-4　全国农产品生产价格总指数(以2000年为100) …… 34
Producer Price Indices of Agricultural Products（2000=100）

2-5　全国主要农产品生产价格指数 …… 35
Producer Price Indices of Main Agricultural Products

2-6　全国主要农产品分季度生产价格指数 …… 36
Producer Price Indices of Agricultural Products by Quarter

2-7　全国分品种农产品生产价格指数 …… 38
Producer Price Indices of Agricultural Products by Category

2-8　全国农产品生产价格指数(第一季度) …… 45
Producer Price Indices of Agricultural Products in First Quarter

2-9　全国农产品生产价格指数(第二季度) …… 52
Producer Price Indices of Agricultural Products in Second Quarter

2-10　全国农产品生产价格指数(第三季度) …… 59
Producer Price Indices of Agricultural Products in the Third Quarter

2-11　全国农产品生产价格指数(第四季度) …… 66
Producer Price Indices of Agricultural Products in the Fourth Quarter

2-12　各地区农产品生产价格总指数 …… 73
Producer Price Indices of Agricultural Products by Region

2-13 各地区种植业产品生产价格指数 …… 74
Producer Price Indices of Crop Products by Region
2-14 各地区林业产品生产价格指数 …… 75
Producer Price Indices of Forestry Products by Region
2-15 各地区饲养动物及其产品生产价格指数 …… 76
Producer Price Indices of Livestock Products by Region
2-16 各地区渔业产品生产价格指数 …… 77
Producer Price Indices of Fishery Products by Region
2-17 各地区种植业产品生产价格分类指数 …… 78
Producer Price Indices of Crop Products by Region and Category
2-18 各地区林业产品生产价格分类指数 …… 119
Producer Price Indices of Forestry Products by Region and Category
2-19 各地区饲养动物及其产品生产价格分类指数 …… 122
Producer Price Indices of Livestock Products by Region and Category
2-20 各地区渔业产品生产价格分类指数 …… 129
Producer Price Indices of Fishery Products by Region and Category

第三部分 农产品集贸市场价格

Part III Prices of Agricultural Products at the Rural Market Fairs

3-1 全国农产品集贸市场年度价格及走势 …… 145
Annual RMF Prices of Agricultural Products
3-2 全国农产品集贸市场季度价格及走势(第一季度) …… 148
Quarterly RMF Prices of Agricultural Products (1st quarter)
3-3 全国农产品集贸市场季度价格及走势(第二季度) …… 150
Quarterly RMF Prices of Agricultural Products (2nd quarter)
3-4 全国农产品集贸市场季度价格及走势(第三季度) …… 152
Quarterly RMF Prices of Agricultural Products (3rd quarter)
3-5 全国农产品集贸市场季度价格及走势(第四季度) …… 154
Quarterly RMF Prices of Agricultural Products (4th quarter)
3-6 全国农产品集贸市场月度价格及走势(1月份) …… 156
Monthly RMF Prices of Agricultural Products (Jan.)
3-7 全国农产品集贸市场月度价格及走势(2月份) …… 158
Monthly RMF Prices of Agricultural Products (Feb.)
3-8 全国农产品集贸市场月度价格及走势(3月份) …… 160
Monthly RMF Prices of Agricultural Products (Mar.)
3-9 全国农产品集贸市场月度价格及走势(4月份) …… 162
Monthly RMF Prices of Agricultural Products (Apr.)
3-10 全国农产品集贸市场月度价格及走势(5月份) …… 164
Monthly RMF Prices of Agricultural Products (May)
3-11 全国农产品集贸市场月度价格及走势(6月份) …… 166
Monthly RMF Prices of Agricultural Products (Jun.)
3-12 全国农产品集贸市场月度价格及走势(7月份) …… 168
Monthly RMF Prices of Agricultural Products (Jul.)
3-13 全国农产品集贸市场月度价格及走势(8月份) …… 170
Monthly RMF Prices of Agricultural Products (Aug.)
3-14 全国农产品集贸市场月度价格及走势(9月份) …… 172
Monthly RMF Prices of Agricultural Products (Sep.)
3-15 全国农产品集贸市场月度价格及走势(10月份) …… 174
Monthly RMF Prices of Agricultural Products (Oct.)
3-16 全国农产品集贸市场月度价格及走势(11月份) …… 176
Monthly RMF Prices of Agricultural Products (Nov.)
3-17 全国农产品集贸市场月度价格及走势(12月份) …… 178
Monthly RMF Prices of Agricultural Products (Dec.)

3-18 全国农产品集贸市场月度价格及走势 (2012年1月) …… 180
Monthly RMF Prices of Agricultural Products（Jan.2012）
3-19 全国农产品集贸市场月度价格及走势 (2012年2月) …… 181
Monthly RMF Prices of Agricultural Products (Feb.2012)
3-20 全国农产品集贸市场月度价格及走势 (2012年3月) …… 182
Monthly RMF Prices of Agricultural Products (Mar.2012)
3-21 全国农产品集贸市场月度价格及走势 (2012年4月) …… 183
Monthly RMF Prices of Agricultural Products (Apr.2012)
3-22 全国农产品集贸市场月度价格及走势 (2012年5月) …… 184
Monthly RMF Prices of Agricultural Products (May 2012)
3-23 全国农产品集贸市场月度价格及走势 (2012年6月) …… 185
Monthly RMF Prices of Agricultural Products (Jun.2012)
3-24 全国农产品集贸市场月度价格及走势 (2012年7月) …… 186
Monthly RMF Prices of Agricultural Products (Jul.2012)
3-25 全国农产品集贸市场月度价格及走势 (2012年8月) …… 187
Monthly RMF Prices of Agricultural Products (Aug.2012)
3-26 全国农产品集贸市场月度价格及走势 (2012年9月) …… 188
Monthly RMF Prices of Agricultural Products (Sep.2012)
3-27 全国农产品集贸市场月度价格及走势 (2012年10月) …… 189
Monthly RMF Prices of Agricultural Products (Oct.2012)
3-28 全国农产品集贸市场月度价格及走势 (2012年11月) …… 190
Monthly RMF Prices of Agricultural Products (Nov.2012)
3-29 全国农产品集贸市场月度价格及走势 (2012年12月) …… 191
Monthly RMF Prices of Agricultural Products (Dec.2012)
3-30 2012年各地区农产品集贸市场价格 …… 192
Annual RMF Prices of Agricultural Products by Region (2012)

第四部分　美国农产品生产价格

Part IV The US Prices of Agricultural Products

4-1 月度美国农产品生产价格指数 …… 201
Index of Prices Received of Agricultural Products by Month
4-2 1月份美国部分农产品生产价格 …… 202
The US Prices Received of Agricultural Products in Jan.
4-3 2月份美国部分农产品生产价格 …… 203
The US Prices Received of Agricultural Products in Feb.
4-4 3月份美国部分农产品生产价格 …… 204
The US Prices Received of Agricultural Products in Mar.
4-5 4月份美国部分农产品生产价格 …… 205
The US Prices Received of Agricultural Products in Apr.
4-6 5月份美国部分农产品生产价格 …… 206
The US Prices Received of Agricultural Products in May
4-7 6月份美国部分农产品生产价格 …… 207
The US Prices Received of Agricultural Products in Jun.
4-8 7月份美国部分农产品生产价格 …… 208
The US Prices Received of Agricultural Products in Jul.
4-9 8月份美国部分农产品生产价格 …… 209
The US Prices Received of Agricultural Products in Aug.
4-10 9月份美国部分农产品生产价格 …… 210
The US Prices Received of Agricultural Products in Sep.
4-11 10月份美国部分农产品生产价格 …… 211
The US Prices Received of Agricultural Products in Oct.

4-12 11月份美国部分农产品生产价格 …… 212
The US Prices Received of Agricultural Products in Nov.
4-13 12月份美国部分农产品生产价格 …… 213
The US Prices Received of Agricultural Products in Dec.

附录 全国农产品价格调查方案
Appendix Programmes for the Survey of the Prices of Agricultural Products

农产品生产价格调查与指数编报方案 …… 217
Programme for the Survey of the Producer Prices of Agricultural Products and for the Calculation of the Price Indices
农产品集贸市场价格调查方案 …… 224
Programme for the Survey of the Prices of Agricultural Products at the Rural Market Fairs
农产品参考目录 …… 228
Reference Catalogue of Agricultural Products

统计图

Chart of Price Movement

1-1 农产品生产价格指数走势图
Chart of Indices of the Producer Prices of Agricultural Products

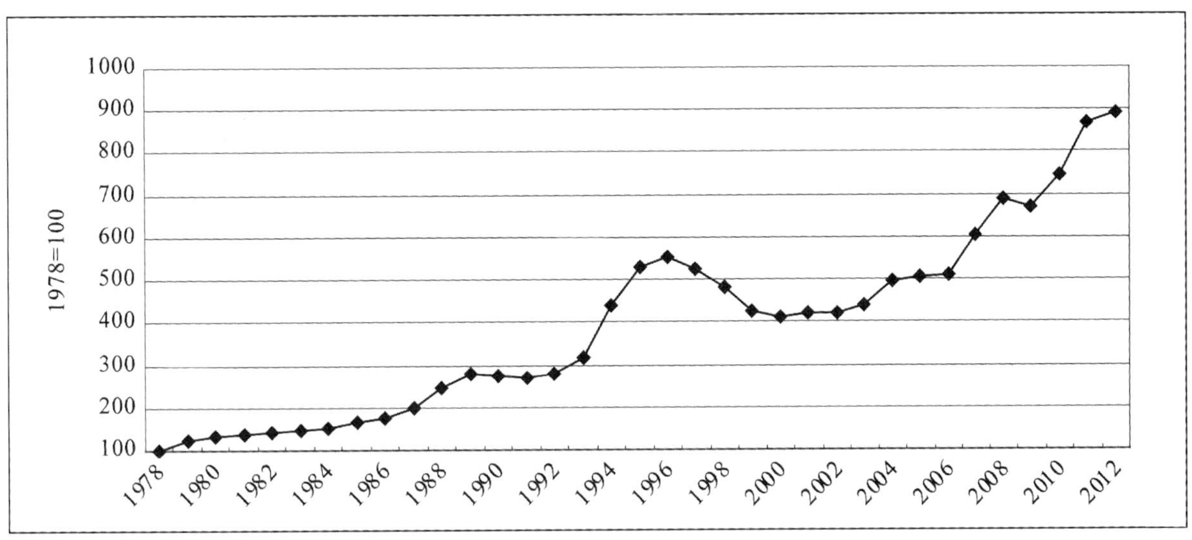

图 1 1978—2012 年农产品生产价格总指数
Annual Overall Indices of Producer Prices of Agricultural Products
(1978—2012)

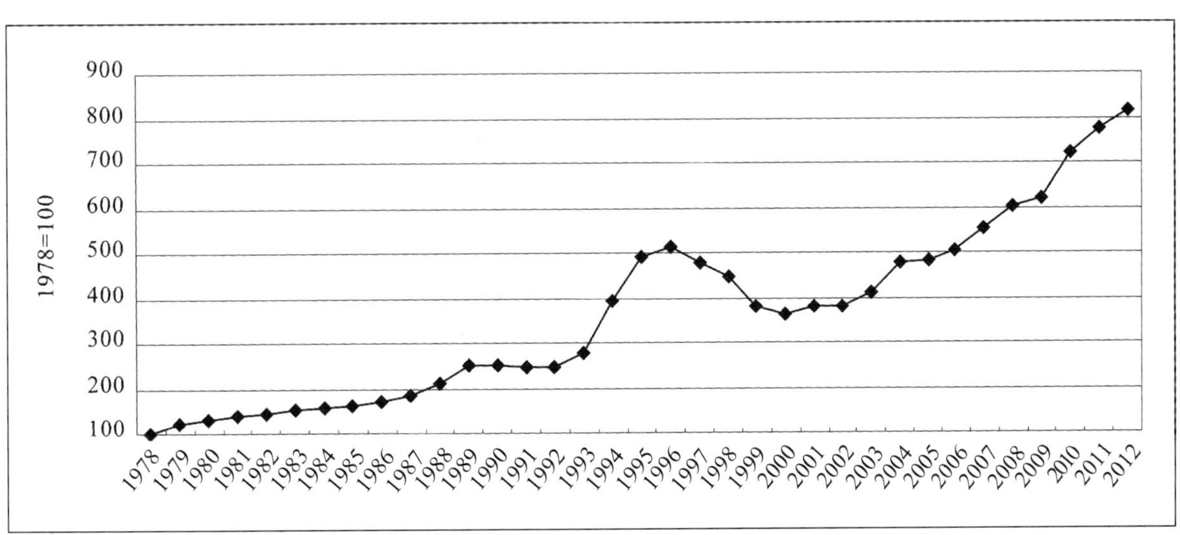

图 2 1978—2012 年种植业产品生产价格指数
Annual Indices of Producer Prices of Crop Products
(1978—2012)

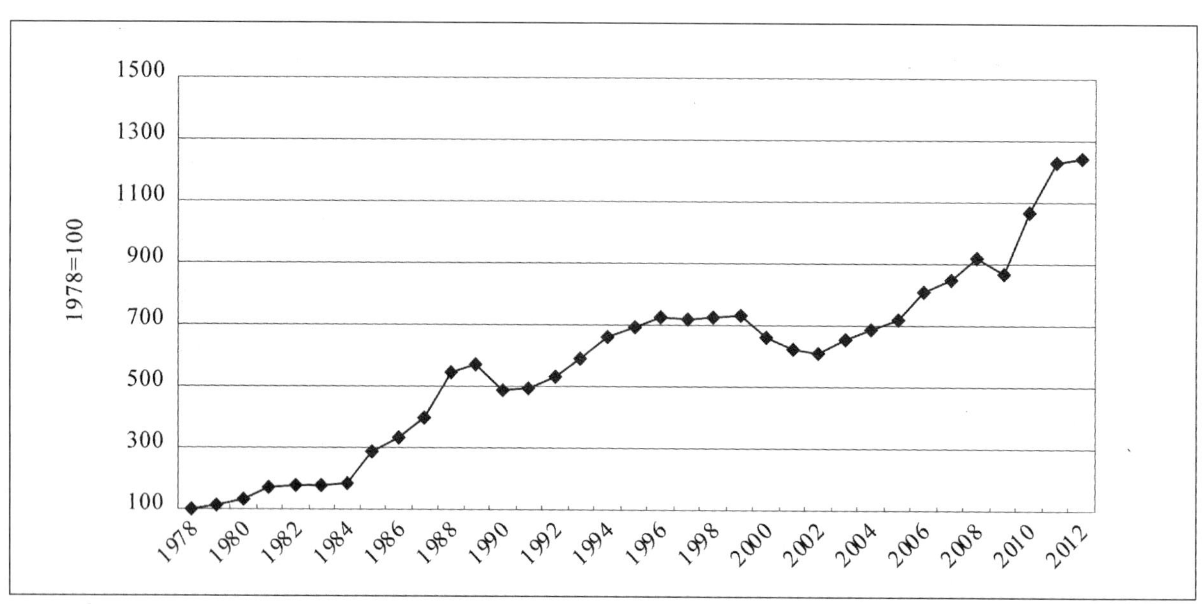

图 3　1978—2012 年林业产品生产价格指数

Annual Indices of Producer Prices of Forestry Products (1978—2012)

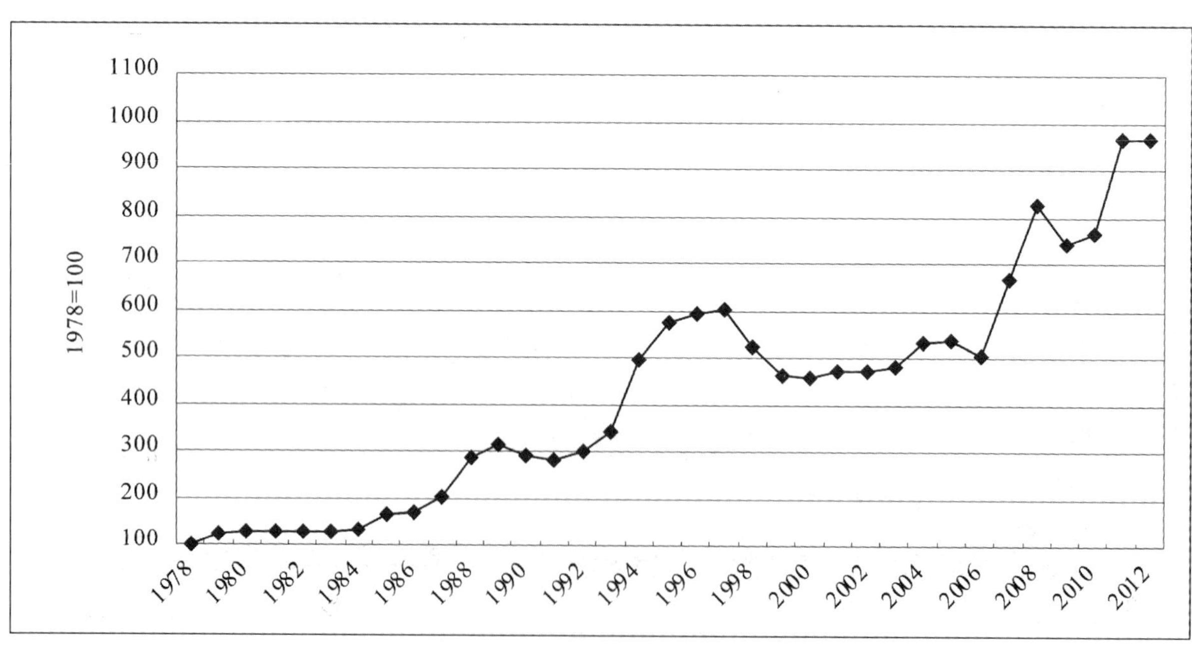

图 4　1978—2012 年饲养动物及其产品生产价格指数

Annual Indices of Producer Prices of Livestock Products (1978—2012)

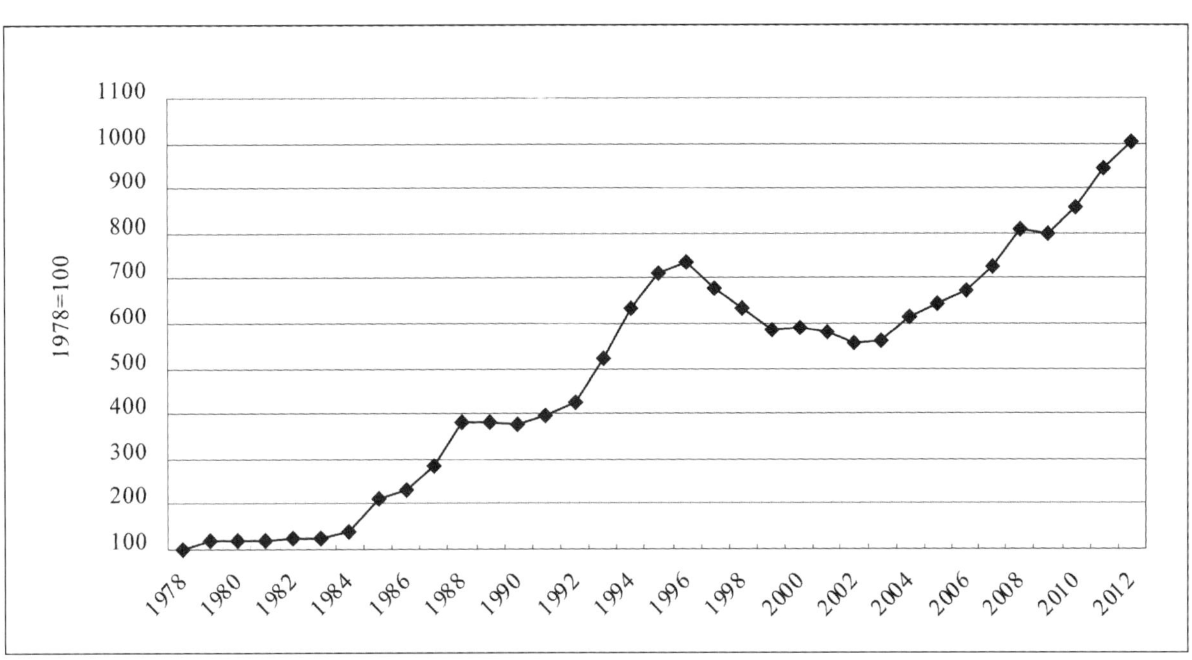

图 5　1978—2012 年渔业产品生产价格指数

Annual Indices of Producer Prices of Fishery Products (1978—2012)

图 6　2007—2012 年农产品季度生产价格总指数

Quarterly Overall Indices of Producer Prices of Agricultural Products (2007—2012)

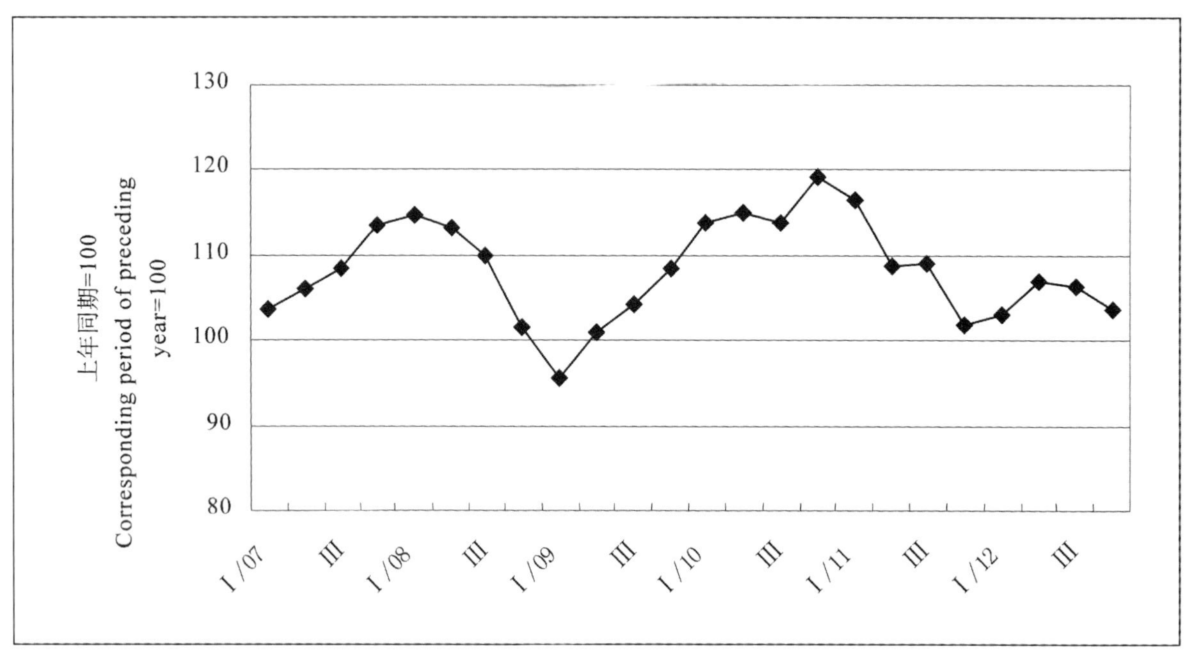

图 7　2007—2012 年种植业产品季度生产价格指数

Quarterly Indices of Producer Prices of Crop Products (2007—2012)

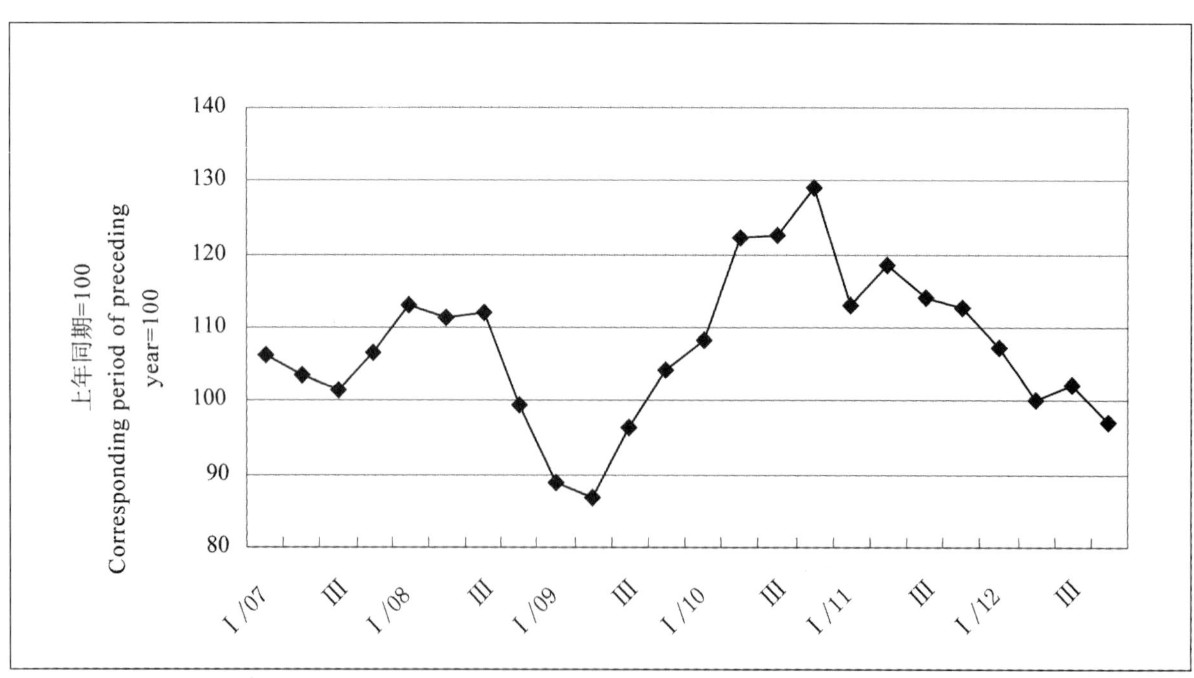

图 8　2007—2012 年林业产品季度生产价格指数

Quarterly Indices of Producer Prices of Forestry Products (2007—2012)

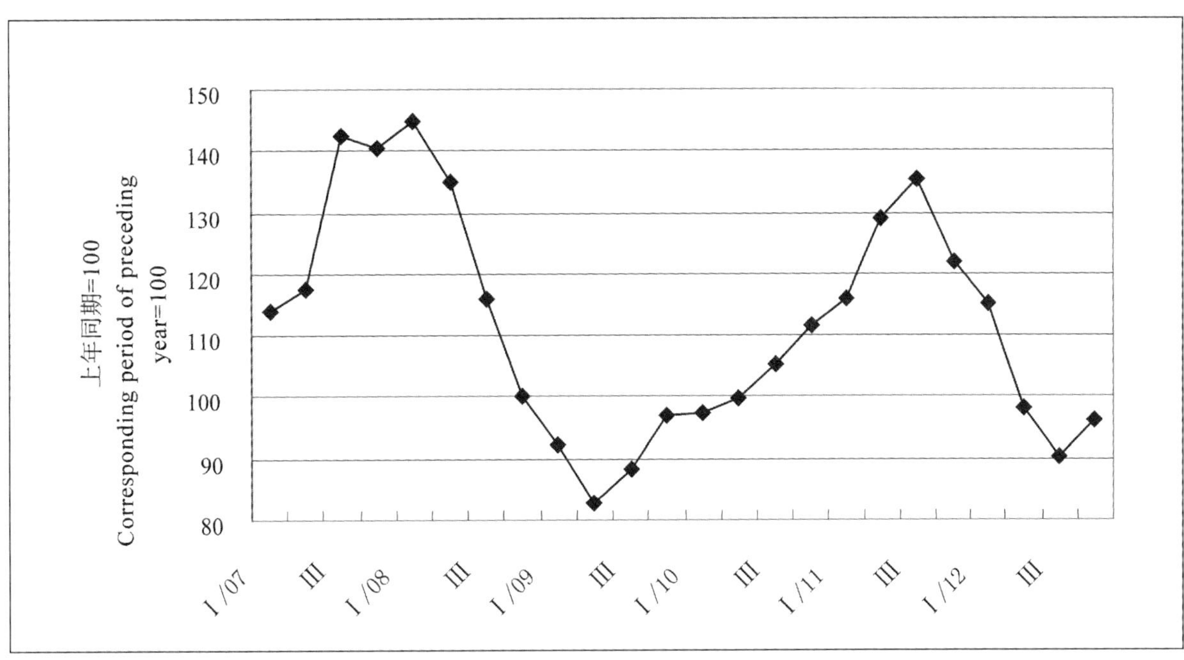

图 9　2007—2012 年饲养动物及其产品季度生产价格指数
Quarterly Indices of Producer Prices of Livestock Products (2007—2012)

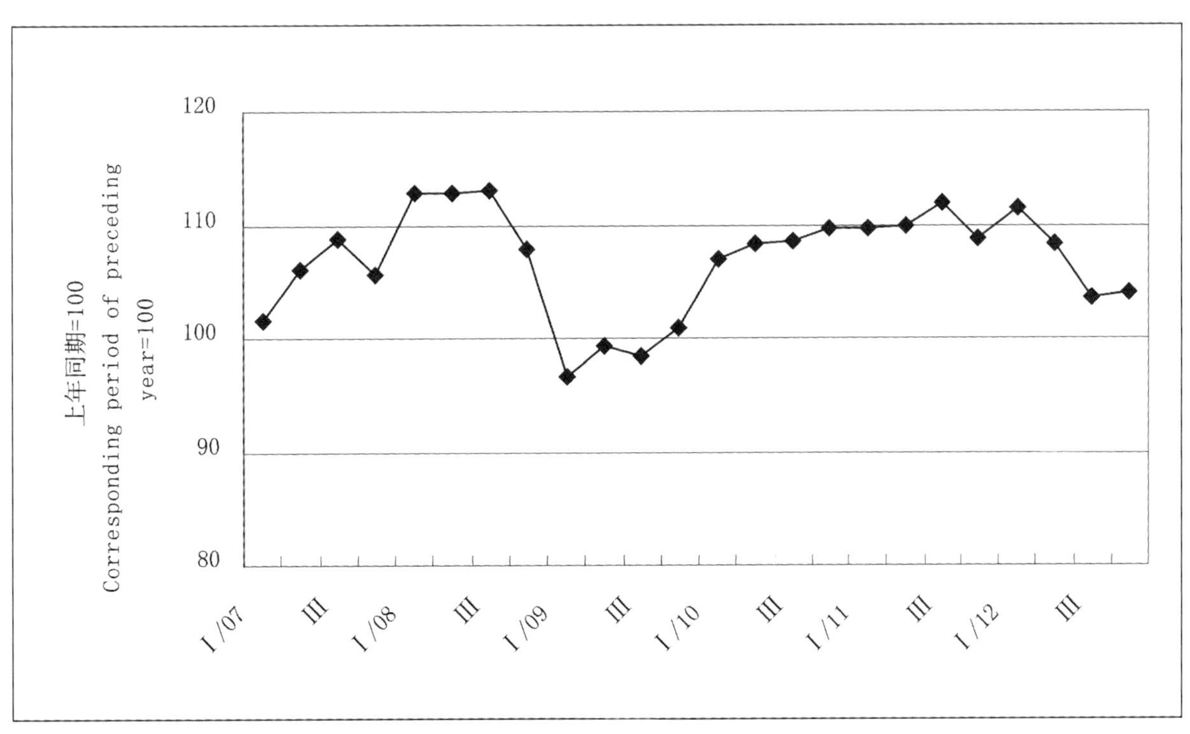

图 10　2007—2012 年渔业产品季度生产价格指数
Quarterly Indices of Producer Prices of Fishery Products (2007—2012)

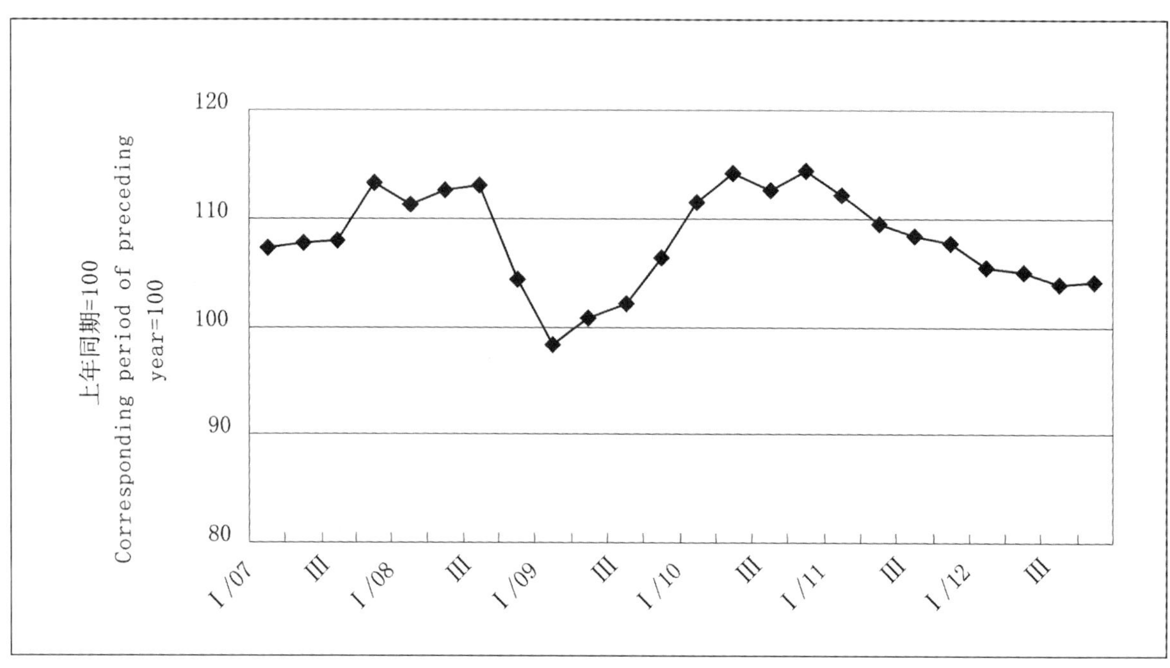

图 11　2007—2012 年粮食季度生产价格指数

Quarterly Indices of Producer Prices of Grain (2007—2012)

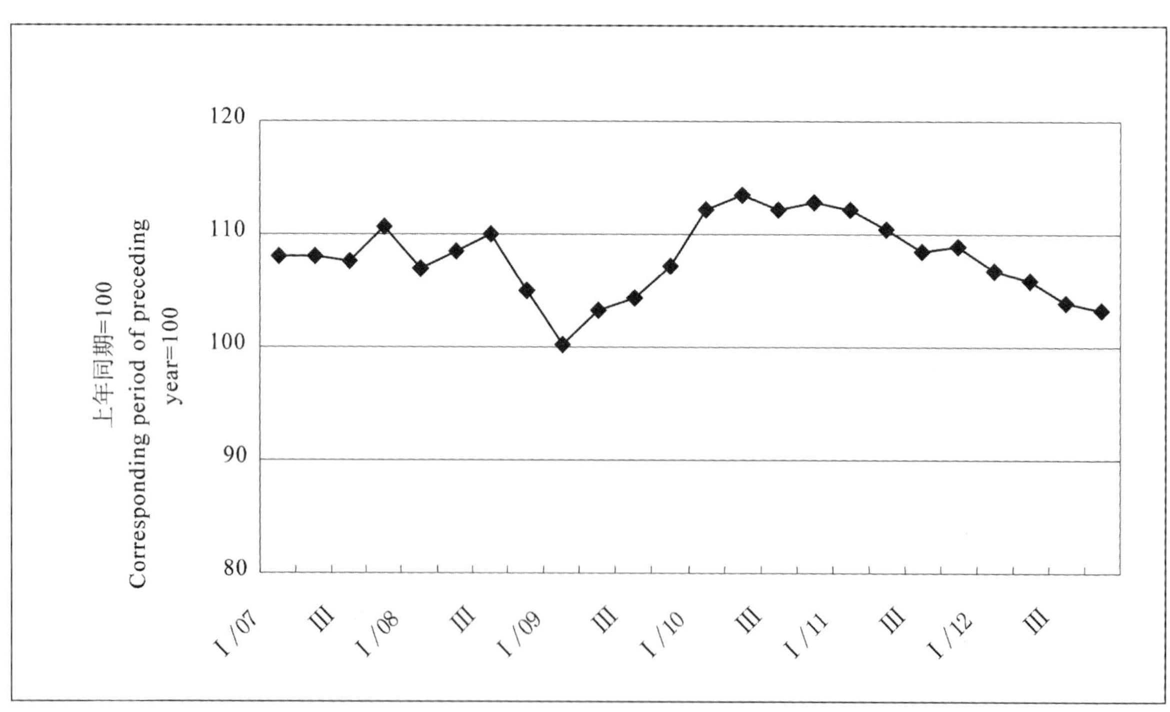

图 12　2007—2012 年谷物季度生产价格指数

Quarterly Indices of Producer Prices of Cereal (2007—2012)

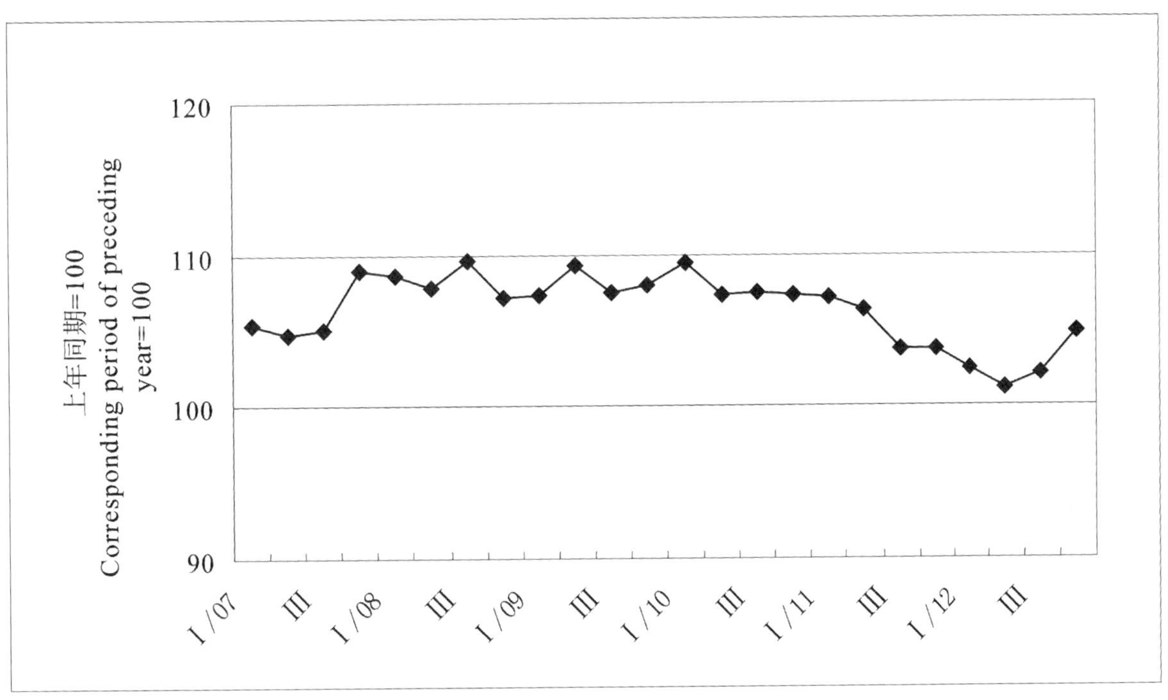

图 13　2007—2012 年小麦季度生产价格指数

Quarterly Indices of Producer Prices of Wheat (2007—2012)

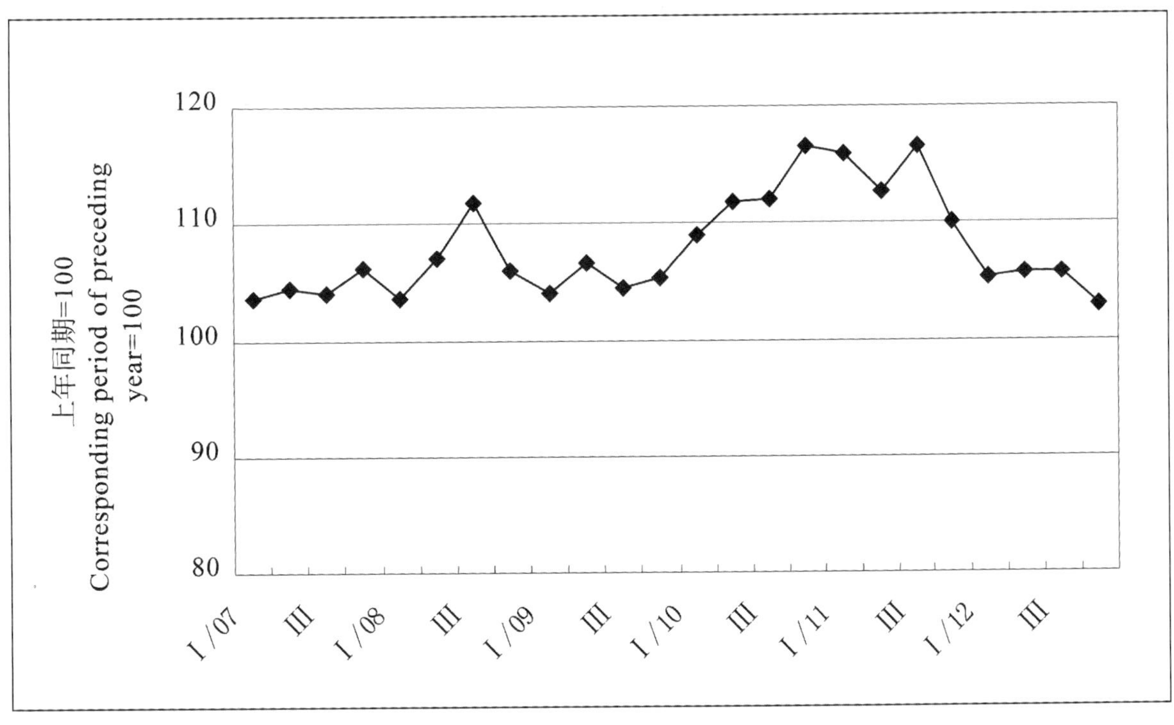

图 14　2007—2012 年稻谷季度生产价格指数

Quarterly Indices of Producer Prices of Paddy (2007—2012)

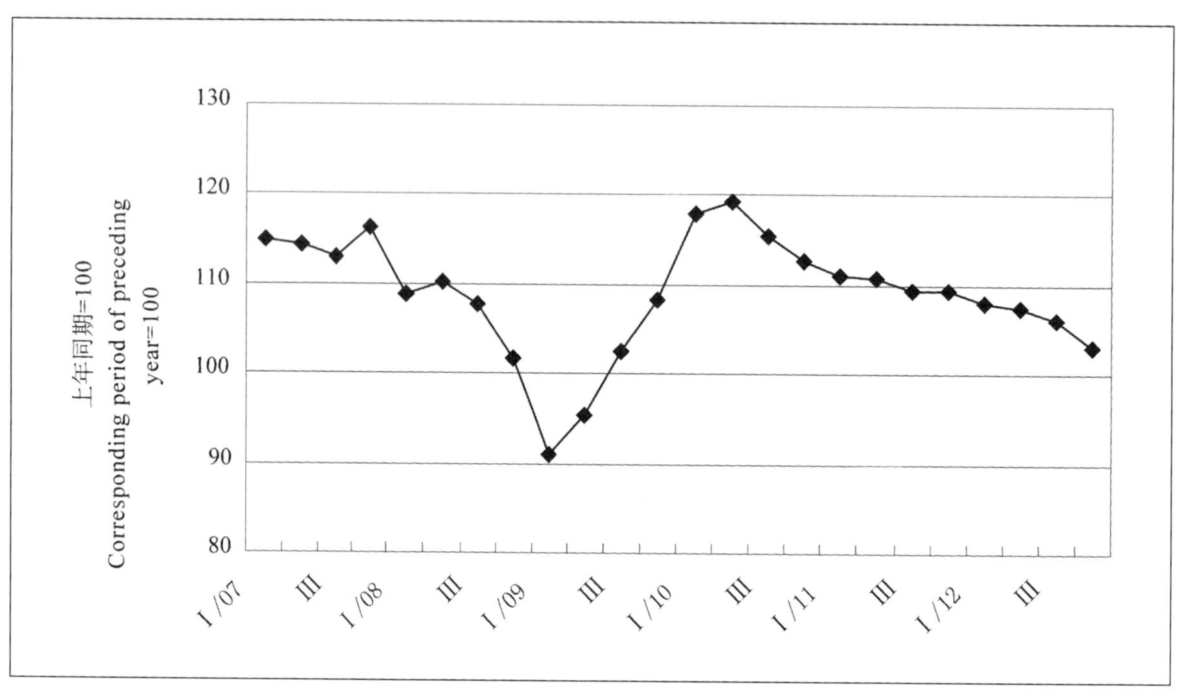

图 15　2007—2012 年玉米季度生产价格指数
Quarterly Indices of Producer Prices of Corn (2007—2012)

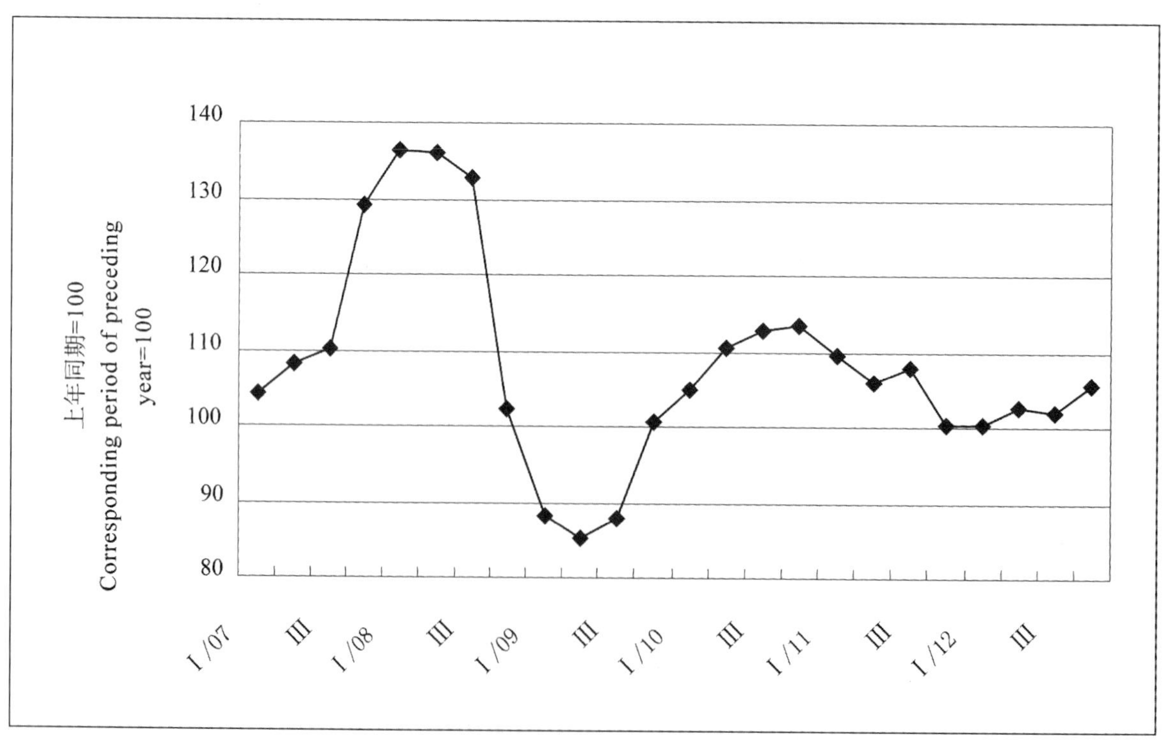

图 16　2007—2012 年豆类季度生产价格指数
Quarterly Indices of Producer Prices of Beans (2007—2012)

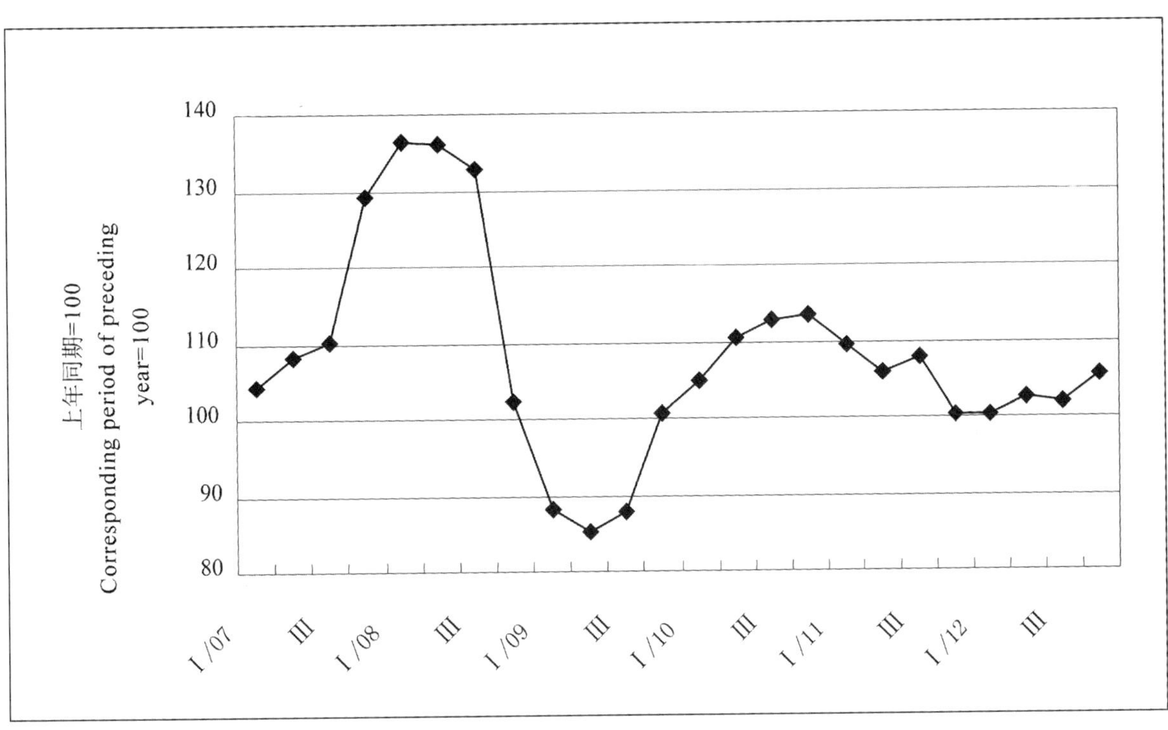

图 17　2007—2012 年大豆季度生产价格指数
Quarterly Indices of Producer Prices of Soybean
(2007—2012)

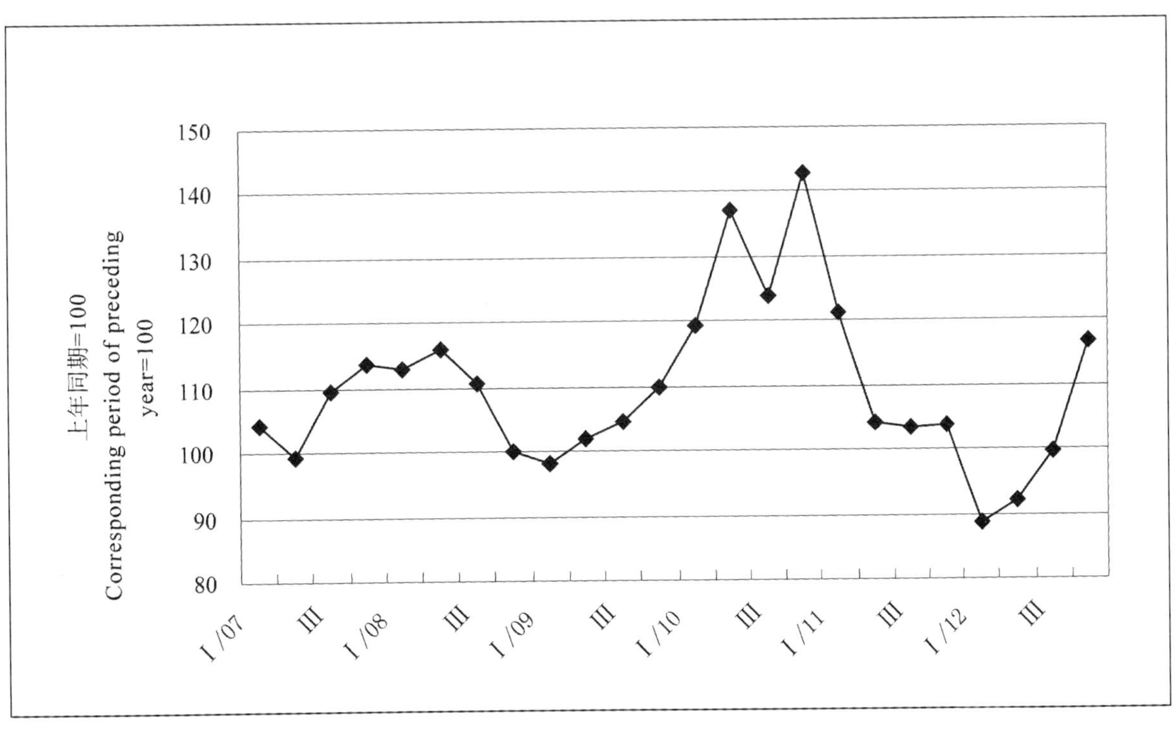

图 18　2007—2012 年薯类季度生产价格指数
Quarterly Indices of Producer Prices of Potato
(2007—2012)

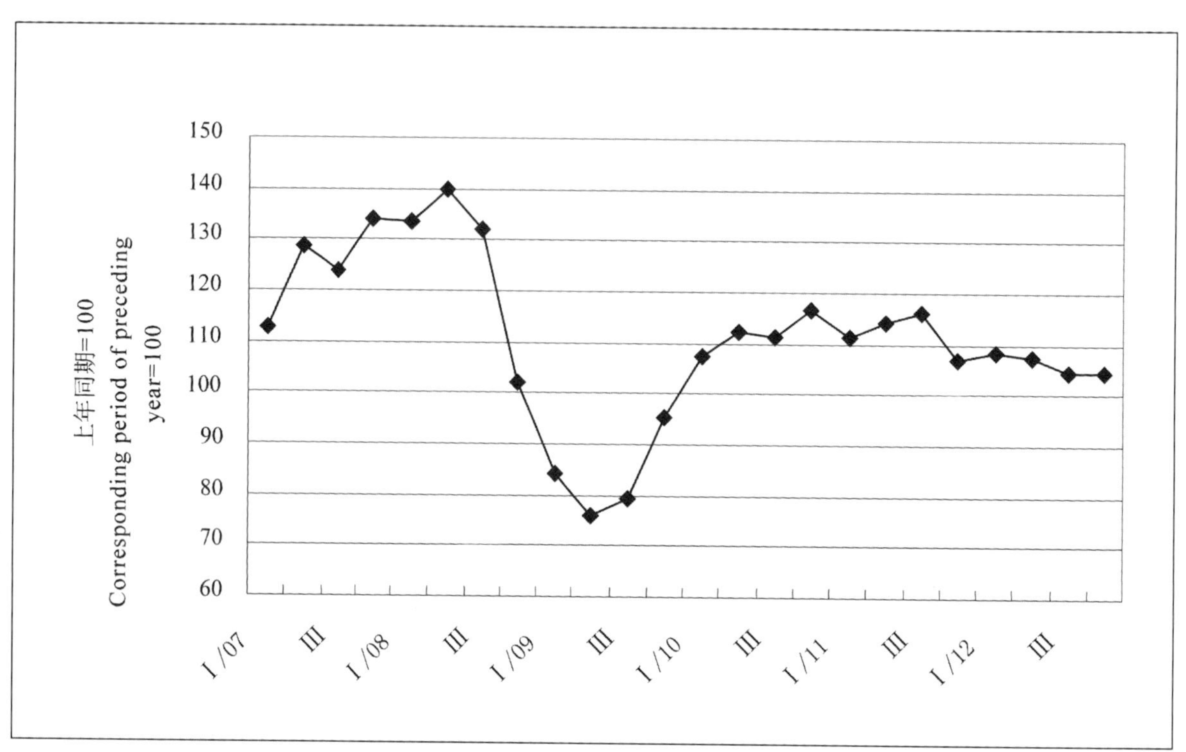

图 19　2007—2012 年油料季度生产价格指数

Quarterly Indices of Producer Prices of Oil-bearing Crops (2007—2012)

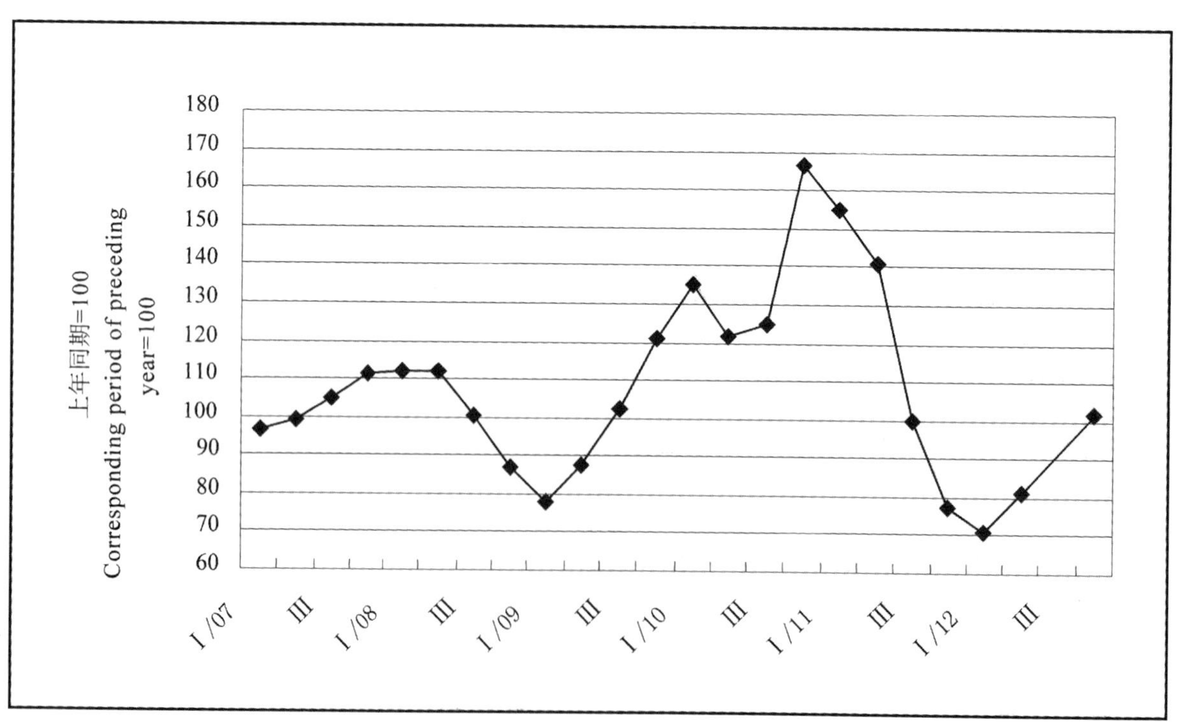

图 20　2007—2012 年棉花季度生产价格指数

Quarterly Indices of Producer Prices of Cotton (2007—2012)

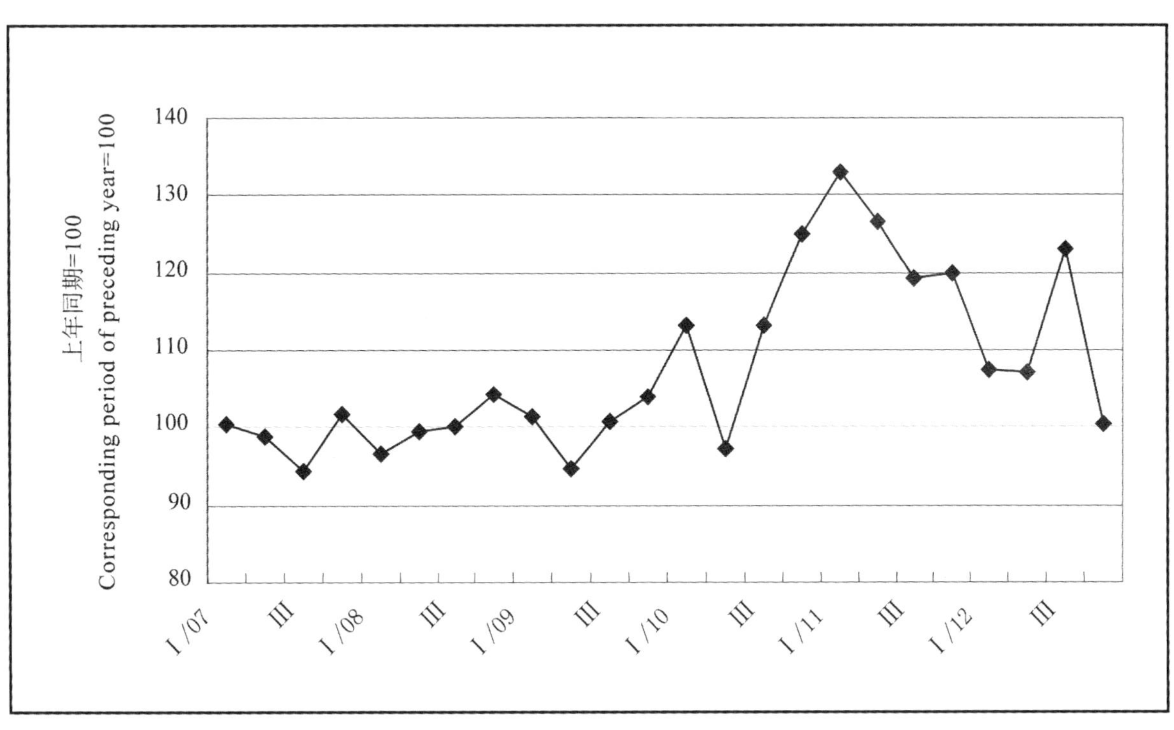

图 21 2007—2012 年糖料季度生产价格指数

Quarterly Indices of Producer Prices of Sugar Crops (2007—2012)

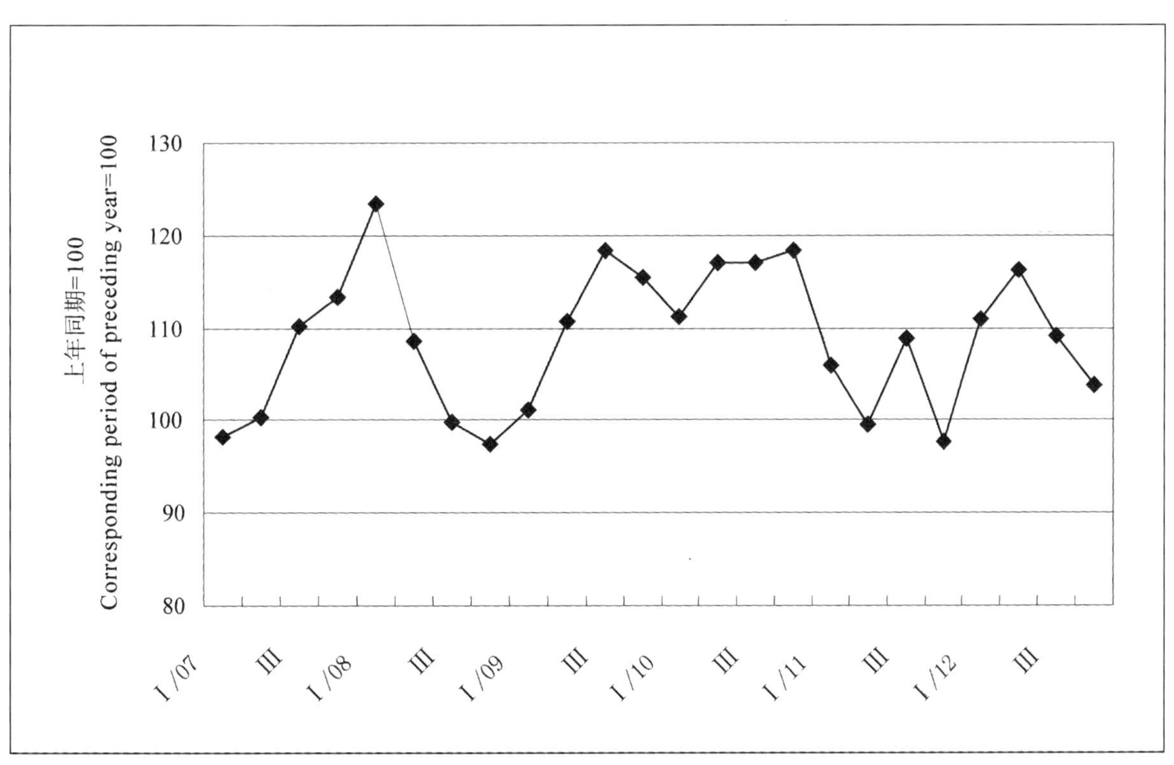

图 22 2007—2012 年蔬菜季度生产价格指数

Quarterly Indices of Producer Prices of Vegetables (2007—2012)

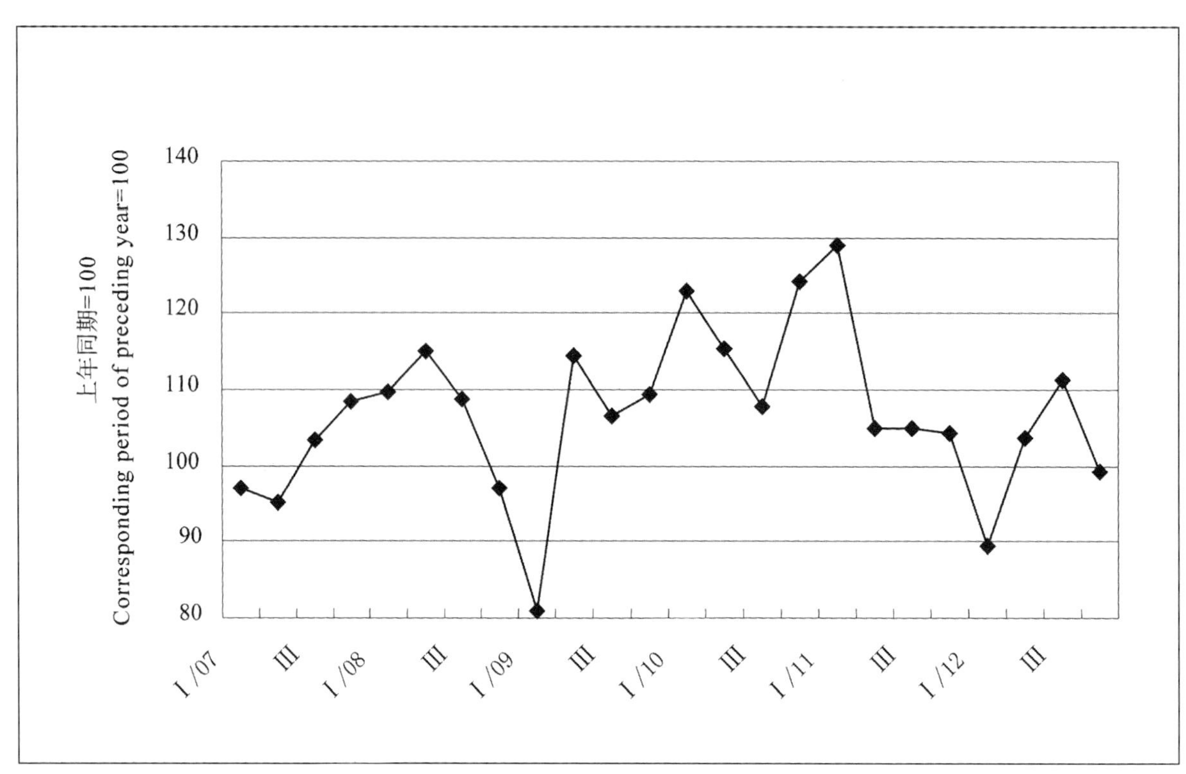

图 23　2007—2012 年水果季度生产价格指数

Quarterly Indices of Producer Prices of Fruits
(2007—2012)

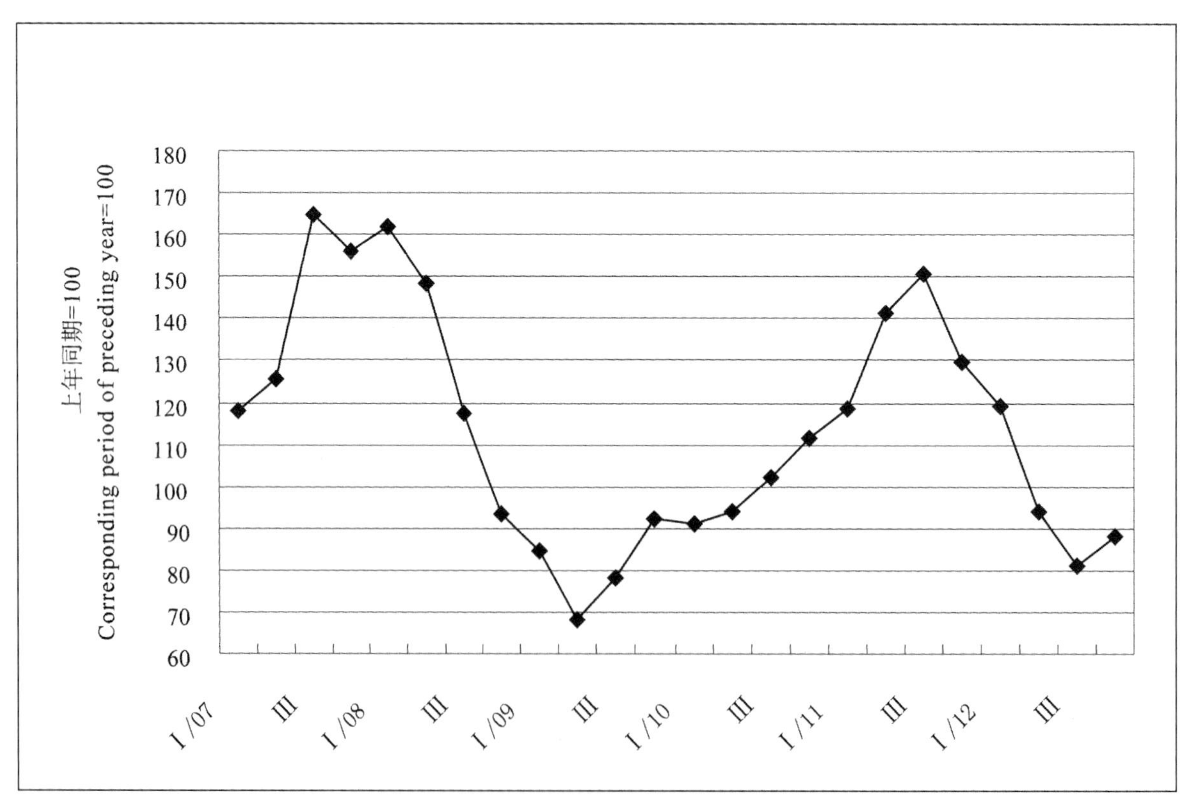

图 24　2007—2012 年活猪季度生产价格指数

Quarterly Indices of Producer Prices of Hog
(2007—2012)

1-2 农产品集贸市场价格走势图
Chart of Prices of Agricultural Products at the Rural Market Fairs

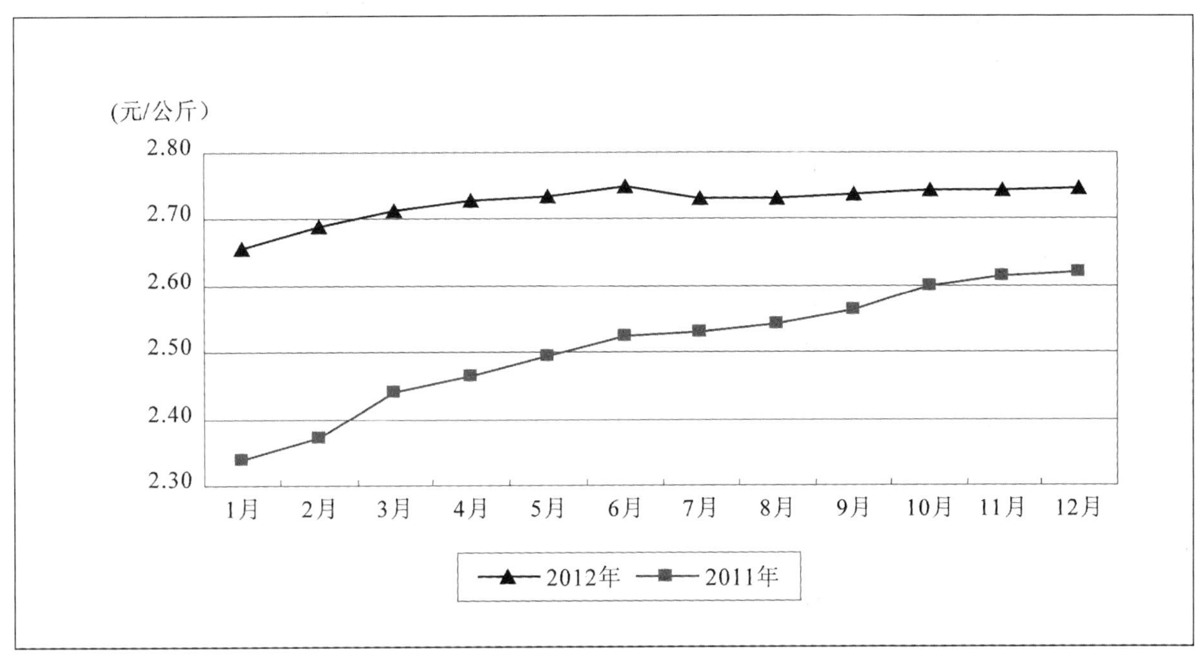

图 1　2011、2012 年籼稻价格走势

Monthly Price Movement of Long—grain Nonglutinous Rice in 2011、2012

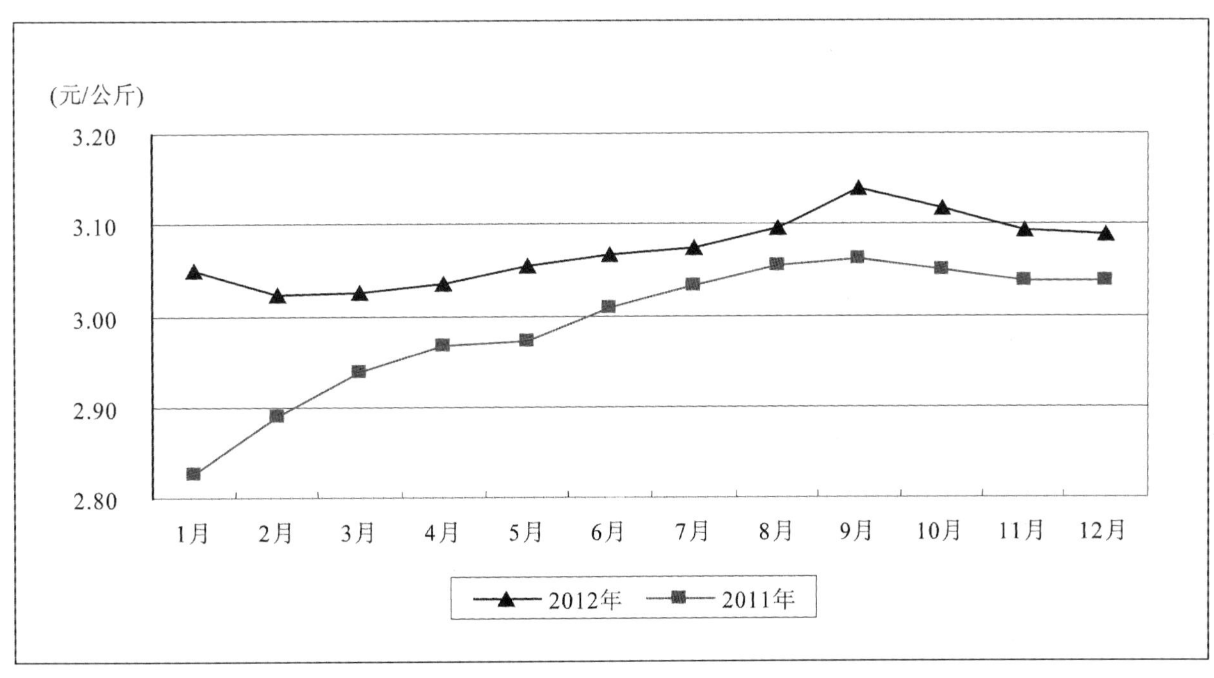

图 2　2011、2012 年粳稻价格走势

Monthly Price Movement of Medium to Short—grain Nonglutinous Rice in 2011、2012

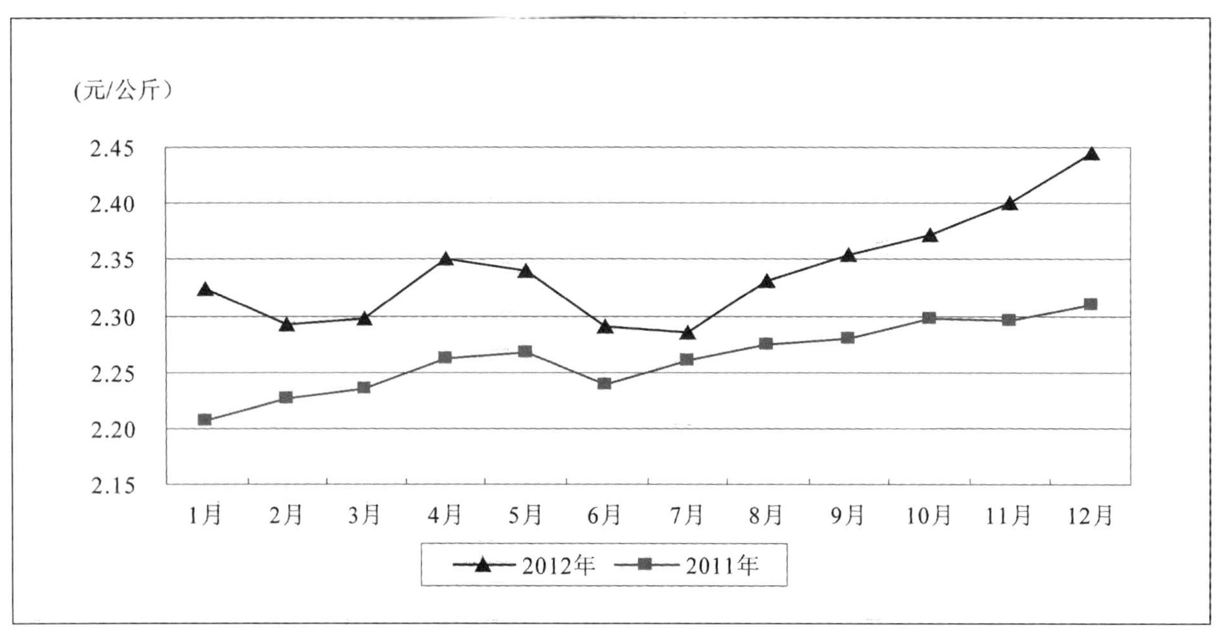

图 3　2011、2012 年小麦价格走势

Monthly Price Movement of Wheat in 2011、2012

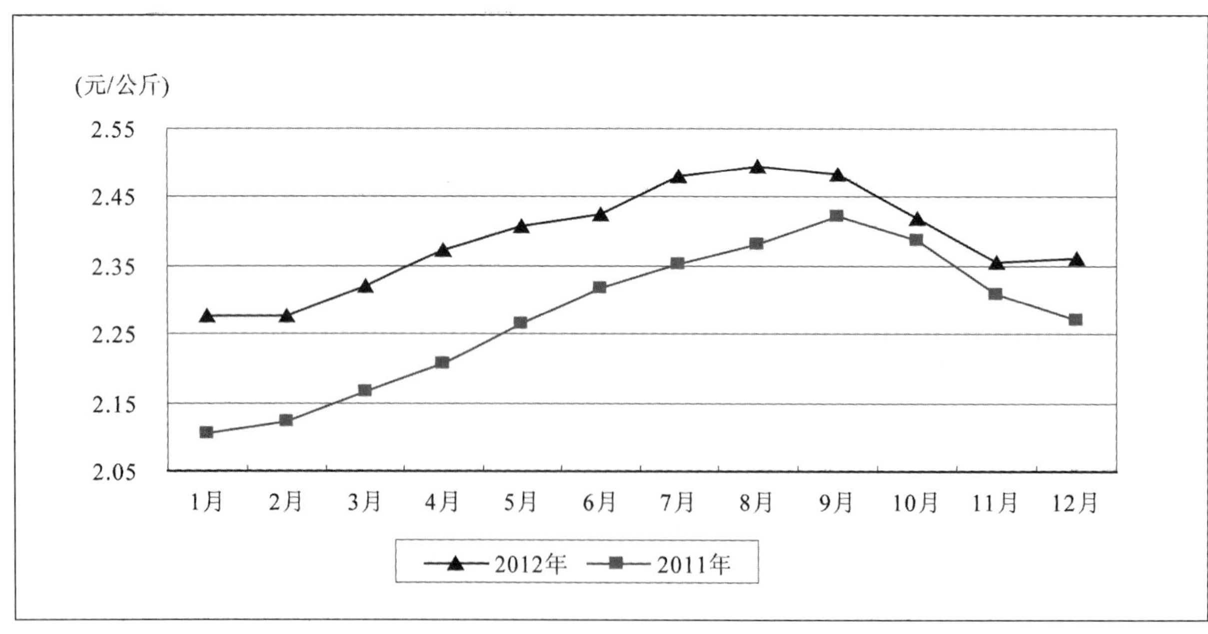

图 4　2011、2012 年玉米价格走势

Monthly Price Movement of Corn in 2011、2012

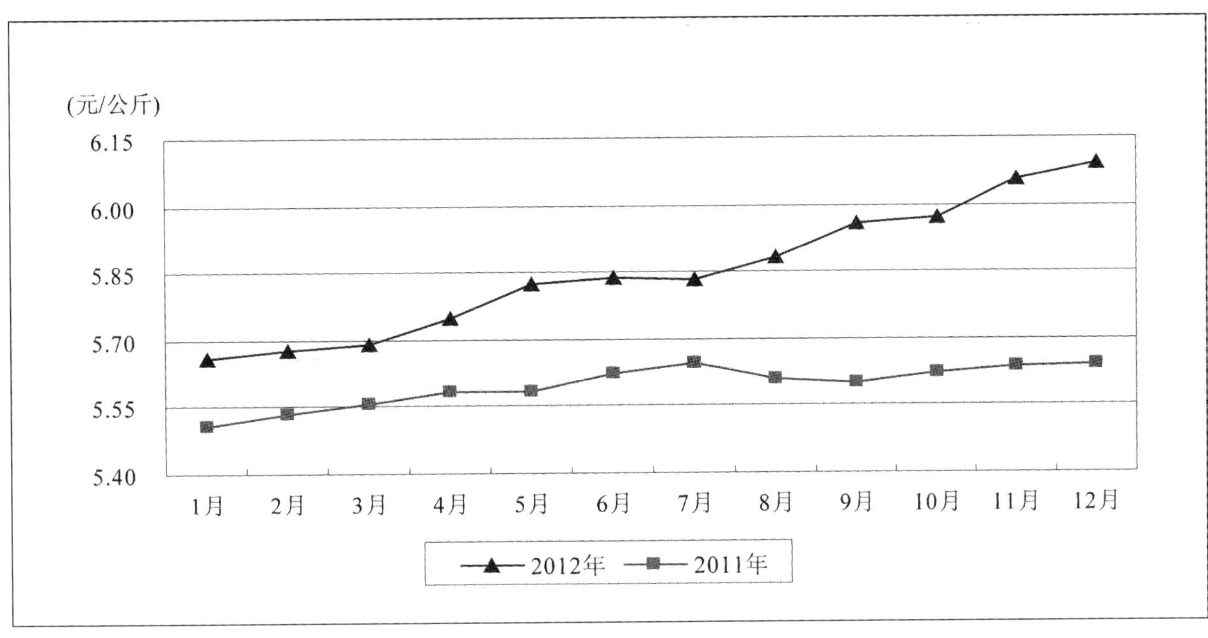

图 5　2011、2012 年大豆价格走势

Monthly Price Movement of Soybean in 2011、2012

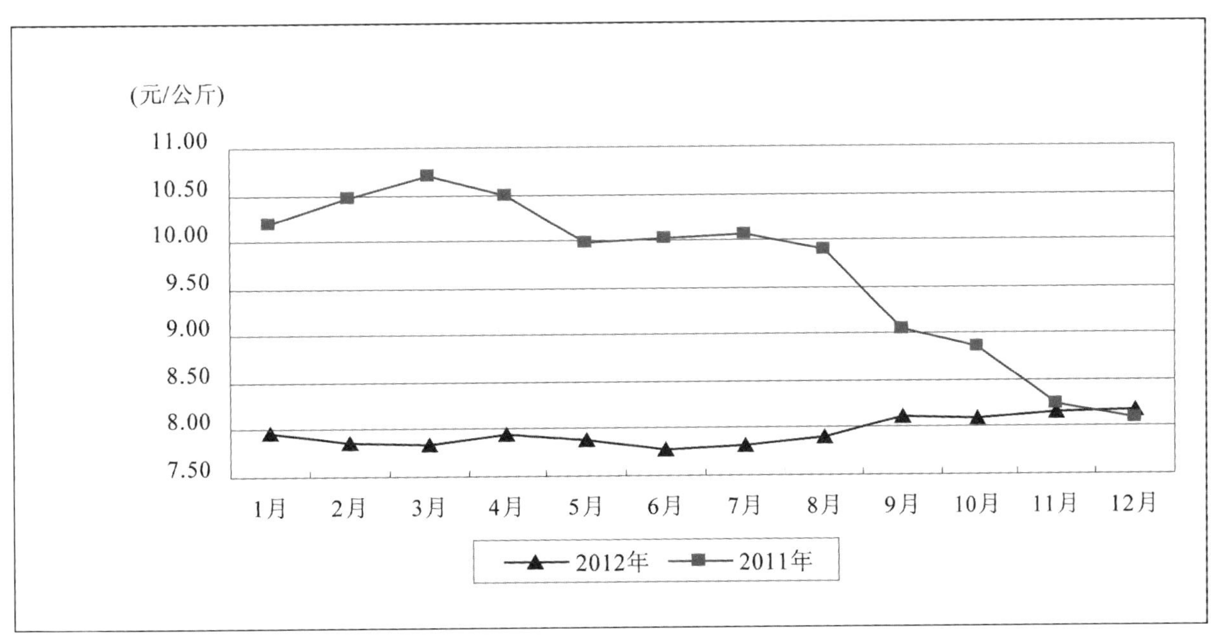

图 6　2011、2012 年棉花（籽棉）价格走势

Monthly Price Movement of Cotton(Unginned) in 2011、2012

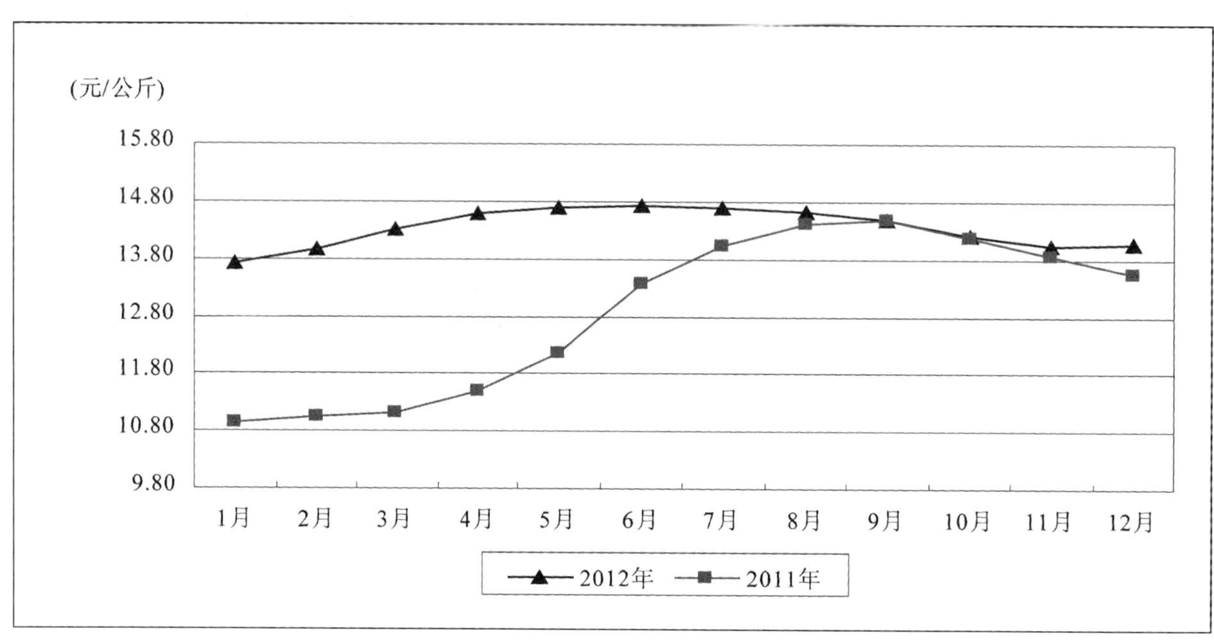

图 7 2011、2012 年花生仁价格走势

Monthly Price Movement of Peanut Kenel in 2011、2012

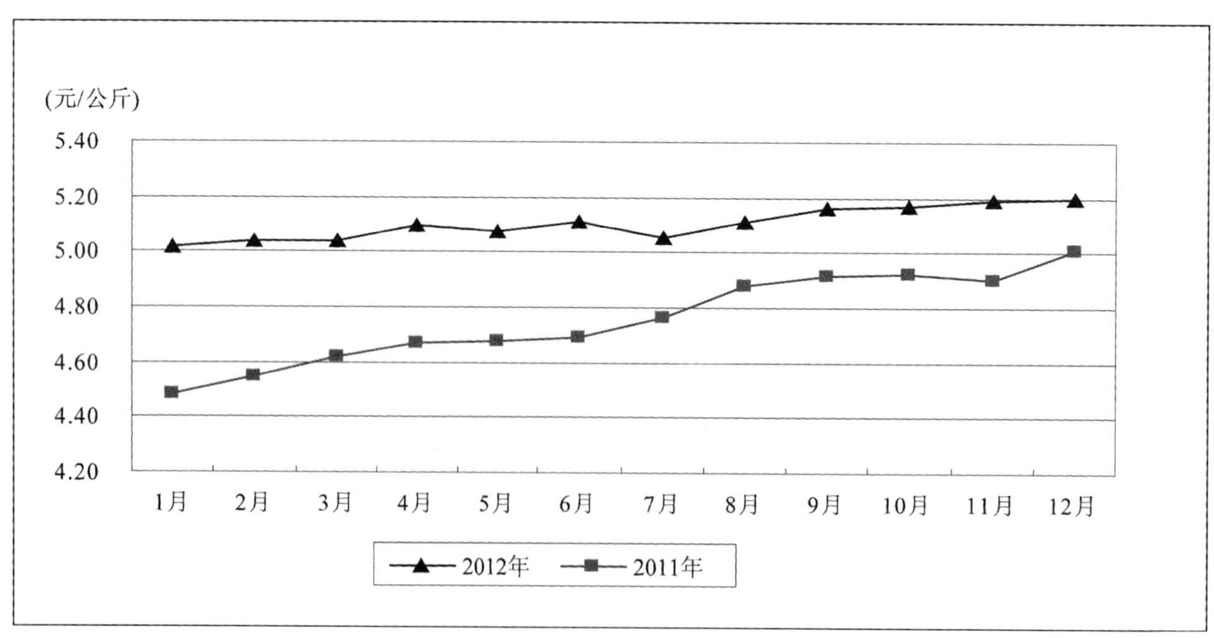

图 8 2011、2012 年油菜籽价格走势

Monthly Price Movement of Rapeseeds in 2011、2012

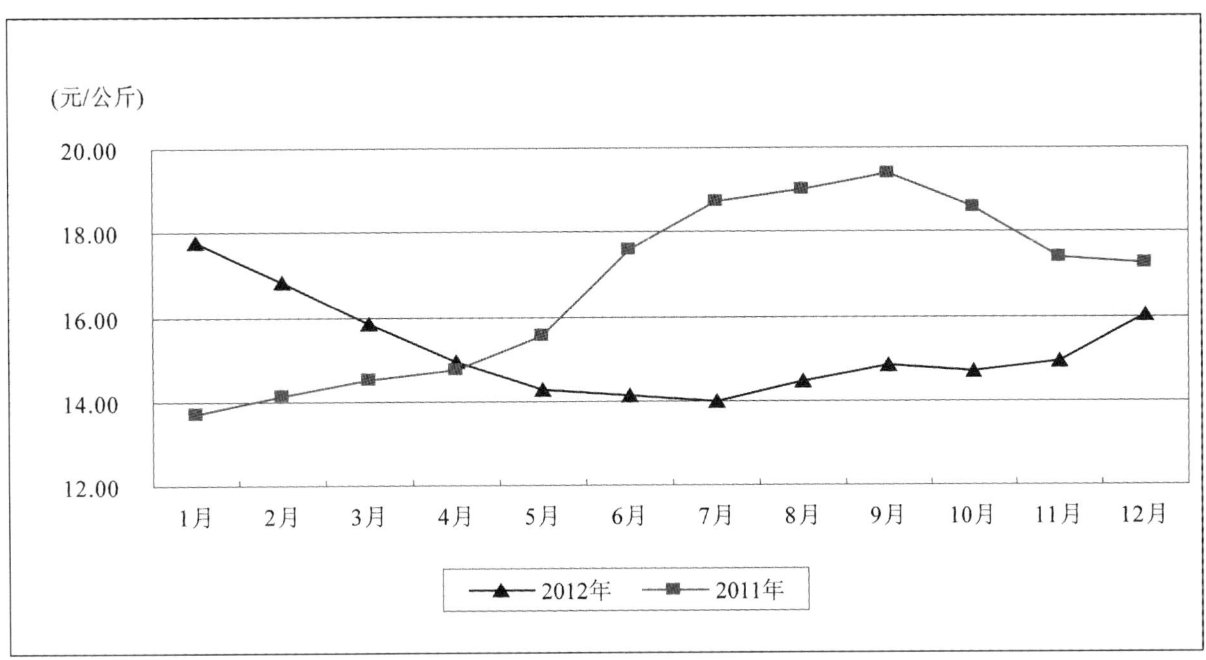

图 9　2011、2012 年生猪价格走势

Monthly Price Movement of Hog in 2011、2012

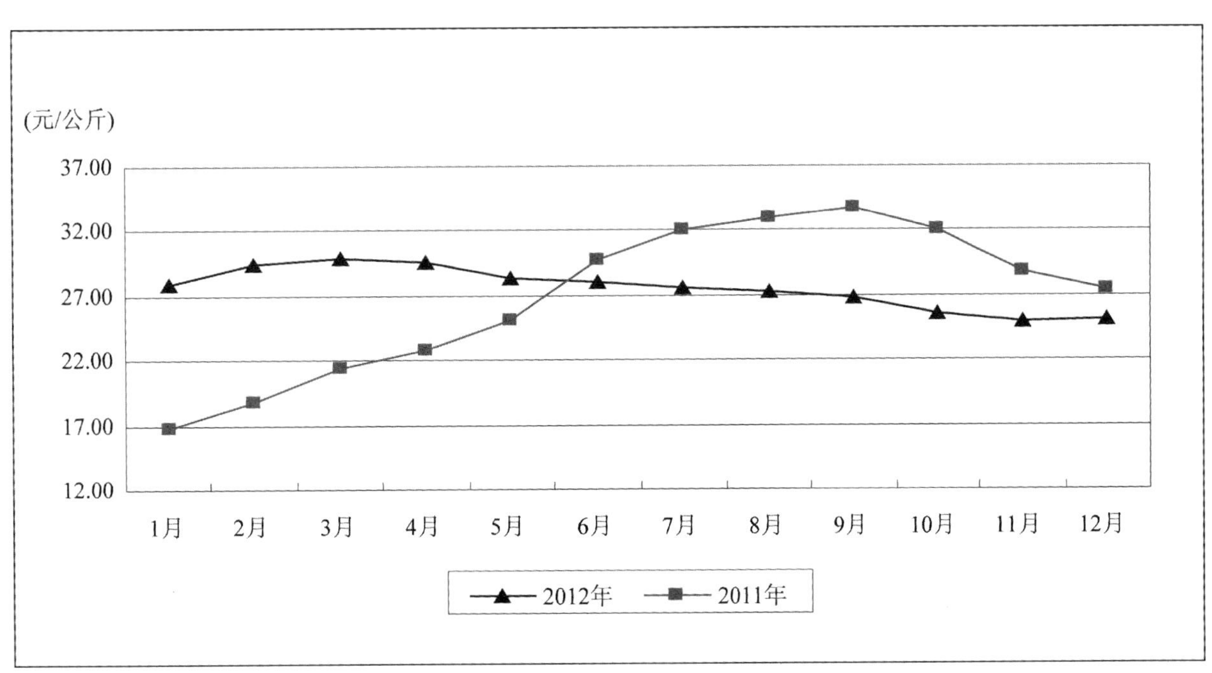

图 10　2011、2012 年仔猪价格走势

Monthly Price Movement of Piglet in 2011、2012

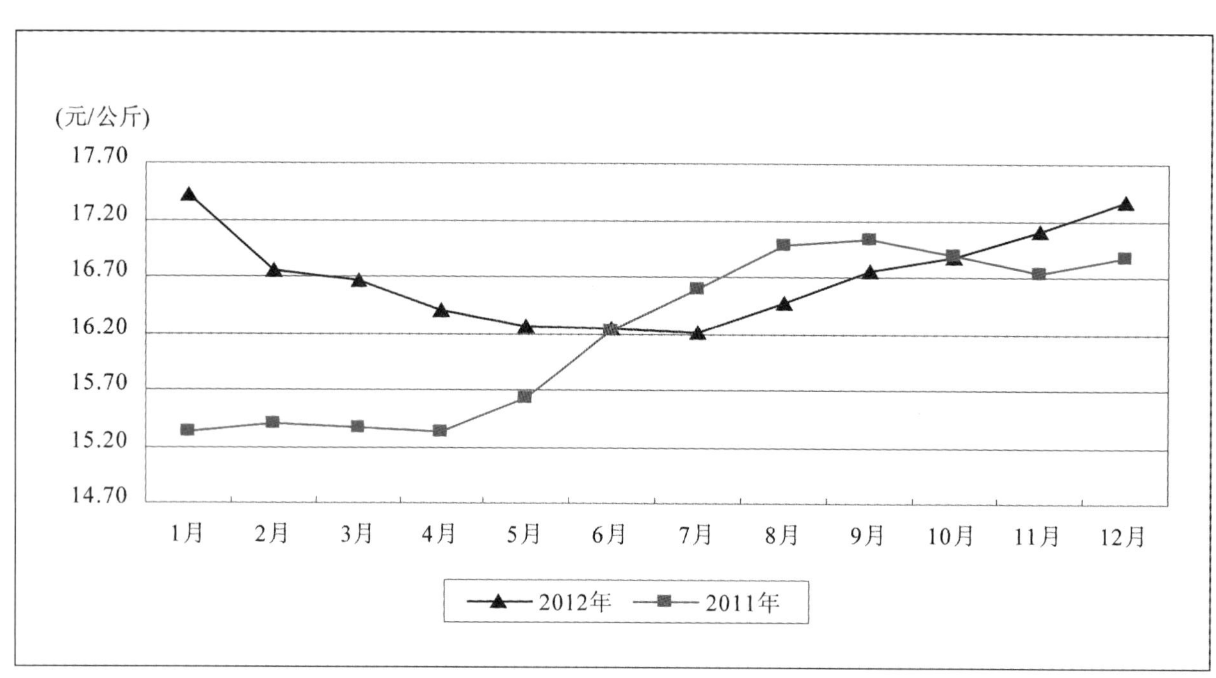

图 11　2011、2012 年活鸡价格走势

Monthly Price Movement of Live Chicken in 2011、2012

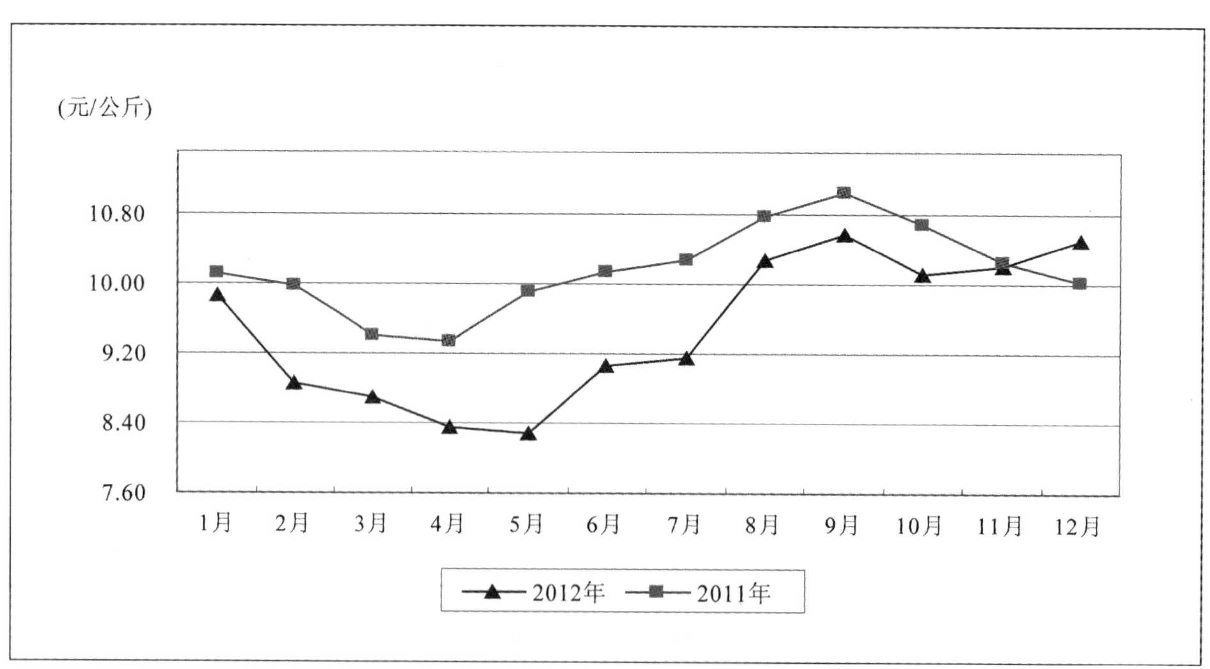

图 12　2011、2012 年鸡蛋价格走势

Monthly Price Movement of egg in 2011、2012

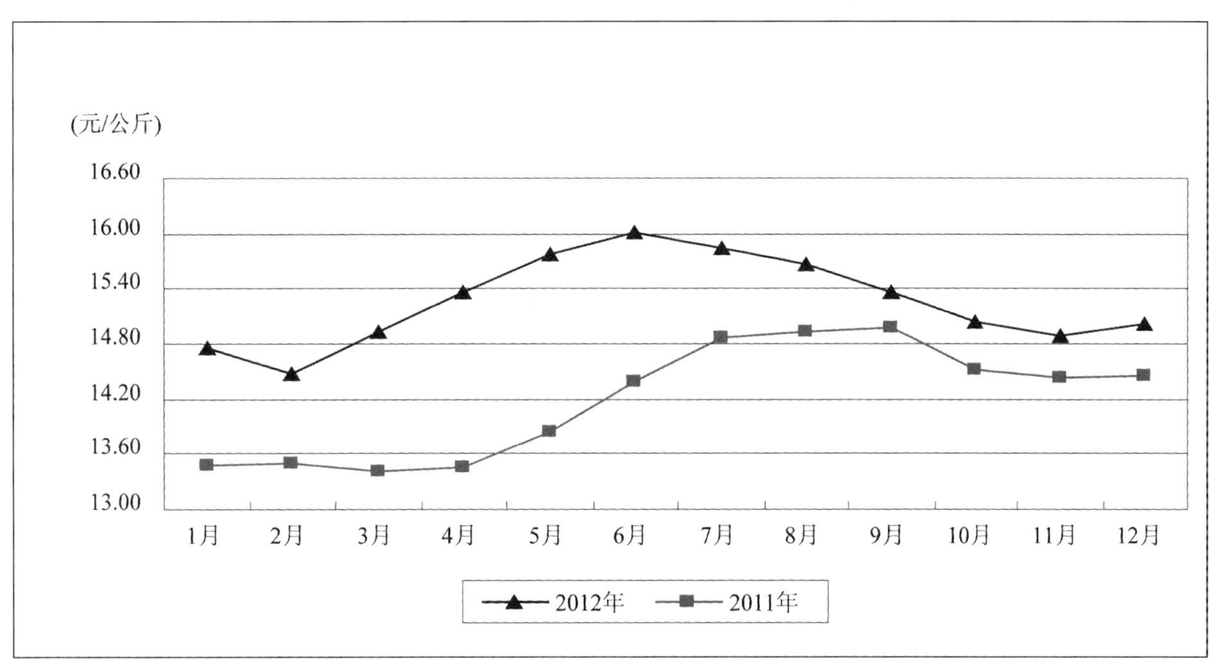

图 13 2011、2012 年草鱼价格走势

Monthly Price Movement of Grass Carp in 2011、2012

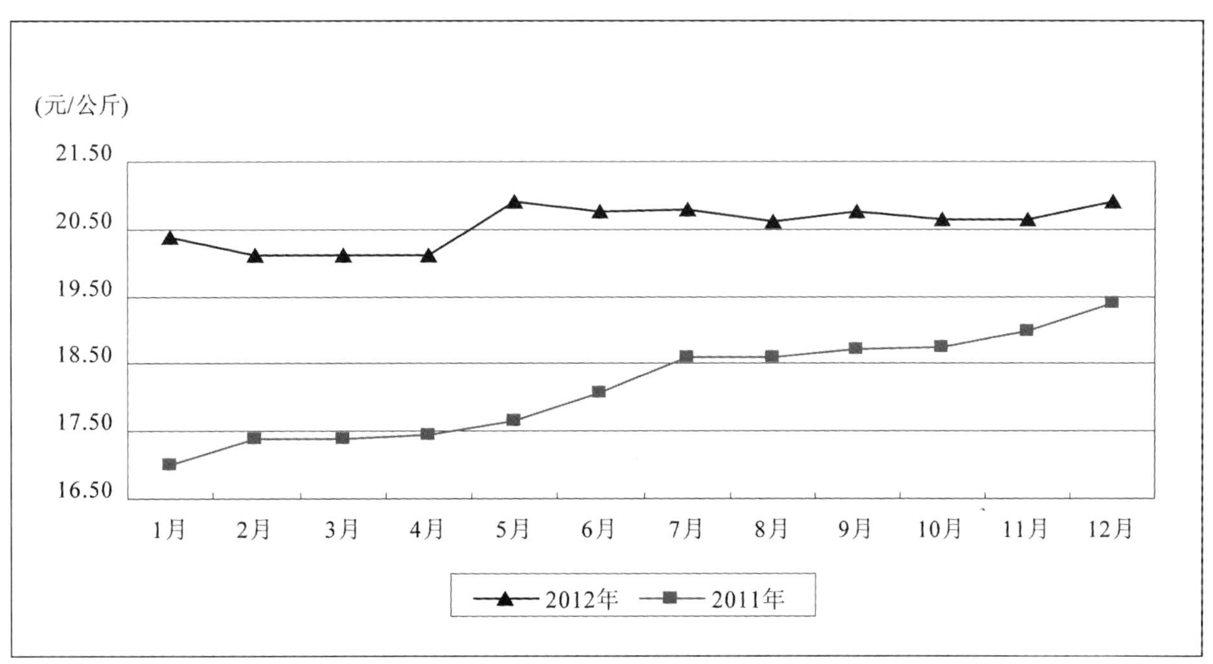

图 14 2011、2012 年带鱼价格走势

Monthly Price Movement of Hairtail in 2011、2012

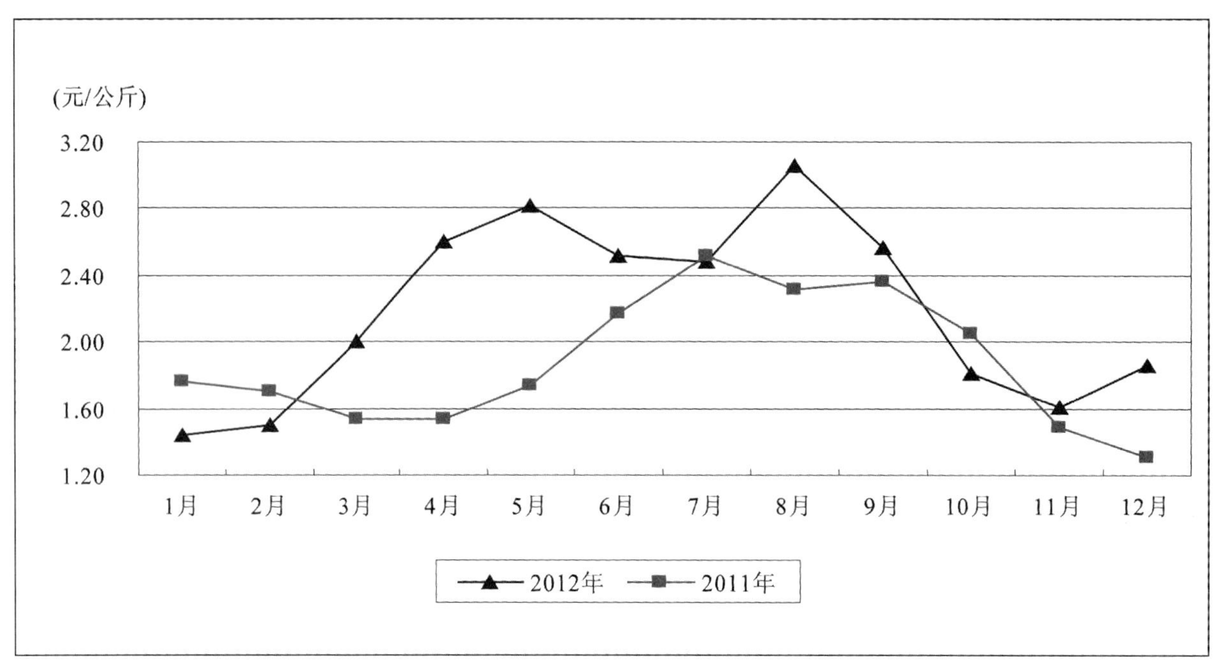

图 15　2011、2012 年大白菜价格走势

Monthly Price Movement of Chinese Cabbage in 2011、2012

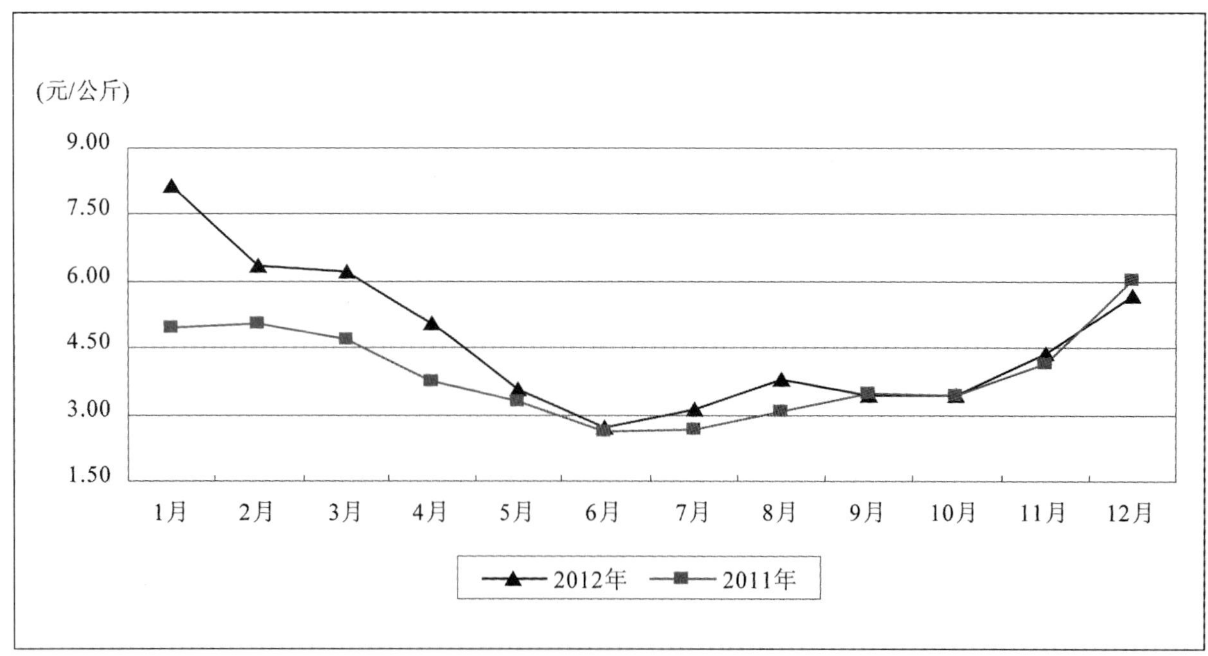

图 16　2011、2012 年黄瓜价格走势

Monthly Price Movement of Cucumber in 2011、2012

图 17　2011、2012 年红富士苹果价格走势
Monthly Price Movement of Hongfushi Apple in 2011、2012

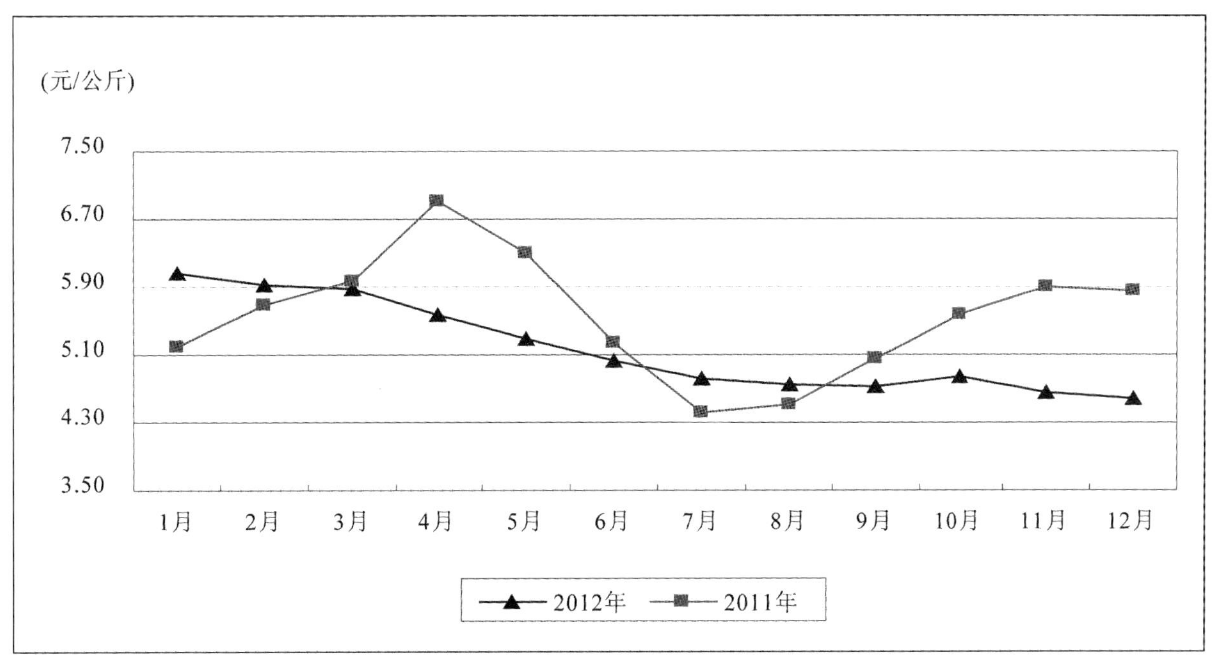

图 18　2011、2012 年香蕉价格走势
Monthly Price Movement of Banana in 2011、2012

1-3 美国农产品生产价格走势图

Chart of US Prices of Agricultural Products

Received Indexes by Month,
Livestock Products,All Products, and All Crops-
United States: 1990-1992=100

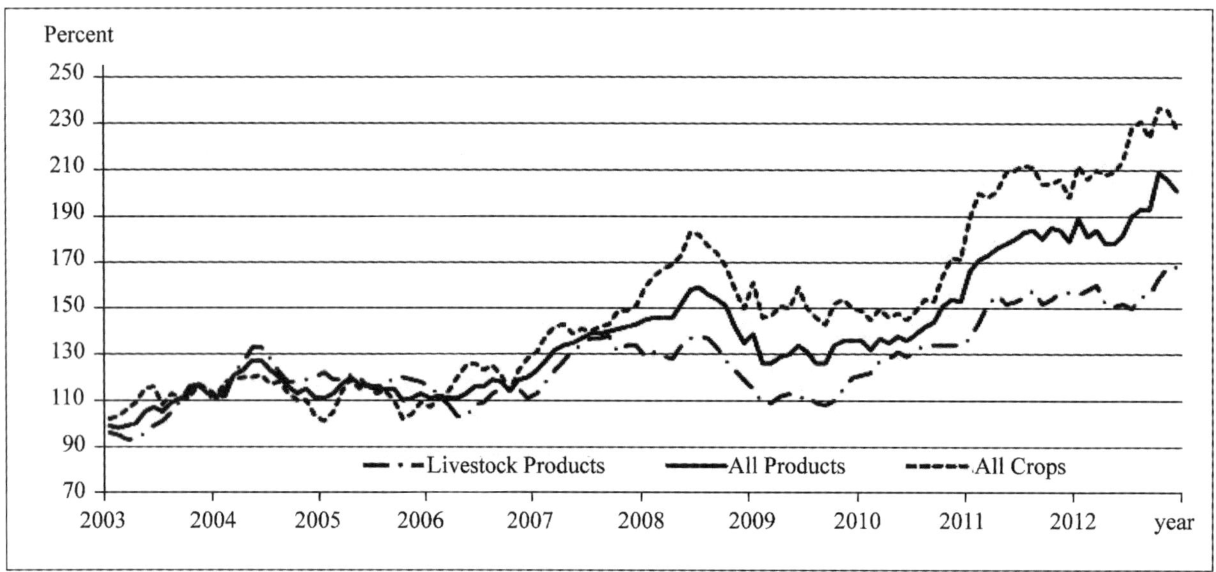

图 1 美国主要农产品生产价格指数
Prices Received,Major Indexes,US

Prices Received for Coun by Month-United States

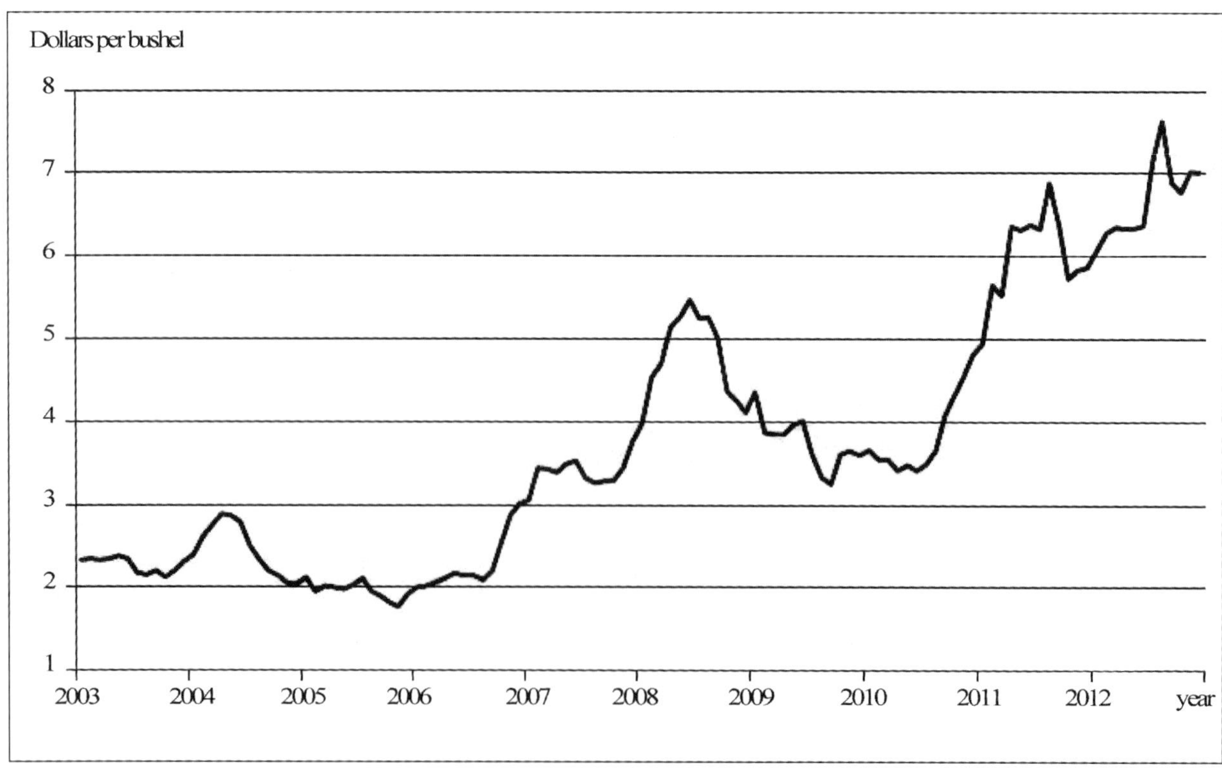

图 2 美国玉米生产价格
Prices Received,Corn,US

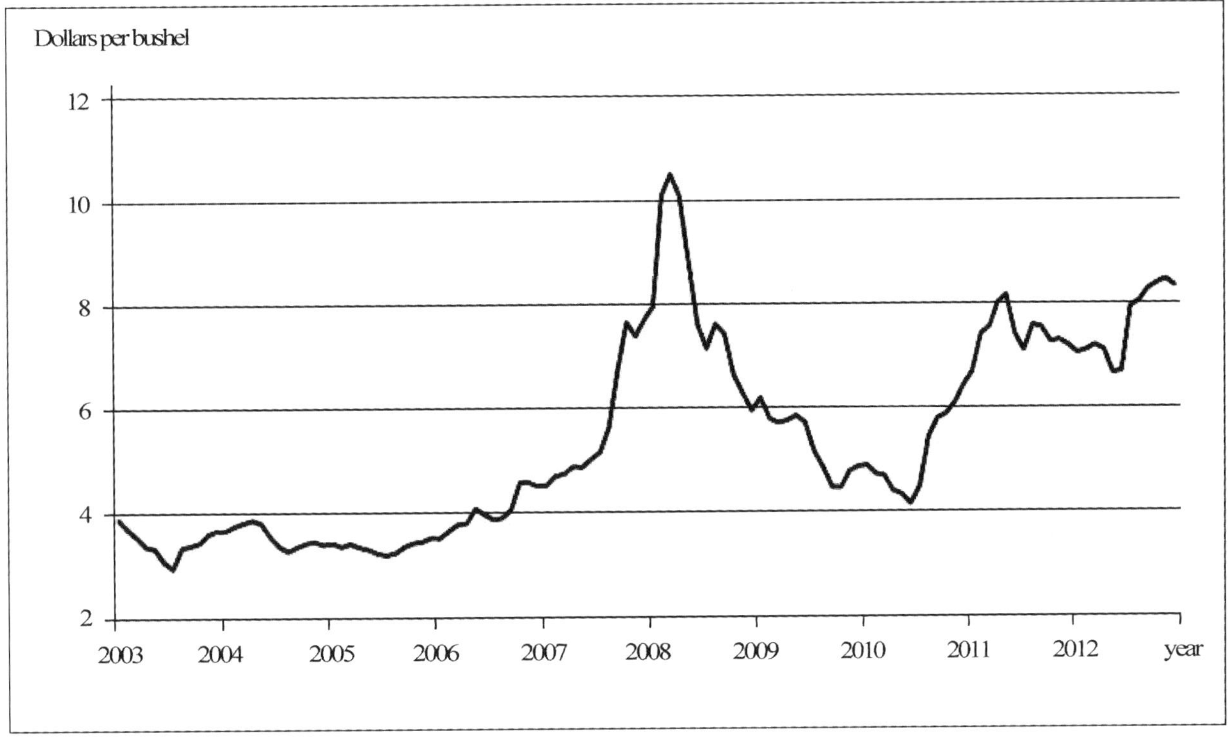

图 3　美国小麦生产价格

Prices Received,Wheat,US

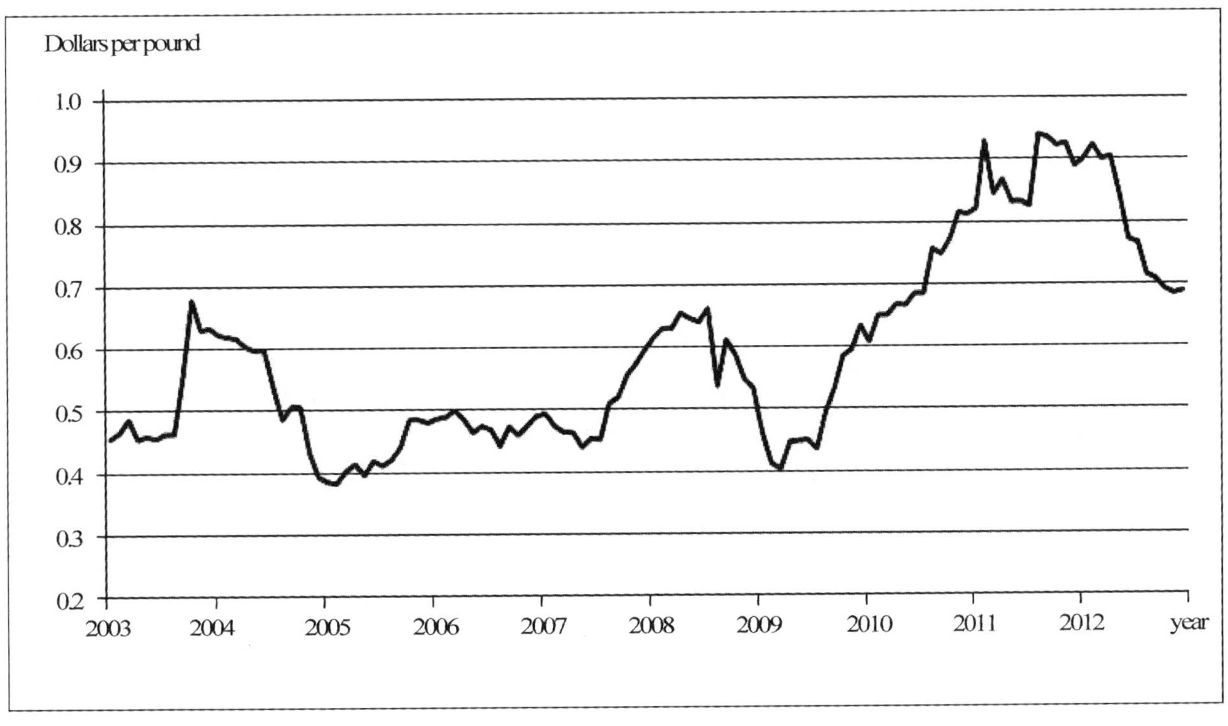

图 4　美国棉花生产价格

Prices Received,Cotton,US

Prices Received for Soybeans by Month-United States

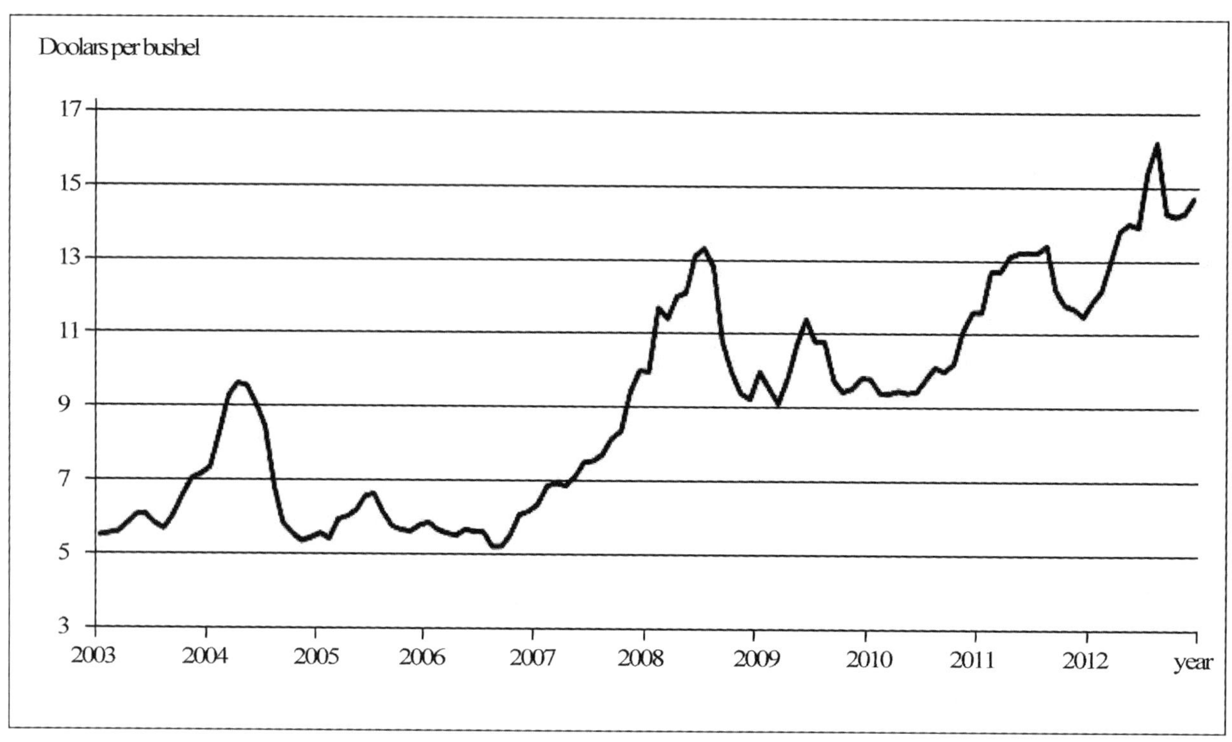

图 5 美国大豆生产价格

Prices Received,Soybeans,US

Prices Received for Cattle by Month-United States

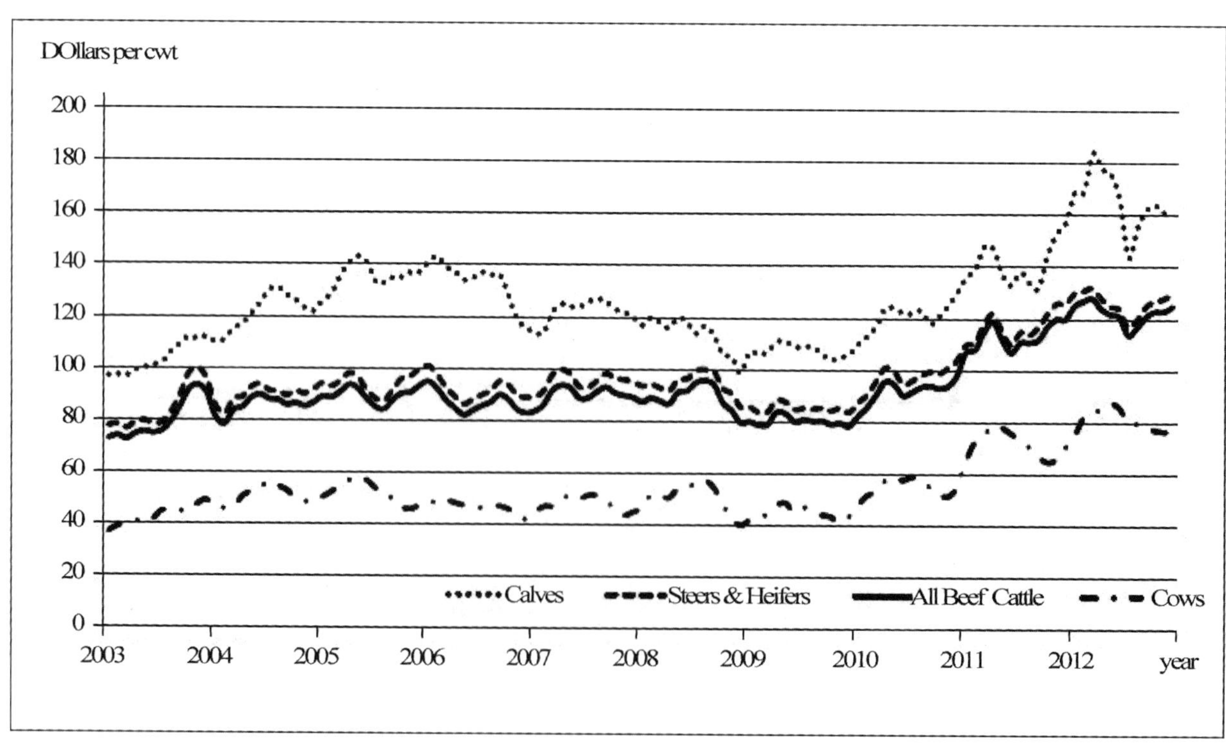

图 6 美国大牲畜生产价格

Prices Received,Cattle,US

Prices Received for Hogs by Month-United States

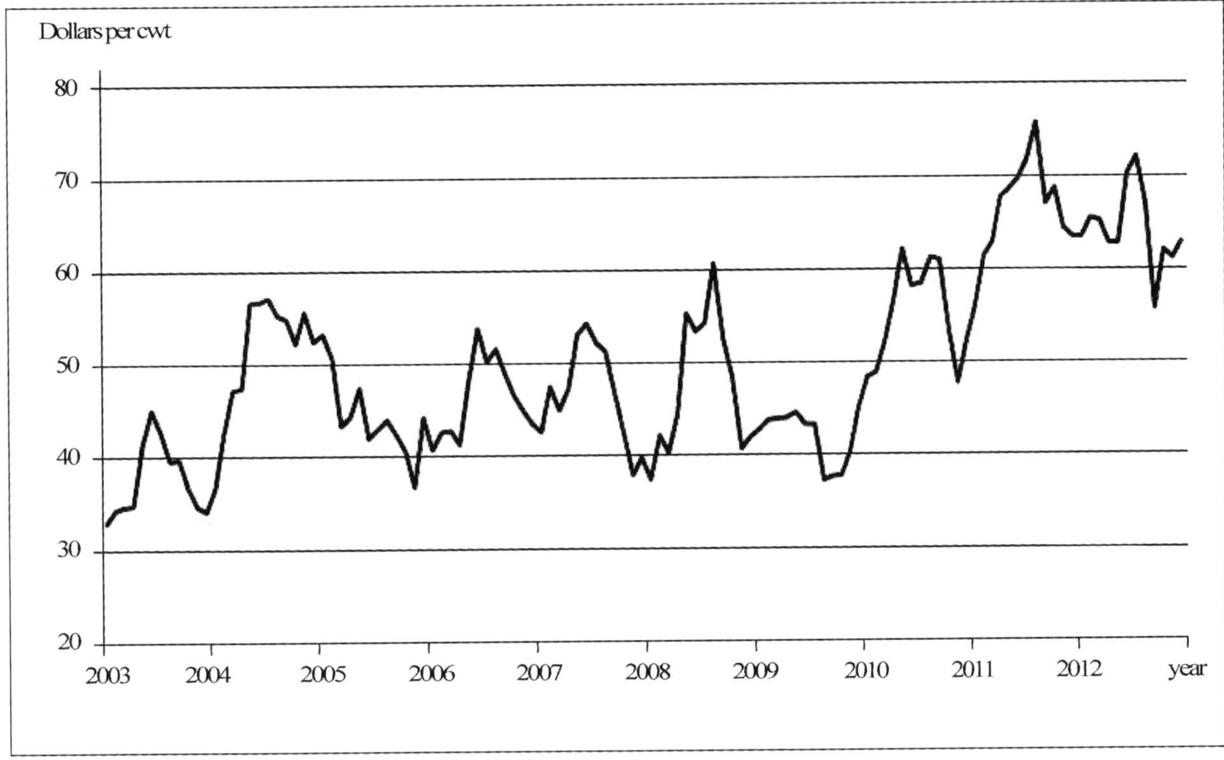

图 7 美国生猪生产价格

Prices Received,Hogs,US

Prices Received for Milk by Month-United States

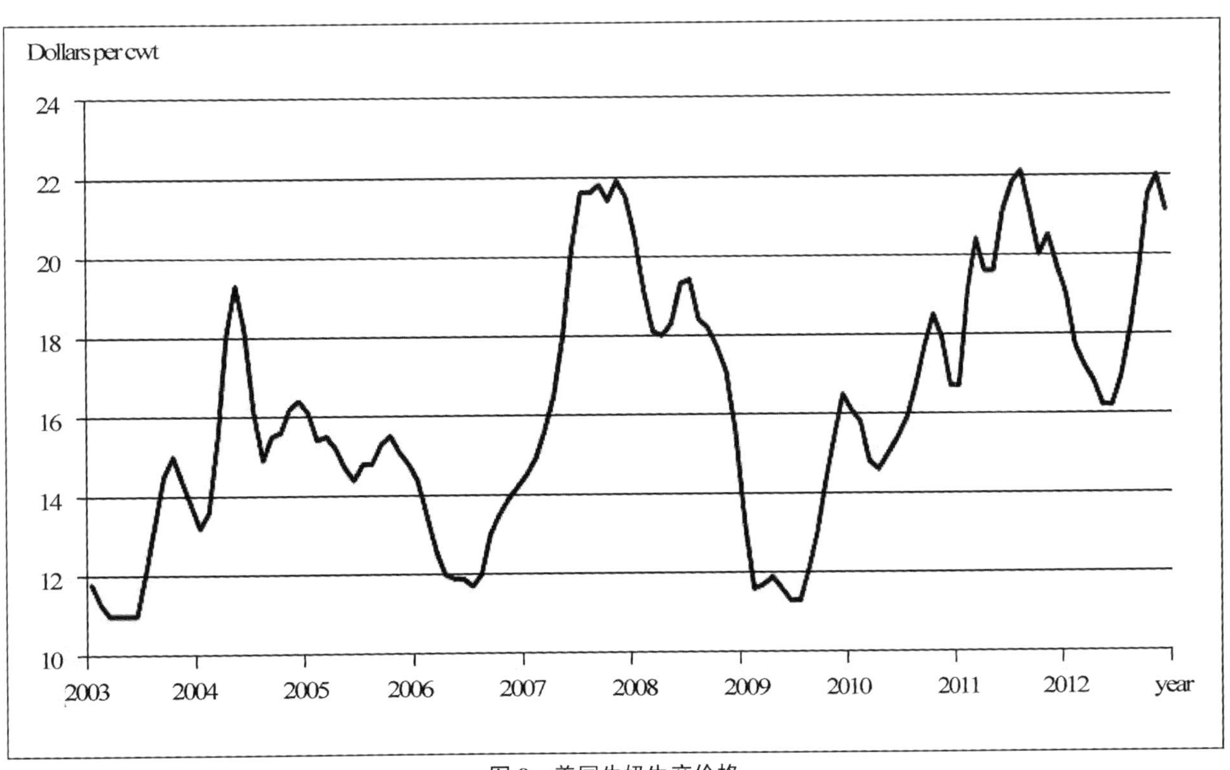

图 8 美国牛奶生产价格

Prices Received,Milk,US

农产品生产价格指数

Producer Price Indices of Agricultural Products

2-1 全国农产品生产价格总指数(以上年为100)
Producer Price Indices of Agricultural Products

(上年=100) (preceding year=100)

年份 Year	总指数 All	种植业产品 Crop Products	#粮食 Grain	林业产品 Forestry Products	畜牧业产品 Livestock Products	渔业产品 Fishery Products
1978	103.90	104.69	100.70	101.00	100.50	102.50
1979	122.10	122.39	130.50	115.00	122.60	118.20
1980	107.10	107.78	107.90	115.80	103.40	101.80
1981	105.90	106.09	109.70	127.00	101.10	100.60
1982	102.20	102.48	103.80	105.90	100.30	101.00
1983	104.40	105.74	110.30	100.20	100.50	103.20
1984	104.00	103.82	112.00	103.30	104.10	109.80
1985	108.60	101.66	101.80	155.50	124.10	151.30
1986	106.40	106.62	109.90	114.90	103.00	110.40
1987	112.00	108.83	108.00	120.30	117.90	122.80
1988	123.00	113.46	114.60	136.70	140.20	134.30
1989	115.00	118.90	126.90	105.20	110.20	99.80
1990	97.40	100.73	93.20	84.50	92.30	98.80
1991	98.00	97.31	93.80	102.40	97.40	104.70
1992	103.40	101.14	105.30	107.30	106.30	108.10
1993	113.40	112.05	116.70	111.10	114.20	122.10
1994	139.90	141.91	146.60	111.80	144.60	122.00
1995	119.90	123.95	129.00	105.10	115.80	112.40
1996	104.20	104.71	105.80	104.40	103.30	103.40
1997	95.50	92.81	90.20	98.90	101.80	91.70
1998	92.00	93.64	96.69	101.10	86.90	93.90
1999	87.80	85.75	87.09	101.40	88.50	92.50
2000	96.40	94.66	90.20	90.00	99.00	100.50
2001	103.10	105.65	107.61	94.15	103.07	98.57
2002	99.70	100.04	96.16	98.31	100.15	95.89
2003	104.37	107.42	104.48	107.01	101.76	100.34
2004	113.09	115.86	126.21	104.62	111.08	110.19
2005	101.39	101.55	99.08	104.79	100.52	104.67
2006	101.20	104.50	102.00	112.78	94.33	103.93
2007	118.49	109.82	110.26	104.37	131.36	108.05
2008	114.06	108.43	109.60	108.47	123.94	111.24
2009	97.60	102.88	103.67	94.88	90.13	99.01
2010	110.94	116.57	113.29	122.78	102.96	107.56
2011	116.45	107.83	109.03	114.92	126.20	110.04
2012	102.74	104.80	104.76	101.23	99.73	106.18

注：2000年以前农产品生产价格总指数为农产品收购价格指数，下同。
Note: The producer price indices of agricultural products prior to 2000 were purchase price indices of agricultural products and the

2-2 全国农产品生产价格总指数(以1978年为100)
Producer Price Indices of Agricultural Products

(1978年=100) (1978=100)

年份 Year	总指数 All	种植业产品 Crop Products	#粮食 Grain	林业产品 Forestry Products	畜牧业产品 Livestock Products	渔业产品 Fishery Products
1978	100.00	100.00	100.00	100.00	100.00	100.00
1979	122.10	122.39	130.50	115.00	122.60	118.20
1980	130.77	131.91	140.81	133.17	126.77	120.33
1981	138.48	139.95	154.47	169.13	128.16	121.05
1982	141.53	143.43	160.34	179.10	128.55	122.26
1983	147.76	151.66	176.85	179.46	129.19	126.17
1984	153.67	157.45	198.07	185.38	134.49	138.54
1985	166.88	160.07	201.64	288.27	166.90	209.61
1986	177.56	170.67	221.60	331.23	171.91	231.41
1987	198.87	185.74	239.33	398.46	202.68	284.17
1988	244.61	210.74	274.27	544.70	284.15	381.64
1989	281.31	250.56	348.05	573.03	313.14	380.87
1990	273.99	252.39	324.39	484.21	289.02	376.30
1991	268.51	245.61	304.27	495.83	281.51	393.99
1992	277.64	248.40	320.40	532.02	299.24	425.90
1993	314.85	278.33	373.91	591.08	341.74	520.03
1994	440.47	394.97	548.15	660.83	494.15	634.43
1995	528.12	489.56	707.11	694.53	572.23	713.10
1996	550.30	512.61	748.12	725.09	591.11	737.35
1997	525.54	475.75	674.80	717.11	601.75	676.15
1998	483.50	445.50	652.50	725.00	522.92	634.90
1999	424.51	382.02	568.29	735.15	462.79	587.28
2000	409.23	361.61	512.60	661.63	458.16	590.22
2001	421.91	382.03	551.60	622.93	472.22	581.78
2002	420.65	382.19	530.42	612.40	472.93	557.87
2003	439.03	410.55	554.19	655.33	481.26	559.77
2004	496.50	475.66	699.44	685.61	534.58	616.81
2005	503.40	483.03	693.00	718.45	537.36	645.61
2006	509.44	504.77	706.86	810.26	506.89	670.98
2007	603.64	554.34	779.39	845.67	665.85	725.00
2008	688.53	601.07	854.21	917.30	825.26	806.49
2009	672.01	618.38	885.56	870.34	743.80	798.50
2010	745.52	720.85	1003.24	1068.60	765.82	858.87
2011	868.16	777.27	1093.83	1228.08	966.45	945.08
2012	891.99	814.59	1145.90	1243.19	963.83	1003.51

2-3 全国农产品生产价格总指数(以1995年为100)
Producer Price indices of Agricultural Products

(1995年=100) (1995=100)

年份 Year	总指数 All	种植业产品 Crop Products	#粮食 Grain	林业产品 Forestry Products	畜牧业产品 Livestock Products	渔业产品 Fishery Products
1978	18.94	20.43	14.14	14.40	17.48	14.02
1979	23.12	25.00	18.46	16.56	21.43	16.58
1980	24.76	26.95	19.91	19.17	22.15	16.87
1981	26.22	28.59	21.84	24.35	22.40	16.98
1982	26.80	29.30	22.68	25.79	22.46	17.14
1983	27.98	30.98	25.01	25.84	22.58	17.69
1984	29.10	32.16	28.01	26.69	23.50	19.43
1985	31.60	32.70	28.52	41.51	29.17	29.39
1986	33.62	34.86	31.34	47.69	30.04	32.45
1987	37.66	37.94	33.85	57.37	35.42	39.85
1988	46.32	43.05	38.79	78.43	49.66	53.52
1989	53.27	51.18	49.22	82.51	54.72	53.41
1990	51.88	51.55	45.87	69.72	50.51	52.77
1991	50.84	50.17	43.03	71.39	49.20	55.25
1992	52.57	50.74	45.31	76.60	52.29	59.73
1993	59.62	56.85	52.88	85.11	59.72	72.92
1994	83.40	80.68	77.52	95.15	86.36	88.97
1995	100.00	100.00	100.00	100.00	100.00	100.00
1996	104.20	104.71	105.80	104.40	103.30	103.40
1997	99.51	97.18	95.43	103.25	105.16	94.82
1998	91.55	91.00	92.28	104.39	91.38	89.03
1999	80.38	78.03	80.37	105.85	80.87	82.36
2000	77.49	73.86	72.49	95.26	80.07	82.77
2001	79.89	78.04	78.01	89.69	82.52	81.58
2002	79.65	78.07	75.01	88.18	82.65	78.23
2003	83.13	83.86	78.37	94.36	84.10	78.50
2004	94.01	97.16	98.92	98.72	93.42	86.50
2005	95.32	98.67	98.01	103.44	93.91	90.54
2006	96.46	103.11	99.97	116.66	88.58	94.09
2007	114.30	113.23	110.22	121.76	116.36	101.67
2008	130.37	122.78	120.80	132.08	144.22	113.10
2009	127.24	126.31	125.24	125.31	129.98	111.98
2010	141.17	147.24	141.88	153.86	133.83	120.44
2011	164.39	158.77	154.69	176.82	168.89	132.53
2012	168.90	166.39	162.05	179.00	168.43	140.72

2-4 全国农产品生产价格总指数(以2000年为100)

Producer Price Indices of Agricultural Products

(2000年=100) (2000=100)

年份 Year	总指数 All	种植业产品 Crop Products	#粮食 Grain	林业产品 Forestry Products	畜牧业产品 Livestock Products	渔业产品 Fishery Products
1978	24.44	27.65	19.51	15.11	21.83	16.94
1979	29.84	33.85	25.46	17.38	26.76	20.03
1980	31.96	36.48	27.47	20.13	27.67	20.39
1981	33.84	38.70	30.13	25.56	27.97	20.51
1982	34.58	39.66	31.28	27.07	28.06	20.71
1983	36.11	41.94	34.50	27.12	28.20	21.38
1984	37.55	43.54	38.64	28.02	29.35	23.47
1985	40.78	44.27	39.34	43.57	36.43	35.51
1986	43.39	47.20	43.23	50.06	37.52	39.21
1987	48.60	51.36	46.69	60.22	44.24	48.15
1988	59.77	58.28	53.51	82.33	62.02	64.66
1989	68.74	69.29	67.90	86.61	68.35	64.53
1990	66.95	69.80	63.28	73.18	63.08	63.76
1991	65.61	67.92	59.36	74.94	61.44	66.75
1992	67.85	68.69	62.51	80.41	65.31	72.16
1993	76.94	76.97	72.94	89.34	74.59	88.11
1994	107.63	109.23	106.94	99.88	107.86	107.49
1995	129.05	135.39	137.95	104.97	124.90	120.82
1996	134.47	141.76	145.95	109.59	129.02	124.93
1997	128.42	131.57	131.64	108.38	131.34	114.56
1998	118.15	123.20	127.29	109.58	114.14	107.57
1999	103.73	105.65	110.86	111.11	101.01	99.50
2000	100.00	100.00	100.00	100.00	100.00	100.00
2001	103.10	105.65	107.61	94.15	103.07	98.57
2002	102.79	105.69	103.48	92.56	103.22	94.52
2003	107.28	113.53	108.11	99.05	105.04	94.84
2004	121.33	131.54	136.45	103.62	116.68	104.50
2005	123.01	133.58	135.19	108.59	117.29	109.38
2006	124.49	139.59	137.90	122.46	110.64	113.68
2007	147.51	153.30	152.05	127.82	145.33	122.84
2008	168.25	166.22	166.64	138.64	180.12	136.64
2009	164.21	171.01	172.76	131.54	162.35	135.29
2010	182.18	199.35	195.72	161.51	167.15	145.52
2011	212.15	214.95	213.39	185.61	210.94	160.12
2012	217.97	225.27	223.55	187.90	210.37	170.02

2-5 全国主要农产品生产价格指数
Producer Price Indices of Main Agricultural Products

(上年=100) (preceding year=100)

农产品名称	Categories of agricultural products	2002	2005	2008	2009	2010	2011	2012
生产价格总指数	**All**	**99.70**	**101.39**	**114.06**	**97.60**	**110.94**	**116.45**	**102.74**
种植业产品	Crop Products	100.04	101.55	108.43	102.88	116.57	107.83	104.80
粮食	Grain	96.16	99.08	109.60	103.67	113.29	109.03	104.76
谷物	Cereal (unprocessed food grains)	95.83	99.23	107.07	104.92	112.79	109.68	104.81
小麦	Wheat	98.14	96.41	108.67	107.86	107.86	105.18	102.86
稻谷	Paddy	97.17	101.57	106.60	105.24	112.82	113.28	104.09
玉米	Maize (corn)	91.50	97.97	107.32	98.52	116.07	109.89	106.60
豆类	Beans	98.11	95.70	117.91	93.79	110.43	104.98	103.01
大豆	Soybeans	98.95	94.24	119.72	92.30	107.85	106.34	105.68
薯类	Potato	93.71	106.14	108.21	107.10	130.24	104.51	102.90
油料	Oil-bearing Crops	104.82	91.33	128.00	94.15	112.05	112.08	105.18
棉花	Cotton (unginned cotton)	103.35	111.82	90.58	111.75	157.66	79.52	98.09
糖料	Sugar crops	86.01	111.57	98.44	101.47	106.03	125.46	105.00
烟叶	Tobacco	132.78	103.26	119.89	104.72	105.79	111.47	111.74
蔬菜	Vegetable	95.06	107.22	104.73	111.81	116.80	103.36	109.94
水果	fruits	109.91	107.41	101.35	106.96	118.85	106.17	103.86
茶叶	Tea		110.22	83.66	96.83	120.38	113.34	108.78
林业产品	Forestry products	98.31	104.79	108.47	94.88	122.78	114.92	101.23
木材	Felling and transport of wood		103.17	108.15	95.68	103.19	109.78	104.24
竹材	Felling and transport of bamboo		103.67	108.87	100.63	108.03	112.02	103.84
胶脂和果实类	Products of natural and artificial forest	110.48	105.76	109.74	94.64	132.04	120.18	82.96
畜牧业产品	Livestock products	100.15	100.52	123.94	90.13	102.96	126.20	99.73
猪(毛重)	Hog (gross weight)	97.96	97.58	130.84	81.62	98.33	136.98	95.92
牛(毛重)	Live cattle (gross weight)	91.44	101.66	123.60	101.03	104.70	108.05	116.79
羊(毛重)	Live sheep		101.70	118.76	101.09	108.67	115.74	107.85
肉禽	Poultry	106.09	105.61	111.94	102.21	106.99	111.99	103.85
禽蛋	Eggs	102.80	106.38	112.23	102.78	107.51	112.63	100.47
奶类	Milk products	99.71	99.62	125.54	91.63	115.25	108.07	103.86
毛绒类	Hair and down products	80.11	106.51	89.04	88.20	128.86	117.08	100.42
渔业产品	Fishery products	95.89	104.67	111.24	99.01	107.56	110.04	106.18
海水养殖产品	Marine Aquacultural Products						111.47	101.01
海水捕捞产品	Marine Fishing Products						111.23	110.90
淡水养殖产品	Freshwater Aquacultural Products						109.48	106.75
淡水捕捞产品	Freshwater Fishing Products						103.67	107.18

2-6 全国主要农产品分季度生产价格指数

上年同期=100 (Same Period of Preceding Year=100)

年 Year	季 Quarter	生产价格总指数 Producer Price Index of Agricultural Products	种植业产品 Planting Products	粮食 Grain	谷物 Cereal	小麦 Wheat	稻谷 Rice	玉米 Corn	豆类 Beans	大豆 Soy Bean
2010	I	106.7	113.7	111.5	112.2	109.4	108.9	117.9	104.9	103.9
	II	109.0	114.9	114.1	113.4	107.4	111.8	119.4	110.3	107.0
	III	110.6	113.7	112.7	112.1	107.5	111.9	115.4	112.8	108.9
	IV	115.9	119.2	114.4	112.9	107.3	116.5	112.7	113.5	111.2
2011	I	115.6	116.5	112.1	112.2	107.2	115.8	111.0	109.6	108.5
	II	118.0	108.6	109.6	110.4	106.4	112.7	110.7	105.8	106.0
	III	120.5	109.0	108.4	108.5	103.8	116.5	109.5	107.9	109.3
	IV	111.9	101.9	107.7	109.0	103.9	110.0	109.4	100.5	104.5
2012	I	109.2	102.9	105.6	106.7	102.5	105.4	108.0	100.4	103.6
	II	103.0	107.0	105.1	105.9	101.2	105.8	107.4	102.6	105.1
	III	100.1	106.2	103.8	104.0	102.1	105.6	106.2	102.0	104.8
	IV	100.3	103.7	104.1	103.3	105.0	102.9	103.1	105.7	107.9

2-6 续表

上年同期=100 (Same Period of Preceding Year=100)

年 Year	季 Quarter	林业产品 Forest Products	木材 Timber	竹材 Bamboo	胶脂和果实类林产品 Rubber, Resin, Fruits and Nuts	畜牧业产品 Livestock	猪(毛重) Hogs (Gross Weight)	牛(毛重) Cattle (Gross Weight)	羊(毛重) Sheep (Gross Weight)	家禽(毛重) Poultry (Gross Weight)
2010	I	108.3	100.2	105.3	112.0	97.4	90.8	104.0	105.8	104.8
	II	122.1	107.4	108.9	129.1	99.6	94.0	102.7	108.5	103.7
	III	122.7	107.5	104.9	130.0	105.4	102.3	104.1	109.7	108.7
	IV	129.2	107.9	108.2	139.2	111.6	111.3	105.3	113.0	112.2
2011	I	113.2	105.8	108.3	133.1	116.0	118.6	105.3	113.7	111.1
	II	118.4	110.1	111.2	146.5	129.0	141.5	106.2	112.3	112.8
	III	114.0	109.9	110.1	133.0	135.3	150.7	109.6	116.2	115.7
	IV	112.9	112.8	117.6	104.3	121.9	129.9	110.7	118.3	108.5
2012	I	107.3	110.0	104.7	98.8	115.0	119.2	115.9	113.0	106.6
	II	100.2	103.6	101.6	84.9	98.1	93.7	115.1	112.0	102.1
	III	102.2	109.1	103.9	66.4	90.2	80.8	114.4	105.8	101.5
	IV	97.1	96.3	104.3	79.5	96.3	88.2	120.9	104.4	104.9

Producer Price Indices of Agricultural Products by Quarter

薯类 Tubers	油料 Oil-bearing Crops	棉花 Cotton	糖料 Sugar Crops	烟叶 Tobacco	蔬菜 Vegetables	水果 Fruits	茶叶 Tea	年 Year	季 Quarter
上年同期=100 (Same Period of Preceding Year=100)									
119.4	107.7	134.8	113.1	108.4	111.2	123.0	103.7	2010	I
137.0	112.4	121.5	97.2	103.5	116.9	115.5	124.1		II
123.8	111.1	125.1	113.1	103.2	117.0	107.9	119.7		III
143.0	116.5	166.7	125.1	106.1	118.5	124.3	121.9		IV
121.1	111.2	155.1	132.9	103.0	105.9	129.0	109.5	2011	I
104.1	114.3	141.0	126.7	105.0	99.5	104.8	116.7		II
103.4	116.0		119.3	110.6	108.9	105.0	113.9		III
104.0	106.9	77.4	119.8	113.0	97.8	104.4	112.4		IV
88.6	108.2	70.9	107.4	114.2	110.9	89.4	112.7	2012	I
92.2	107.6	81.1	107.1	98.5	116.4	103.7	109.8		II
99.8	104.4			111.8	109.1	111.4	106.4		III
116.7	104.5	101.5	100.4	111.7	103.9	99.4	104.8		IV

Continued

禽蛋 Poultry Eggs	奶类 Milk	毛绒类 Wool	渔业产品 Fishery Products	海水养殖产品 Marine Aquacultural Products	海水捕捞产品 Marine Fishing Products	淡水养殖产品 Freshwater Aquacultural Products	淡水捕捞产品 Freshwater Fishing Products	年 Year	季 Quarter
上年同期=100 (Same Period of Preceding Year=100)									
106.8	112.5	100.0	106.9					2010	I
104.5	116.8	126.0	108.4						II
108.3	116.4	127.7	108.5						III
112.6	116.0	128.5	109.7						IV
112.8	112.5	117.1	109.8	111.1	111.6	109.5	99.5	2011	I
113.4	108.6	119.1	109.8	112.6	109.2	109.1	107.0		II
114.7	106.9	116.9	111.9	112.3	112.6	112.3	103.1		III
109.5	105.1	111.1	108.7	109.7	111.5	107.5	104.4		IV
99.4	103.7	105.4	111.5	109.8	122.2	107.4	113.4	2012	I
98.4	102.9	108.0	108.4	101.4	108.5	111.2	111.9		II
98.9	103.7	96.5	103.7	99.2		105.6	101.2		III
104.5	105.3	111.2	104.1	98.2	111.8	103.6	103.7		IV

2-7 全国分品种农产品生产价格指数
Producer Price Indices of Agricultural Products by category

(上年=100) (preceding year=100)

农产品名称	Categories of agricultural products	2002	2005	2008	2009	2010	2011	2012
总指数	**All**	**99.70**	**101.39**	**114.06**	**97.60**	**110.94**	**116.45**	**102.74**
一、农业产品	I. Crop products	100.04	101.55	108.43	102.88	116.57	107.83	104.80
粮食	Grain	96.16	99.08	109.60	103.67	113.29	109.03	104.76
谷物	Cereal (unprocessed food grains)	95.83	99.23	107.07	104.92	112.79	109.68	104.81
稻谷	Paddy	97.17	101.57	106.60	105.24	112.82	113.28	104.09
早籼稻	Early long grained nonglutinous rice	99.39	95.22	116.72	100.01	106.49	117.02	105.91
晚籼稻	Late long grained nonglutinous rice	100.79	99.13	109.76	102.54	109.10	115.27	106.69
中籼稻	Medium long grained nonglutinous rice						115.66	102.84
粳稻	Round- grained rice	94.71	105.39	102.96	108.36	116.98	108.82	102.79
小麦	Wheat	98.14	96.41	108.67	107.86	107.86	105.18	102.86
硬质小麦	Hard-grained wheat	99.70	96.25	109.26	107.25	107.34	105.75	103.15
软质小麦	Soft-grained wheat	87.66	97.78	111.03	105.56	109.92	107.58	101.00
其他小麦	Mixed wheat	98.76	97.70	106.18	110.28	109.10	103.92	102.73
玉米	Maize (corn)	91.50	97.97	107.32	98.52	116.07	109.89	106.60
白玉米	White maize	102.89	103.19	107.05	99.56	110.75	105.39	103.96
黄玉米	Yellow maize	91.25	97.99	107.28	98.42	116.16	110.22	106.71
薯类	Potato	93.71	106.14	108.21	107.10	130.24	104.51	102.90
马铃薯	White potato	75.42	107.43	106.94	108.15	137.85	99.73	108.29
甘薯	Sweet potato	142.94	103.59	110.90	105.40	114.65	117.96	101.68
油料	Oil-bearing Crops	104.82	91.33	128.00	94.15	112.05	112.08	105.18
花生	Peanut	102.71	97.60	114.94	92.88	117.90	114.35	108.08
油菜籽	Rapeseeds	103.14	86.97	135.69	89.50	109.48	108.31	105.17
葵花籽	Sunflower						115.13	103.16
芝麻	Sesame	88.64	102.98	115.02	97.43	109.54	99.39	101.21
豆类	Beans	98.11	95.70	117.91	93.79	110.43	104.98	103.01
大豆	Soybeans	98.95	94.24	119.72	92.30	107.85	106.34	105.68
绿豆	Mung beans	86.11	105.95	98.37	104.03	138.97	111.35	83.42
红小豆	Red beans	99.30	105.17	105.61	104.81	116.56	99.46	96.27
棉花	Cotton	103.35	111.82	90.58	111.75	157.66	79.52	98.09
籽棉	Unginned cotton						79.39	98.08
生麻	Fiber crops	93.84	104.77	83.12	96.87	115.78	108.11	103.15
生亚麻	Flax						105.98	103.57
生苎麻	Ramie	86.27	103.36	93.67	83.56	111.18	107.83	102.36
生黄红麻	Jute and blueish dogbane	96.63	108.91	110.34	111.67	121.17	109.53	102.11
糖料	Sugar crops	86.01	111.57	98.44	101.47	106.03	125.46	105.00
甘蔗	Sugarcane	86.57	111.22	98.09	101.43	106.02	127.47	105.66
甜菜	Beet	97.14	102.82	100.18	102.94	112.50	122.42	101.31

2-7 续表 1 continued 1

农产品名称	Categories of agricultural products	2002	2005	2008	2009	2010	2011	2012
未加工烟草	Tobacco	132.78	103.26	119.89	104.72	105.79	111.47	111.74
未去梗烤烟叶	Flue-cured tobacco	153.69	103.15	120.13	104.62	105.93	112.44	114.75
未去梗晒烟叶	Sun-cured tobacco	99.09	107.64	113.94	108.61	100.59	111.37	109.09
蔬菜及食用菌	Vegetable and Mushroom						103.93	108.44
蔬菜	Vegetable	95.06	107.22	104.73	111.81	116.80	103.36	109.94
叶菜类蔬菜	Leaf vegetable	98.09	108.92	103.31	109.08	112.52	103.70	111.57
芹菜	Celery	81.62	107.77	102.46	110.47	111.02	102.14	109.83
油菜	Rape	155.50	110.88	105.87	110.14	111.12	105.40	108.68
菠菜	Spinach	85.62	108.99	108.92	107.96	112.66	107.57	117.11
白菜类蔬菜	Cabbage vegetable						97.81	107.18
大白菜	Chinese cabbage	81.37	108.06	97.83	105.94	122.79	89.52	106.84
甘蓝类蔬菜	Wild cabbage vegetable						101.64	109.34
结球甘蓝	Wild cabbage		110.42	117.13	105.11	109.29	96.13	121.66
花椰菜	Cauliflower	89.66	97.89	115.29	105.95	110.71	101.29	109.21
根茎类蔬菜	Root and tuber vegetable	85.86	106.06	104.53	104.77	114.74	104.57	106.74
白萝卜	White radish	86.33	108.67	103.21	105.12	115.75	104.91	108.16
红萝卜	Red radish						100.96	105.19
胡萝卜	Carrot	99.17	103.33	111.33	103.47	112.01	102.52	107.12
水萝卜	Turnip radish						101.87	102.59
生姜	Ginger	67.06	93.80	122.88	102.09	136.08	101.79	78.88
瓜菜类蔬菜	Gourd vegetable	98.01	105.08	104.22	108.29	109.78	105.31	109.44
黄瓜	Cucumber	96.97	104.99	104.39	109.38	108.61	107.26	108.80
冬瓜	White gourd	93.21	105.86	113.71	105.07	113.90	100.42	111.80
西葫芦	Summer squash	146.05	103.53	103.95	110.78	104.92	100.86	129.93
苦瓜	Balsam pear						102.69	107.78
南瓜	Pumpkin						107.04	107.83
豆类蔬菜	Garden beans	100.38	107.98	107.44	108.27	116.74	110.53	106.43
扁豆	Dolichos beans						109.90	102.26
豇豆	Cowpeas	103.14	110.38	108.65	105.89	117.44	110.22	107.15
四季豆	Kidney beans	98.54	106.42	105.98	110.99	115.78	107.42	108.54
茄果类蔬菜	Eggplant, tomato and chili, etc.	86.18	104.75	105.48	107.33	111.49	107.87	111.39
茄子	Eggplant	101.74	104.76	105.27	103.34	117.77	102.78	112.20
青椒	Sweetbell	109.39	105.72	112.72	107.37	109.77	108.86	110.89
辣椒	Chili	87.87	100.35	105.31	106.20	115.97	107.15	102.75
西红柿	Tomato	79.20	104.39	104.09	109.97	108.38	108.34	110.30
莴苣及菊苣类蔬菜	Lettuce and chickory vegetable						103.70	114.71
生菜	Lettuce						102.50	115.42
莴笋	Asparagus lattuce	119.20	109.72	112.37	108.38	106.69	109.36	112.52

2-7 续表 2 continued 2

农产品名称	Categories of agricultural products	2002	2005	2008	2009	2010	2011	2012
葱蒜类蔬菜	Onion and Garlic	96.39	109.76	101.78	134.25	142.16	98.34	108.10
洋葱	Onion						94.31	100.58
大葱	Scallion	173.41	103.04	122.67	108.67	110.89	101.61	113.20
大蒜	Garlic						96.38	113.28
蒜苗	Garlic sprout						104.82	103.28
蒜苔	Garlic stalk	109.81	107.28	114.52	127.81	128.82	105.05	102.69
蒜头	Garlic head	84.59	118.93	85.81	140.53	160.15	102.85	105.89
韭菜	Fragrant-flowered garlic						110.28	107.79
水生蔬菜	Water vegetable	129.38	124.53	131.22	104.04	113.37	106.40	106.24
莲藕	Lotus root	112.73	105.14	114.98	112.06	111.04	106.38	102.11
荸荠	Water chestnut	85.94	106.09	120.49	102.13	119.09	109.21	106.66
茭白	Wild ruice stem	143.37	154.49	107.58	96.52	115.29	105.86	109.93
食用菌	Mushroom					111.37	107.53	98.38
平菇	Oyster mushroom					104.40	108.08	105.71
金针菇	Golden mushroom					96.09	109.66	96.93
香菇	Mushroom (dried)					112.16	103.58	98.33
黑木耳	Black edible fungus (dried)					108.91	107.53	106.54
白木耳	Tremella (dried)					107.87	106.11	105.56
花卉	Flower					97.51	107.72	103.39
盆栽花	Potted plant							
美人蕉	Canna						102.88	101.96
水仙花	Narcissus					84.76	118.16	107.48
盆栽菊花	Chrysanthemum						107.94	106.18
鲜切花及花蕾	Fresh flower					97.51	107.28	102.81
康乃馨	Carnation					105.15	103.49	105.49
满天星	June snow (serissa)					99.04	122.89	103.43
勿忘我	Forgetmenot					96.22	127.62	91.90
玫瑰	Rugosa rose					101.39	113.04	105.21
百合花	Lily					90.25	101.53	97.54
非洲菊	Flameray Gerbera					106.00	97.59	113.60
水果及坚果	Fruits and Nuts						106.80	103.45
水果(园林水果)	Garden fruits	109.91	107.41	101.35	106.96	118.85	106.17	103.86
苹果	Apple	106.53	114.55	98.39	107.05	131.34	113.63	99.28
红富士苹果	Hongfushi apple	120.67	112.23	105.63	103.90	129.28	114.31	98.59
国光苹果	Guoguang apple	94.63	105.47	89.07	98.64	129.66	105.99	107.76
秦冠苹果	Qinguan apple	88.92	102.19	110.55	104.41	141.82	115.36	89.33
香蕉苹果	Banana apple		113.33	89.15	116.73	111.61	103.11	112.54
梨	Pear	112.35	104.53	105.49	108.55	114.35	105.56	102.66
雪花梨	Snowflake pear	125.20	104.66	105.93	106.74	114.92	104.50	104.38
鸭梨	Ya- pear	103.04	104.82	107.77	103.85	111.60	112.04	98.19
酥梨	Soft-pear	90.75	103.32	99.09	115.70	121.22	114.29	89.66
香梨	Bergamot pear	146.51	99.81	97.89	91.14	125.47	117.45	103.80

2-7 续表 3 continued 3

农产品名称	Categories of agricultural products	2002	2005	2008	2009	2010	2011	2012
柑橘类水果	Citrus	103.02	104.91	91.29	97.63	121.19	103.97	101.50
柑橘	Mandarin orange	109.41	103.76	90.13	96.79	118.39	104.31	97.79
橙	Orange	93.44	101.58	92.59	98.82	118.39	108.28	102.15
柚类	Shaddock	79.90	113.46	94.63	102.71	129.35	113.19	103.32
葡萄	Grape	136.62	112.53	110.81	108.29	113.39	107.80	99.63
巨峰葡萄	Jufeng grape						111.84	99.39
玫瑰香葡萄	Muscat grape						106.54	107.87
热带水果	Tropical and subtropics area fruits	104.50	103.66	107.22	109.63	111.23	100.55	103.76
香蕉	Banana	143.80	92.78	122.95	110.96	113.87	102.22	92.22
菠萝	Pineapple						121.88	100.39
龙眼	Longan		92.00	89.61	115.43	114.72	86.72	102.10
荔枝	Litchi	76.89	118.69	110.98	86.58	104.78	112.55	112.49
瓜类水果	Melon	168.06		111.09	105.49	105.65	103.65	113.08
西瓜	Watermelon	287.81	112.96	110.97	105.50	105.18	103.63	113.06
哈密瓜	Hami melon						104.72	117.91
甜瓜	Muskmelon	90.94	110.07	112.03	98.90	108.33		
其他水果	Other fruits						104.06	106.19
枣	Chinese date	101.96	95.83	116.86	99.97	125.27	91.11	103.71
柿子	Persimmon	113.64	104.20	96.44	97.02	106.17	107.86	106.09
桃	Peach	113.45	109.93	105.86	113.06	110.81	105.70	111.21
杏	Apricot	91.66	89.10	106.96	91.58	110.10	103.45	102.69
杨梅	Red bayberry	277.56	100.04	97.67	110.09	106.41	111.05	114.82
草莓	Strawberry	95.65	99.36	112.30	102.54	114.74	111.44	103.19
猕猴桃	Yangtao	101.85	109.35	106.79	119.34	105.82	105.90	117.55
食用坚果	Nuts	142.89		118.17	77.14		102.40	115.66
核桃	Walnut	142.89	111.31	97.23	105.58	118.93	96.25	108.51
山核桃	Kiskatom						97.66	127.25
栗子	Chestnuts						104.68	130.65
板栗	Chinese chestnut						108.09	135.32
茶及饮料原料	Tea and other beverages						113.22	108.53
茶叶	Tea						113.34	108.78
红茶	Black tea	105.33	112.57	94.58	95.41	131.24	110.65	113.02
绿茶	Green tea	180.71	110.95	81.07	98.91	121.76	114.51	107.89
清茶	Light tea						113.22	106.28
铁观音	Tieguanyin tea						105.60	105.32
乌龙茶	Oolong tea	106.26	95.89	100.97	98.42	103.00	111.87	109.35
香料原料	Perfume crops						106.48	97.35
花椒	Chinese prickly ash						106.46	97.46
八椒	Anise	101.11	97.88	107.38	104.38	118.93	100.00	
桂皮	Cassia bark	82.52	88.03	91.70	168.42	121.92	109.75	94.04
中草药材	Chinese medicinal materials	81.44	102.57	76.70	82.92	113.91	121.43	105.13
人参	Ginseng						131.52	97.24
枸杞	Fruit of Chinese wolfberry						114.12	80.11
板蓝根	Root of common baphicacanthus						98.43	123.88

2-7 续表 4 continued 4

农产品名称	Categories of agricultural products	2002	2005	2008	2009	2010	2011	2012
二、林业产品	II.Forestry products	98.31	104.79	108.47	94.88	122.78	114.92	101.23
木材采伐产品	Felling and transport of wood					103.19	109.78	104.24
原木	Log					103.19	109.59	104.15
红松原木	Korean pine					94.99	111.09	117.62
落叶松原木	Larch					104.50	115.29	101.93
马尾松原木	Masson pine					105.65	107.14	101.85
云南松原木	Yunnan pine					114.78	112.06	113.27
竹材采伐产品	Felling and transport of bamboo					108.03	112.02	103.84
竹材	Bamboo						112.01	103.68
毛竹	Mao bamboo					108.03	110.04	103.80
撑蒿竹	Hao bamboo					107.02	111.58	102.26
林产品	Industrial materials	110.48	105.76	109.74	94.64	132.04	120.18	82.96
天然橡胶	Rubber	110.48	114.44	114.86	77.70	146.11	132.58	76.23
天然橡胶乳	Latex rubber						128.86	77.11
天然树脂、树胶	Resin and Gum						107.52	86.16
天然生漆	Raw lacquer					104.54	106.44	116.23
天然松脂	Rosin					160.12	97.99	74.93
非直接食用果类	Not directly consumed products of forest						103.61	87.36
油桐籽	Seeds of tung oil tree	84.93	118.64	117.15	106.02	131.50	102.56	94.77
三、饲养动物及其产品	III.Livestock products	100.15	100.52	108.42	90.13	102.96	126.20	99.73
活牲畜	Livestock raising						132.52	98.79
猪	Hog (gross weight)	97.96	97.58	130.84	81.62	98.33	136.98	95.92
牛	Live cattle (gross weight)	91.44	101.66	123.60	101.03	104.70	108.05	116.79
羊	Live sheep					108.67	115.74	107.85
绵羊	Sheep						116.67	108.10
山羊	Goat						116.09	111.73
活家禽	Poultry (gross weight)	106.09	105.61	111.94	102.21	106.99	111.99	103.85
活鸡	Chicken	105.94	105.83	112.15	102.24	106.74	112.55	103.39
活鸭	Duck	100.69	105.05	111.03	101.58	108.49	112.05	104.88
活鹅	Goose	115.09	105.28	104.04	104.61	110.09	110.20	104.02
畜禽产品	Livestock and poultry Products						111.59	101.16
生奶	Milk products	99.71	99.62	125.54	91.63	115.25	108.07	103.86
生牛奶	Cow milk	99.76	99.62	125.52	91.63	115.25	108.08	103.86
生羊奶	Sheep milk	62.67	101.41	118.72	89.03	118.39	108.97	107.26
禽蛋	Eggs	102.80	106.38	112.23	102.78	107.51	112.63	100.47
鸡蛋	Chicken's eggs	102.58	106.52	112.22	102.73	107.60	113.18	100.52
鸭蛋	Duck 's eggs	110.74	107.01	111.90	103.44	105.38	111.42	100.47
鹅蛋	Goose' s eggs	79.36	105.68	115.36	102.62	106.64		
天然蜂蜜	Honey	137.68	102.45	130.36	106.64	107.59	112.29	106.72
桑蚕茧	Silkworm cocoon	64.38	112.54	97.57	113.86	141.34	117.05	100.38

2-7 续表 5 continued 5

农产品名称	Categories of agricultural products	2002	2005	2008	2009	2010	2011	2012
动物毛类	Hair and down products	80.11	106.51	89.04	88.20	128.86	117.08	100.42
绵羊毛	Sheep's wool						101.80	88.64
细羊毛	Superfine wool						113.81	96.38
半细羊毛	Fine wool						109.14	98.60
山羊毛	Goat's wool	175.45	102.77	97.84	94.03	109.74	109.98	99.63
山羊绒	Cashmere	67.54	107.78	88.02	86.04	133.56	116.65	88.93
兔毛	Rabbit hair						126.69	107.63
四、渔业产品	IV.Fishery products	95.89	104.67	111.24	99.01	107.56	110.04	106.18
海水养殖产品	Marine Aquacultural Products						111.47	101.01
海水养殖鱼	Marine Aquacultural Fish						111.61	96.69
海水养殖鲈鱼	Perch						110.28	100.17
海水养殖石斑鱼	Grouper						110.79	94.80
海水养殖大黄鱼	Large yellow croaker						114.74	93.45
海水养殖虾	Marine Aquacultural Shrimp						109.29	101.74
海水养殖中国对虾	Chinese prawn						108.22	101.30
海水养殖南美白对虾	Penaeus vannamei boone						108.93	102.62
海水养殖蟹	Marine Aquacultural Crab						108.14	104.75
海水养殖梭子蟹	Swimming crab						107.85	100.46
海水养殖青蟹	Green crab						107.91	104.27
海水养殖贝类	Marine Aquacultural shellfish						116.25	95.45
海水养殖牡蛎	Oyster						108.97	105.58
海水养殖扇贝	Scallop						121.75	114.62
海水养殖藻类	Marine Aquacultural Seaweeds						107.69	111.54
海水养殖海带	Kelp						110.87	113.75
海水养殖紫菜	Laver						107.51	107.30
海水捕捞产品	Marine Fishing Products						111.23	110.90
海水捕捞鲜鱼	Marine Fishing Fish						111.39	114.71
大黄鱼	Large yellow croaker	76.64	102.11	109.45	78.97	109.00	106.42	110.30
小黄鱼	Small yellow croaker	91.57	102.70	112.55	96.11	111.21	114.09	129.72
带鱼	Hairtail	94.92	103.01	109.58	104.01	116.92	113.86	110.23
海水捕捞虾	Marine Fishing Shrimp						110.64	106.15
龙虾	Lobster						100.14	138.89
斑节对虾	Penaeus monodon						108.48	113.55
中国对虾	Chinese prawn						110.24	108.71
海水捕捞蟹	Marine Fishing Crab						113.62	106.11
梭子蟹	Swimming crab						111.84	105.41
青蟹	Green crab						106.08	101.62
海水捕捞贝类	Marine Fishing Shellfish						101.49	107.49
贻贝	Mussel						116.50	
蛤	Clam						102.22	111.10
海水捕捞软体水生动物	Marine Fishing Aquatic animals						117.48	104.23
墨鱼	Inkfish						117.94	102.19
鱿鱼	Squid						117.62	104.57

2-7 续表 6 continued 6

农产品名称	Categories of agricultural products	2002	2005	2008	2009	2010	2011	2012
淡水养殖产品	Freshwater Aquacultural Products						109.48	106.75
养殖淡水鱼	Freshwater Aquacultural Fish						108.56	106.68
养殖淡水鳟鱼	Rainbow trout						110.81	97.72
养殖淡水鳗鲡	Eel						120.16	106.24
养殖淡水鲤鱼	Carp						111.32	105.14
养殖淡水草鱼	Grass carp						107.31	106.62
养殖淡水鳙鱼(胖头鱼)	Variegated carp						108.79	108.90
养殖淡水鲟鱼	Sturgeon						96.31	94.25
养殖淡水罗非鱼	Tilapia						111.34	96.99
养殖淡水青鱼	Black carp						110.86	109.28
养殖淡水鲢鱼	Silver carp						108.65	107.24
养殖淡水鲫鱼	Crucian carp						108.75	108.81
养殖淡水鳊鲂	Bream						106.51	105.56
养殖淡水鲶鱼	Oriental sheatfish						107.47	108.75
养殖淡水鮰鱼	Longsnout catfish						111.36	101.62
养殖淡水银鱼	Whitebait						133.80	144.21
养殖淡水黄鳝	Ricefield eel						110.77	110.66
养殖淡水鳜鱼	Mandarin fish						107.57	110.01
养殖淡水鲈鱼	Bass						104.30	108.77
养殖淡水乌鳢	Snakehead mullet						111.36	106.18
养殖淡水泥鳅	Loach						109.87	107.99
淡水养殖虾	Freshwater Aquacultural Shrimp						112.27	108.75
淡水养殖罗氏沼虾	M. rosenbergii						113.09	107.96
淡水养殖青虾	Freshwater shirimp						114.52	109.98
淡水养殖克氏原鳌虾	Procambarus clarkia Giraed						133.09	95.54
淡水养殖南美白对虾	Penaeus vannamei boone						111.48	98.74
淡水养殖蟹	Freshwater Aquacultural Crab						106.21	101.34
淡水养殖活河蟹	live river crab						107.09	101.65
淡水养殖贝类	Freshwater Aquacultural Shellfish						112.68	93.53
淡水养殖河蚌	Freshwater mussel						114.40	123.14
淡水养殖螺	Spiral shell						107.26	98.81
淡水捕捞产品	Freshwater Fishing Products						103.67	107.18
捕捞淡水鱼	Freshwater Fishing Fish						104.14	107.17
草鱼	Grass carp						108.07	106.64
鲢鱼	Silver carp						105.79	103.44
鲤鱼	Carp						107.37	106.76
鲫鱼	Crucian carp						108.51	105.82
淡水捕捞鲜虾	Freshwater Fishing Shrimp							

2-8 全国农产品生产价格指数(第一季度)
Producer Price Indices of Agricultural Products in the First Quarter

上年同期=100 (the same period of the preceding year=100)

农产品名称	Categories of agricultural products	2002	2005	2008	2009	2010	2011	2012
总指数	**All**	**99.30**	**106.40**	**125.54**	**94.14**	**106.74**	**115.63**	**109.16**
一、农业产品	I. Crop products	95.13	104.20	114.78	95.66	113.74	116.49	102.94
#粮食	Grain	96.06	106.62	111.38	98.43	111.50	112.12	105.57
谷物	Cereal (unprocessed food grains)	98.21	107.95	107.06	100.16	112.16	112.23	106.74
稻谷	Paddy	98.21	112.98	103.48	103.95	108.93	115.79	105.38
早籼稻	Early long grained nonglutinous rice	102.68	110.33	106.61	106.15	102.12	107.85	109.73
晚籼稻	Late long grained nonglutinous rice	101.33	112.33	109.87	104.98	103.60	116.25	111.41
中籼稻	Medium long grained nonglutinous rice						114.25	111.78
粳稻	Round- grained rice	96.67	114.44	100.03	102.59	113.82	116.35	101.47
小麦	Wheat	103.79	109.41	108.65	107.29	109.44	107.20	102.45
硬质小麦	Hard-grained wheat	112.72	109.15	108.67	107.70	108.48	105.52	101.74
软质小麦	Soft-grained wheat	97.43	110.81	112.67	106.39	105.72	109.54	104.61
其他小麦	Mixed wheat		105.04	106.98	102.15	107.83	108.60	102.75
玉米	Maize (corn)	97.21	101.15	108.91	90.94	117.93	111.02	108.02
白玉米	White maize	111.68	107.05	108.88	92.69	115.33	107.11	106.41
黄玉米	Yellow maize	97.20	100.97	108.76	90.99	118.04	111.29	108.13
薯类	Potato	90.81	103.06	112.99	98.32	119.35	121.10	88.61
马铃薯	White potato	73.93	102.84	112.83	96.36	124.52	128.89	73.53
甘薯	Sweet potato	120.60	103.52	113.32	102.33	108.76	110.92	110.12
油料	Oil-bearing Crops	108.55	99.40	133.43	84.29	107.65	111.18	108.20
花生	Peanut	80.98	100.66	128.75	75.51	123.18	110.69	113.99
油菜籽	Rapeseeds	110.09	98.29	136.76	87.41	100.54	112.89	101.20
葵花籽	Sunflower						109.48	103.71
芝麻	Sesame	92.55	106.84	124.35	98.89	100.91	113.93	97.02
豆类	Beans	82.87	99.95	136.48	88.21	104.92	109.64	100.38
大豆	Soybeans	83.15	98.12	140.11	87.96	103.93	108.54	103.62
绿豆	Mung beans	76.05	117.21	106.64	80.81	115.11	117.55	77.10
红小豆	Red beans	107.91	110.28	118.02	95.76	104.37	115.43	94.54
棉花	Cotton	77.20	77.98	112.24	78.06	134.84	155.05	70.92
籽棉	Unginned cotton						155.05	70.92
生麻	Fiber crops	106.71	106.99	93.48	99.59	105.06	106.81	105.05
生亚麻	Flax						101.25	
生苎麻	Ramie	82.74	105.26	89.52	84.15	110.09	112.36	105.05
生黄红麻	Jute and blueish dogbane	115.14	109.00	98.09	117.67	99.16	138.55	92.66
糖料	Sugar crops	81.41	107.60	96.47	101.46	113.10	132.86	107.44
甘蔗	Sugarcane	81.39	107.60	96.01	101.45	113.11	134.53	107.58
甜菜	Beet	98.20	111.72	101.28	116.17	101.80	105.84	105.13

2-8 续表 1 continued 1

农产品名称 Categories of agricultural products		2002	2005	2008	2009	2010	2011	2012
未加工烟草	Tobacco	83.23	101.04	114.24	101.03	108.42	102.97	114.16
未去梗烤烟叶	Flue-cured tobacco	86.05	100.81	114.08	100.86	108.58	104.90	117.37
未去梗晒烟叶	Sun-cured tobacco	67.32	109.79	120.15	107.71	102.30	101.01	110.89
蔬菜及食用菌	Vegetable and Mushroom						107.92	108.26
蔬菜	Vegetable	77.48	105.52	123.36	101.09	111.21	105.87	110.88
叶菜类蔬菜	Leaf vegetable	77.05	110.62	119.76	104.31	111.26	103.20	116.47
芹菜	Celery	68.07	106.48	124.60	107.31	108.89	106.12	107.03
油菜	Rape	87.83	113.12	114.96	110.24	109.80	99.76	120.77
菠菜	Spinach	95.47	115.43	118.73	106.95	115.37	110.13	121.82
白菜类蔬菜	Cabbage vegetable						106.85	101.35
大白菜	Chinese cabbage	53.29	101.28	118.73	93.76	120.56	104.55	97.62
甘蓝类蔬菜	Wild cabbage vegetable						102.14	106.98
结球甘蓝	Wild cabbage						102.15	116.90
花椰菜	Cauliflower	87.03	112.63	127.17	101.62	103.41	102.14	105.27
根茎类蔬菜	Root and tuber vegetable	75.21	102.44	124.54	96.89	114.48	111.02	100.88
白萝卜	White radish	75.63	102.29	123.44	99.46	115.09	109.50	107.08
红萝卜	Red radish						112.73	100.91
胡萝卜	Carrot	134.46	102.38	126.18	91.86	112.20	109.13	97.99
水萝卜	Turnip radish						121.03	64.62
生姜	Ginger						109.09	73.32
瓜菜类蔬菜	Gourd vegetable	85.70	108.97	126.79	102.32	104.50	107.72	116.93
黄瓜	Cucumber	86.82	111.08	126.09	103.69	102.45	107.68	119.68
冬瓜	White gourd	55.66	109.52	132.95	94.37	111.16	108.65	107.32
西葫芦	Summer squash	67.51	126.18	118.33	100.44	124.60	101.41	132.66
苦瓜	Balsam pear		77.33	126.31	115.30	95.28	120.90	109.58
南瓜	Pumpkin		99.00	110.68	97.72	102.28	107.52	107.25
豆类蔬菜	Garden beans	111.40	110.90	108.15	113.17	115.06	115.68	112.67
扁豆	Dolichos beans						125.45	105.03
豇豆	Cowpeas	136.90	113.23	107.44	112.69	114.02	116.38	115.05
四季豆	Kidney beans	97.60	107.66	109.13	113.83	116.49	107.41	118.03
茄果类蔬菜	Eggplant, tomato and chili, etc.	58.98	96.74	132.89	99.00	102.46	110.44	115.74
茄子	Eggplant	79.65	99.93	124.34	102.09	102.32	102.22	126.88
青椒	Sweetbell	88.31	96.20	154.98	99.33	88.44	121.68	114.80
辣椒	Chili	59.23	87.13	138.50	93.55	96.93	123.38	108.57
西红柿	Tomato	56.46	99.18	121.91	99.54	112.33	107.86	110.38
莴苣及菊苣类蔬菜	Lettuce and chickory vegetable						104.44	117.58
生菜	Lettuce						101.47	126.05
莴笋	Asparagus lattuce	120.53	108.07	125.05	105.26	101.87	112.02	113.05

2-8 续表 2 continued 2

农产品名称	Categories of agricultural products	2002	2005	2008	2009	2010	2011	2012
葱蒜类蔬菜	Onion and Garlic	135.35	108.18	120.96	96.54	129.25	108.08	102.78
洋葱	Onion		95.10	98.34	116.96	117.79	102.79	82.89
大葱	Scallion	171.63	92.91	157.90	94.57	111.30	103.08	122.57
大蒜	Garlic						106.24	94.28
蒜苗	Garlic sprout		122.74	115.21	105.80	128.04	107.50	99.96
蒜苔	Garlic stalk	177.80	109.11	128.68	107.81	131.26	108.49	97.24
蒜头	Garlic head	116.54	114.80	102.05	94.16	136.77	113.15	78.43
韭菜	Fragrant-flowered garlic		112.20	135.49	100.80	108.81	114.34	108.25
水生蔬菜	Water vegetable	99.47	109.30	156.54	101.09	104.65	107.99	105.38
莲藕	Lotus root	100.24	112.14	121.33	103.72	110.27	108.40	99.55
荸荠	Water chestnut	85.94	112.45	121.56	102.06	129.22	106.19	107.89
茭白	Wild ruice stem	100.00	107.02	184.70	98.92	100.00		106.90
食用菌	Mushroom		101.42	97.93	98.02	113.96	120.18	92.54
平菇	Oyster mushroom		106.48	115.25	108.30	97.79	109.89	105.39
金针菇	Golden mushroom		99.92	120.10	99.75	87.88	123.23	91.58
香菇	Mushroom (dried)		97.75	96.59	102.58	106.82	108.15	93.63
黑木耳	Black edible fungus (dried)		105.41	120.39	100.77	104.27	107.71	100.34
白木耳	Tremella (dried)				88.48	110.14		
花卉	Flower						107.41	101.51
盆栽花	Potted plant							
美人蕉	Canna						114.29	103.04
水仙花	Narcissus						123.53	113.43
盆栽菊花	Chrysanthemum						114.83	109.21
鲜切花及花蕾	Fresh flower			95.60	113.09	94.75	107.41	101.51
康乃馨	Carnation		107.29	97.82	146.03	89.45	102.43	112.75
满天星	June snow (serissa)		113.88	67.73	82.59	88.82	100.00	107.49
勿忘我	Forgetmenot		95.41	100.00	100.00	95.95		52.75
玫瑰	Rugosa rose		74.58	99.42	126.39	93.78	114.60	97.63
百合花	Lily		76.82	98.25	106.59	94.86	102.75	96.55
非洲菊	Flameray Gerbera		88.74	88.29	156.43	106.54	96.79	131.41
水果及坚果	Fruits and Nuts		102.48	109.71	84.27	120.80	128.76	89.45
水果(园林水果)	Garden fruits	125.09	103.48	109.91	80.84	122.97	129.02	89.38
苹果	Apple	141.53	95.65	130.27	74.51	111.09	134.50	104.11
红富士苹果	Hongfushi apple	143.08	97.02	127.14	77.51	116.55	133.04	103.63
国光苹果	Guoguang apple	111.80	92.58	112.92	82.24	98.06	130.71	116.47
秦冠苹果	Qinguan apple	115.87	94.79	162.75	60.90	124.11	146.16	106.35
香蕉苹果	Banana apple		104.08	101.86		86.96	103.56	106.22
梨	Pear	104.56	112.75	101.78	77.54	139.35	125.92	93.10
雪花梨	Snowflake pear	149.65	112.76	97.55	79.60	142.59	123.52	104.51
鸭梨	Ya- pear	104.33	113.64	114.74	69.05	130.24	116.25	91.93
酥梨	Soft-pear	110.92	103.18	128.04	86.57	111.16	135.85	91.27
香梨	Bergamot pear							

2-8 续表 3 continued 3

农产品名称	Categories of agricultural products	2002	2005	2008	2009	2010	2011	2012
柑橘类水果	Citrus	89.67	106.71	87.93	80.80	120.17	129.62	79.09
柑橘	Mandarin orange					136.24	130.59	77.59
橙	Orange	81.64	95.04	95.93	82.59	109.55	131.95	81.33
柚类	Shaddock	85.49	108.45	88.69	64.72	133.58	119.83	89.71
葡萄	Grape	191.12	109.14	109.01	109.99	114.46	101.34	
巨峰葡萄	Jufeng grape						101.34	
玫瑰香葡萄	Muscat grape							
热带水果	Tropical and subtropics area fruits		90.80	107.44	98.18	100.37	124.44	94.58
香蕉	Banana	267.44	94.18	103.87	89.04	109.02	124.14	95.69
菠萝	Pineapple		124.75	159.09	74.50	149.18	128.30	80.49
龙眼	Longan							
荔枝	Litchi							
瓜类水果	Melon		91.68	107.62	121.26	97.51	108.61	106.66
西瓜	Watermelon		91.57	104.35	123.14	94.02	108.61	106.66
哈密瓜	Hami melon							100.00
甜瓜	Muskmelon	100.00	91.36	158.02	99.02	150.00		
其他水果	Other fruits						126.27	89.86
枣	Chinese date	115.16	103.74	115.87	110.91	111.87	144.97	69.99
柿子	Persimmon	139.41	105.56	109.89	94.36	107.57	108.69	110.56
桃	Peach	100.00	87.71			100.00	114.29	
杏	Apricot							
杨梅	Red bayberry							
草莓	Strawberry	93.48	95.60	115.93	105.34	106.63	113.17	104.24
猕猴桃	Yangtao	100.00	114.74	166.67	100.00	97.10		
食用坚果	Nuts		99.93	112.13	102.94	86.37	110.13	94.92
核桃	Walnut	124.96	106.83	108.16	93.83	111.58	108.63	93.80
山核桃	Kiskatom						104.78	107.57
栗子	Chestnuts						118.26	104.18
板栗	Chinese chestnut		100.49	104.26	97.01	85.48	118.26	104.18
茶及饮料原料	Tea and other beverages		111.23	108.87	92.19	103.89	108.97	112.14
茶叶	Tea	114.40	111.01	108.89	92.56	103.67	109.50	112.70
红茶	Black tea	100.00		100.00		106.67	111.58	110.67
绿茶	Green tea	114.40	111.95	109.02	92.52	104.28	109.54	115.16
清茶	Light tea						108.42	99.43
铁观音	Tieguanyin tea						100.50	104.14
乌龙茶	Oolong tea	100.00	101.62	110.53	92.98	96.56	108.42	99.43
香料原料	Perfume crops						116.27	99.34
花椒	Chinese prickly ash	197.96	97.69	110.56	96.62	92.28	116.27	99.34
八椒	Anise	52.20	101.84	99.82	151.97	96.01		
桂皮	Cassia bark							
中草药材	Chinese medicinal materials				83.05	161.24	148.11	109.53
人参	Ginseng							132.37
枸杞	Fruit of Chinese wolfberry		81.74	125.11	65.31		142.41	71.77
板蓝根	Root of common baphicacanthus		79.54	131.66	85.69	96.47	122.47	

2-8 续表 4 continued 4

农产品名称	Categories of agricultural products	2002	2005	2008	2009	2010	2011	2012
二、林业产品	II.Forestry products	86.42	102.58	112.96	88.81	108.25	113.21	107.28
木材采伐产品	Felling and transport of wood	96.40	102.92	110.82	95.84	100.18	105.84	109.96
原木	Log	94.80	102.92	110.82	95.84	100.18	105.84	109.96
红松原木	Korean pine		100.83	114.86	89.47	92.65	109.09	107.62
落叶松原木	Larch		103.48	111.60	90.67	99.30	117.23	114.31
马尾松原木	Masson pine		104.62	105.39	103.96	103.47	105.53	104.44
云南松原木	Yunnan pine		101.72	110.09	88.89	116.79	107.11	123.70
竹材采伐产品	Felling and transport of bamboo	71.42	105.97	113.43	99.82	105.34	108.26	104.70
竹材	Bamboo						108.26	104.70
毛竹	Mao bamboo		105.97	113.43	99.82	105.34	104.89	107.26
撑蒿竹	Hao bamboo		108.29	108.00	101.45	113.66	111.64	102.13
林产品	Industrial materials	79.97	102.40	113.95	85.45	112.04	133.10	98.75
天然橡胶	Rubber	76.05	106.16	119.49	64.64	130.41	137.21	95.45
天然橡胶乳	Latex rubber						137.21	95.45
天然树脂、树胶	Resin and Gum							101.19
天然生漆	Raw lacquer							101.19
天然松脂	Rosin						177.46	52.45
非直接食用果类	Not directly consumed products of forest						102.41	96.08
油桐籽	Seeds of tung oil tree	84.93	122.43	121.62	73.44	163.23	102.41	96.08
三、饲养动物及其产品	III.Livestock products	103.42	109.95	144.94	92.16	97.37	116.01	115.04
活牲畜	Livestock raising		103.93	132.63	99.49	104.63	117.23	118.50
猪	Hog (gross weight)	97.67	111.91	162.07	84.78	90.77	118.63	119.17
牛	Live cattle (gross weight)	92.22	102.92	137.11	101.86	104.09	105.31	115.86
羊	Live sheep		105.08	136.90	100.32	105.81	113.68	113.00
绵羊	Sheep						112.55	115.05
山羊	Goat						114.03	114.16
活家禽	Poultry (gross weight)	127.93	110.51	117.93	102.37	104.82	111.12	106.59
活鸡	Chicken	127.96	110.50	118.03	102.25	104.68	111.29	106.44
活鸭	Duck	105.74	110.43	117.26	102.64	104.91	112.57	107.55
活鹅	Goose	100.00	111.15	116.95	106.03	109.70	107.86	105.79
畜禽产品	Livestock and poultry Products						112.72	100.56
生奶	Milk products	97.09	101.15	136.76	87.87	112.48	112.54	103.69
禽蛋	Eggs	108.18	111.98	115.87	101.98	106.84	112.79	99.43
鸡蛋	Chicken's eggs	108.09	112.19	115.79	101.72	107.07	113.09	99.09
鸭蛋	Duck 's eggs	111.78	109.37	119.13	105.13	104.96	111.44	100.94
鹅蛋	Goose' s eggs	60.59	107.00	115.47	108.46	100.08		
天然蜂蜜	Honey	115.91	101.27	116.67	112.64	107.72	112.61	112.86
蚕茧	Silkworm cocoon	75.41	100.85	84.37	102.04	139.68		
桑蚕茧	Bombyx mori cocoon							
柞蚕茧	Tasar silkworm cocoon							

2-8 续表 5 continued 5

农产品名称	Categories of agricultural products	2002	2005	2008	2009	2010	2011	2012
动物毛类	Hair and down products	120.24	107.56	104.28	95.26	100.00	117.14	105.42
绵羊毛	Sheep’s wool						110.51	105.26
细羊毛	Superfine wool						114.29	105.26
半细羊毛	Fine wool						109.81	
山羊毛	Goat’s wool		111.45	121.88	97.89	100.00	122.86	96.99
山羊绒	Cashmere	82.81	106.62	100.00	94.61		122.86	96.99
兔毛	Rabbit hair		133.05	93.40	100.41	117.66	131.78	105.91
四、渔业产品	IV.Fishery products	106.00	105.80	112.85	96.71	106.88	109.75	111.48
海水养殖产品	Marine Aquacultural Products						111.07	109.75
海水养殖鱼	Marine Aquacultural Fish						110.41	105.94
海水养殖鲈鱼	Perch						106.27	104.48
海水养殖石斑鱼	Grouper						107.82	110.24
海水养殖大黄鱼	Large yellow croaker						117.17	103.09
海水养殖虾	Marine Aquacultural Shrimp						110.37	101.69
海水养殖中国对虾	Chinese prawn						110.37	101.69
海水养殖南美白对虾	Penaeus vannamei boone						108.45	104.26
海水养殖蟹	Marine Aquacultural Crab						107.26	99.70
海水养殖梭子蟹	Swimming crab						107.26	99.70
海水养殖青蟹	Green crab						113.22	109.67
海水养殖贝类	Marine Aquacultural shellfish						115.07	125.16
海水养殖牡蛎	Oyster						112.05	112.48
海水养殖扇贝	Scallop						118.11	137.91
海水养殖藻类	Marine Aquacultural Seaweeds						107.92	113.03
海水养殖海带	Kelp						107.55	116.79
海水养殖紫菜	Laver						108.64	105.77
海水捕捞产品	Marine Fishing Products						111.62	122.21
海水捕捞鲜鱼	Marine Fishing Fish						113.81	128.60
大黄鱼	Large yellow croaker	110.68	97.05	118.59		99.57	110.69	144.74
小黄鱼	Small yellow croaker	98.03	97.89	110.17	95.19	116.38	115.05	125.47
带鱼	Hairtail	122.27	104.91	117.49	105.86	115.31	115.68	115.58
海水捕捞虾	Marine Fishing Shrimp						101.85	117.12
龙虾	Lobster						100.00	
斑节对虾	Penaeus monodon						104.41	122.46
中国对虾	Chinese prawn						100.46	138.12
海水捕捞蟹	Marine Fishing Crab						118.12	113.92
梭子蟹	Swimming crab						118.12	113.92
青蟹	Green crab						114.53	115.55
海水捕捞贝类	Marine Fishing Shellfish							
贻贝	Mussel							
蛤	Clam							
海水捕捞软体水生动物	Marine Fishing Aquatic animals						121.25	107.55
墨鱼	Inkfish						116.65	115.88
鱿鱼	Squid						121.25	107.55

2-8 续表 6 continued 6

农产品名称	Categories of agricultural products	2002	2005	2008	2009	2010	2011	2012
淡水养殖产品	Freshwater Aquacultural Products						109.45	107.40
养殖淡水鱼	Freshwater Aquacultural Fish						104.94	107.46
养殖淡水鳟鱼	Rainbow trout						121.27	109.23
养殖淡水鳗鲡	Eel						124.93	118.31
养殖淡水鲤鱼	Carp						104.84	106.82
养殖淡水草鱼	Grass carp						105.36	106.83
养殖淡水鳙鱼(胖头鱼)	Variegated carp						105.59	112.71
养殖淡水鲟鱼	Sturgeon						100.99	96.63
养殖淡水罗非鱼	Tilapia						111.47	103.01
养殖淡水青鱼	Black carp						110.74	109.90
养殖淡水鲢鱼	Silver carp						104.35	108.74
养殖淡水鲫鱼	Crucian carp						105.43	109.72
养殖淡水鳊鲂	Bream						102.60	106.44
养殖淡水鲶鱼	Oriental sheatfish						103.74	104.60
养殖淡水鮰鱼	Longsnout catfish						124.14	114.32
养殖淡水银鱼	Whitebait							120.00
养殖淡水黄鳝	Ricefield eel						97.58	113.01
养殖淡水鳜鱼	Mandarin fish						111.25	111.55
养殖淡水鲈鱼	Bass						103.59	108.61
养殖淡水乌鳢	Snakehead mullet						110.23	101.38
养殖淡水泥鳅	Loach						100.00	114.40
淡水养殖虾	Freshwater Aquacultural Shrimp						122.78	111.85
淡水养殖罗氏沼虾	M. rosenbergii						130.36	109.46
淡水养殖青虾	Freshwater shirimp						115.17	114.25
淡水养殖克氏原螯虾	Procambarus clarkia Giraed						104.35	
淡水养殖南美白对虾	Penaeus vannamei boone						121.40	114.49
淡水养殖蟹	Freshwater Aquacultural Crab						113.43	100.76
淡水养殖活河蟹	live river crab						113.43	100.76
淡水养殖贝类	Freshwater Aquacultural Shellfish						100.00	105.97
淡水养殖河蚌	Freshwater mussel						100.00	105.97
淡水养殖螺	Spiral shell						113.72	95.13
淡水捕捞产品	Freshwater Fishing Products						99.49	113.39
捕捞淡水鱼	Freshwater Fishing Fish						99.49	113.40
草鱼	Grass carp						107.00	105.64
鲢鱼	Silver carp						105.71	106.03
鲤鱼	Carp							108.88
鲫鱼	Crucian carp						104.80	109.95
淡水捕捞鲜虾	Freshwater Fishing Shrimp							

2-9 全国农产品生产价格指数(第二季度)

Producer Price Indices of Agricultural Products in the Second Quarter

(上年同期=100) (the same period of the preceding year=100)

农产品名称	Categories of agricultural products	2002	2005	2008	2009	2010	2011	2012
总指数	**All**	**98.90**	**101.75**	**121.15**	**93.39**	**108.95**	**118.03**	**102.96**
一、农业产品	I. Crop products	99.70	100.59	113.27	100.97	114.89	108.60	107.02
粮食	Grain	94.60	99.46	112.62	100.70	114.12	109.57	105.08
谷物	Cereal (unprocessed food grains)	95.60	99.74	108.50	103.23	113.44	110.35	105.89
稻谷	Paddy	101.20	101.41	106.93	106.59	111.76	112.68	105.77
早籼稻	Early long grained nonglutinous rice	101.60	99.13	109.94	103.89	103.97	113.24	108.16
晚籼稻	Late long grained nonglutinous rice	103.50	99.94	111.91	103.59	106.98	118.09	108.54
中籼稻	Medium long grained nonglutinous rice						115.45	108.75
粳稻	Round- grained rice	98.20	102.94	103.96	108.79	116.95	108.90	103.43
小麦	Wheat	93.20	99.07	107.76	109.34	107.39	106.40	101.22
硬质小麦	Hard-grained wheat	90.20	98.62	108.17	108.92	107.09	105.74	100.65
软质小麦	Soft-grained wheat	81.30	99.73	112.45	105.67	109.00	108.15	102.07
其他小麦	Mixed wheat		98.88	108.24	109.58	106.67	106.74	101.68
玉米	Maize (corn)	93.30	97.64	110.29	95.52	119.36	110.67	107.36
白玉米	White maize	115.50	103.79	110.64	94.69	114.19	105.02	111.51
黄玉米	Yellow maize	93.10	97.55	110.26	95.64	119.37	111.07	107.07
薯类	Potato	88.30	106.47	115.88	102.12	136.98	104.09	92.23
马铃薯	White potato	76.00	108.27	114.49	101.65	150.08	97.72	88.50
甘薯	Sweet potato	139.00	102.78	118.74	103.08	110.13	126.20	108.09
油料	Oil-bearing Crops	103.20	88.70	140.08	75.82	112.43	114.26	107.57
花生	Peanut	104.70	97.19	129.72	76.13	120.12	114.45	111.43
油菜籽	Rapeseeds	102.80	83.37	146.69	74.10	109.50	115.23	105.91
葵花籽	Sunflower						103.06	100.81
芝麻	Sesame	88.20	101.59	132.61	94.38	101.45	108.84	96.21
豆类	Beans	90.20	95.41	135.92	85.20	110.33	105.77	102.57
大豆	Soybeans	90.40	94.02	139.84	83.81	106.95	106.04	105.08
绿豆	Mung beans	77.10	104.98	108.47	88.98	155.41	103.51	81.69
红小豆	Red beans	117.20	108.40	112.74	102.04	108.44	99.98	86.20
棉花	Cotton	88.00	87.05	112.10	87.64	121.52	140.95	81.07
籽棉	Unginned cotton						140.95	81.07
生麻	Fiber crops	85.20	104.84	101.09	90.02	116.49	113.26	102.47
生亚麻	Flax		73.03	108.33	107.87			
生苎麻	Ramie	77.90	107.62	98.62	83.93	116.49	113.26	102.47
生黄红麻	Jute and blueish dogbane	95.70	113.96				90.00	
糖料	Sugar crops	105.20	104.16	99.31	94.80	97.19	126.65	107.07
甘蔗	Sugarcane	105.20	104.16	99.31	94.80	97.19	126.69	107.12
甜菜	Beet	96.10	100.00			100.00	121.21	98.92

2-9 续表 1 continued 1

农产品名称	Categories of agricultural products	2002	2005	2008	2009	2010	2011	2012
未加工烟草	Tobacco	183.30	106.58	114.32	100.71	103.53	105.03	98.49
未去梗烤烟叶	Flue-cured tobacco	263.90	106.63	114.33	100.86	103.70	114.02	99.66
未去梗晒烟叶	Sun-cured tobacco	97.80	104.67	113.83	95.04	97.08	96.04	97.31
蔬菜及食用菌	Vegetable and Mushroom						100.17	115.12
蔬菜	Vegetable	95.90	105.65	108.61	110.62	116.91	99.47	116.35
叶菜类蔬菜	Leaf vegetable	86.80	107.59	109.22	111.35	109.26	98.22	117.20
芹菜	Celery	78.60	103.36	105.99	111.14	103.42	96.01	129.03
油菜	Rape	107.30	109.62	110.76	109.15	112.29	99.43	110.13
菠菜	Spinach	94.10	104.78	110.01	110.26	108.92	98.66	117.34
白菜类蔬菜	Cabbage vegetable						95.53	121.02
大白菜	Chinese cabbage	50.70	105.94	110.47	109.27	119.20	91.92	120.85
甘蓝类蔬菜	Wild cabbage vegetable						101.60	121.54
结球甘蓝	Wild cabbage						77.82	148.19
花椰菜	Cauliflower	72.10	94.47	116.02	113.30	112.85	105.69	116.96
根茎类蔬菜	Root and tuber vegetable	82.30	102.92	116.21	101.19	108.05	101.31	110.72
白萝卜	White radish	81.40	105.43	117.14	104.15	107.75	99.37	116.95
红萝卜	Red radish						100.61	110.14
胡萝卜	Carrot	144.50	98.53	114.24	95.74	107.26	101.58	112.67
水萝卜	Turnip radish						97.27	115.85
生姜	Ginger	92.90	88.58	120.37	92.01	146.33	102.43	78.04
瓜菜类蔬菜	Gourd vegetable	86.80	103.25	102.47	112.49	109.39	100.78	111.84
黄瓜	Cucumber	86.90	103.45	104.50	113.86	108.20	105.94	108.83
冬瓜	White gourd	63.60	100.95	99.10	105.44	115.51	88.18	117.66
西葫芦	Summer squash	99.90	98.49	102.61	117.30	95.43	88.32	130.91
苦瓜	Balsam pear		109.52	89.22	116.28	110.29	101.79	108.70
南瓜	Pumpkin		106.25	119.21	99.89	107.05	106.51	115.57
豆类蔬菜	Garden beans	111.40	110.90	108.15	113.17	115.06	107.35	109.05
扁豆	Dolichos beans						96.52	106.91
豇豆	Cowpeas	136.90	113.23	107.44	112.69	114.02	107.41	109.93
四季豆	Kidney beans	97.60	107.66	109.13	113.83	116.49	105.67	108.91
茄果类蔬菜	Eggplant, tomato and chili, etc.	108.80	100.80	111.55	105.03	108.12	105.39	113.45
茄子	Eggplant	123.70	102.62	113.39	102.58	114.30	102.19	114.91
青椒	Sweetbell	106.60	106.96	111.31	106.61	110.43	105.62	112.51
辣椒	Chili	87.50	92.17	108.35	96.97	109.50	101.73	119.44
西红柿	Tomato	105.50	99.69	112.10	107.98	103.91	109.07	110.46
莴苣及菊苣类蔬菜	Lettuce and chickory vegetable						99.88	118.48
生菜	Lettuce						97.99	114.97
莴笋	Asparagus lattuce	105.80	110.33	115.28	112.03	106.88	103.44	121.26

2-9 续表 2 continued 2

农产品名称	Categories of agricultural products	2002	2005	2008	2009	2010	2011	2012
葱蒜类蔬菜	Onion and Garlic	60.90	109.93	105.78	120.84	160.00	101.44	105.52
洋葱	Onion		97.18	115.44	105.37	80.83	102.73	86.89
大葱	Scallion	250.10	96.09	128.52	110.86	105.01	101.04	106.72
大蒜	Garlic						97.35	100.40
蒜苗	Garlic sprout		104.82	112.68	114.20	122.09	106.59	101.36
蒜苔	Garlic stalk	81.40	107.09	111.15	140.07	130.79	104.98	103.18
蒜头	Garlic head	50.30	117.00	93.95	119.77	193.31	107.73	115.62
韭菜	Fragrant-flowered garlic		98.18	106.08	113.82	109.86	105.58	108.76
水生蔬菜	Water vegetable	105.10	152.99	107.63	103.99	109.22	110.47	110.56
莲藕	Lotus root	98.60	105.81	108.39	111.55	107.44	108.19	105.16
荸荠	Water chestnut	100.00	101.71	118.59	117.92	98.96	113.09	104.52
茭白	Wild ruice stem	115.30	190.74	107.00	97.74	110.69	110.90	112.63
食用菌	Mushroom		95.58	100.38	104.47	108.91	111.04	96.05
平菇	Oyster mushroom		102.72	93.07	111.72	106.74	112.86	102.32
金针菇	Golden mushroom		99.58	108.78	102.92	104.25	109.36	96.01
香菇	Mushroom (dried)		90.91	91.02	101.70	112.69	110.58	90.47
黑木耳	Black edible fungus (dried)		82.80	104.22	101.88	102.98	108.39	104.61
白木耳	Tremella (dried)		111.12	95.92	119.94	104.42		
花卉	Flower						110.00	97.81
盆栽花	Potted plant							
美人蕉	Canna						106.17	99.99
水仙花	Narcissus						107.14	102.54
盆栽菊花	Chrysanthemum						105.41	104.23
鲜切花及花蕾	Fresh flower						110.00	97.81
康乃馨	Carnation		130.22	97.45	158.68	90.79	121.36	98.53
满天星	June snow (serissa)		114.13	102.23	105.79	89.12	153.91	104.44
勿忘我	Forgetmenot		109.39	100	100	84.92	133.33	100.00
玫瑰	Rugosa rose		114.97	109.43	155.49	105.89	103.44	96.13
百合花	Lily		106.35	106.09	104.94	85.86	100.41	98.15
非洲菊	Flameray Gerbera		68.6	113.29	94.76	106.53	99.38	112.42
水果及坚果	Fruits and Nuts		107.27	114.66	113.74	114.96	104.90	103.70
水果(园林水果)	Garden fruits	117.9	106.99	114.97	114.4	115.49	104.84	103.73
苹果	Apple	100.5	95.46	111.4	104.14	110.54	105.29	100.43
红富士苹果	Hongfushi apple	93.1	96.88	121.42	101.48	104.17	104.09	101.96
国光苹果	Guoguang apple	117.3	104.26	97.72	123.52	104.97	107.22	105.68
秦冠苹果	Qinguan apple	107.3	78.25	111.53	85.93	126.93	115.20	87.25
香蕉苹果	Banana apple		113.64				102.30	112.76
梨	Pear	95.6	116.18	121.32	125.94	119.19	137.83	71.39
雪花梨	Snowflake pear	99.9	125.25		133.33	120.26	181.53	78.27
鸭梨	Ya- pear	102	84.64	120.97	100.92	115.38	145.41	81.34
酥梨	Soft-pear	69.6	99.77	125	105.68	118.21	130.04	66.34
香梨	Bergamot pear							

2-9 续表 3 continued 3

农产品名称	Categories of agricultural products	2002	2005	2008	2009	2010	2011	2012
柑橘类水果	Citrus	96.20	103.72	85.98	92.69	121.06	117.13	71.18
柑橘	Mandarin orange						116.43	70.62
橙	Orange	100.00	103.49	85.14	88.82	125.90	126.39	75.73
柚类	Shaddock	100.00	56.11	88.97	48.50	199.10	118.20	85.12
葡萄	Grape	196.70	109.26	109.09	115.33	109.27	100.00	117.73
巨峰葡萄	Jufeng grape						100.00	117.73
玫瑰香葡萄	Muscat grape							116.67
热带水果	Tropical and subtropics area fruits						107.62	101.43
香蕉	Banana	186.10	91.27	127.61	115.96	115.49	101.11	91.09
菠萝	Pineapple		107.67	135.94	122.69	135.79	110.37	118.29
龙眼	Longan						112.36	101.80
荔枝	Litchi		113.50	154.37	83.81	110.15	121.63	110.79
瓜类水果	Melon	44.00	110.33	111.31	106.68	109.34	99.43	110.80
西瓜	Watermelon	38.40	110.68	110.94	107.10	109.27	99.43	110.80
哈密瓜	Hami melon						67.97	112.83
甜瓜	Muskmelon	140.60	110.37	113.12	102.54	105.78		
其他水果	Other fruits						109.95	103.13
枣	Chinese date	100.90	102.17	114.71	103.29	102.70	130.81	79.32
柿子	Persimmon	100.00		103.51		107.22		
桃	Peach	161.80	100.92	105.26	108.23	111.71	106.55	108.55
杏	Apricot	90.60	88.26	105.63	89.62	108.71	104.33	100.48
杨梅	Red bayberry	133.40	84.55	110.03	111.31	105.53	102.15	105.47
草莓	Strawberry	77.70	99.77	118.35	101.81	117.50	113.68	99.00
猕猴桃	Yangtao	100.00	104.50					
食用坚果	Nuts		101.06	117.53	95.35	89.46	117.38	98.50
核桃	Walnut	184.60	101.98	97.90	102.54	102.19	102.73	92.38
山核桃	Kiskatom						112.00	
栗子	Chestnuts							
板栗	Chinese chestnut		88.89	121.95			105.25	81.71
茶及饮料原料	Tea and other beverages		107.79	85.22	97.91	124.42	116.59	109.32
茶叶	Tea	144.40	107.50	84.21	97.91	124.10	116.65	109.75
红茶	Black tea	135.30	113.13	99.00	94.42	134.31	110.78	112.92
绿茶	Green tea	145.30	109.04	82.48	96.71	126.12	116.18	109.16
清茶	Light tea						122.32	112.01
铁观音	Tieguanyin tea						103.24	106.78
乌龙茶	Oolong tea	109.00	90.39	96.48	111.02	100.56	122.32	112.01
香料原料	Perfume crops						107.03	97.67
花椒	Chinese prickly ash	72.60	100.20	104.09	104.50	100.31	107.03	97.67
八椒	Anise	57.70	94.92	111.44	101.59	107.80		
桂皮	Cassia bark	90.60	103.34	75.46	86.99	112.39	106.71	94.04
中草药材	Chinese medicinal materials			123.06	72.07	141.39	117.34	118.98
人参	Ginseng							100.00
枸杞	Fruit of Chinese wolfberry		100.91	105.57	56.77	151.43	122.74	76.30
板蓝根	Root of common baphicacanthus		90.96	110.11	126.14	112.41	89.76	

2-9 续表 4 continued 4

农产品名称 Categories of agricultural products		2002	2005	2008	2009	2010	2011	2012
二、林业产品	II.Forestry products	88.40	102.45	111.49	86.73	122.11	118.43	100.19
木材采伐产品	Felling and transport of wood	104.50	104.54	110.49	93.77	107.41	110.13	103.55
原木	Log	104.40	104.54	110.49	93.77	107.41	110.13	103.55
红松原木	Korean pine		112.32	111.20	81.66	110.61	113.68	122.18
落叶松原木	Larch		101.77	110.39	99.38	107.11	113.94	106.33
马尾松原木	Masson pine		103.77	108.02	100.99	107.57	110.40	102.81
云南松原木	Yunnan pine		102.82	107.45	100.00	100.01	111.91	99.49
竹材采伐产品	Felling and transport of bamboo	149.90	100.57	108.75	99.76	108.87	111.18	101.64
竹材	Bamboo						111.18	101.64
毛竹	Mao bamboo		100.57	108.75	99.76	108.87	115.89	104.37
撑蒿竹	Hao bamboo		104.88	108.33	107.22	101.84	106.46	98.91
林产品	Industrial materials	83.30	101.50	111.97	83.35	129.07	146.51	84.94
天然橡胶	Rubber	92.00	104.54	119.49	63.65	156.71	146.81	84.65
天然橡胶乳	Latex rubber						146.81	86.66
天然树脂、树胶	Resin and Gum							90.03
天然生漆	Raw lacquer							100.00
天然松脂	Rosin						130.67	68.08
非直接食用果类	Not directly consumed products of forest						97.16	84.57
油桐籽	Seeds of tung oil tree	100.00	136.28	123.57	81.81	113.57	97.16	84.57
三、饲养动物及其产品	III.Livestock products	99.80	102.52	135.15	82.70	99.59	129.01	98.06
活牲畜	Livestock raising		102.10	125.06	96.85	108.55	136.09	96.98
猪	Hog (gross weight)	97.50	100.60	148.36	68.48	93.97	141.48	93.68
牛	Live cattle (gross weight)		101.38	130.76	99.52	103.01	106.16	115.06
羊	Live sheep		102.21	128.85	100.25	108.54	112.29	112.02
绵羊	Sheep						113.43	111.69
山羊	Goat						114.69	113.49
活家禽	Poultry (gross weight)		107.23	115.20	101.64	103.74	112.78	102.08
活鸡	Chicken	107.90	107.02	114.71	101.94	103.57	113.24	101.75
活鸭	Duck	103.50	109.04	118.39	99.45	103.98	112.39	102.50
活鹅	Goose	100.00	106.99	119.79	99.74	109.34	111.61	102.72
畜禽产品	Livestock and poultry Products						112.35	99.40
生奶	Milk products	98.50	99.32	131.66	86.67	116.83	108.64	102.87
禽蛋	Eggs	104.80	107.48	112.97	102.60	104.50	113.38	98.44
鸡蛋	Chicken's eggs	104.50	107.53	112.84	102.71	104.44	114.36	97.54
鸭蛋	Duck 's eggs	119.90	107.58	114.45	101.56	105.01	111.60	100.08
鹅蛋	Goose' s eggs	98.10	105.63	116.34	99.65	106.17		
天然蜂蜜	Honey	223.80	103.09	120.76	107.99	106.35	114.64	105.07
蚕茧	Silkworm cocoon	65.90	110.54	103.97	97.74	159.98		
桑蚕茧	Bombyx mori cocoon						131.36	84.66
柞蚕茧	Tasar silkworm cocoon							

2-9 续表 5 continued 5

农产品名称	Categories of agricultural products	2002	2005	2008	2009	2010	2011	2012
动物毛类	Hair and down products	80.70	106.47	91.19	85.91	126.03	119.10	107.97
绵羊毛	Sheep's wool		104.15	111.70	101.30	107.28	113.23	116.53
细羊毛	Superfine wool						103.16	126.15
半细羊毛	Fine wool						115.79	106.91
山羊毛	Goat's wool	139.90	100.50	97.31	98.60	103.33	121.17	84.91
山羊绒	Cashmere	74.20	107.93	89.69	82.82	131.56	127.71	81.52
兔毛	Rabbit hair		116.37	105.84	101.16	131.53	134.64	105.34
四、渔业产品	IV.Fishery products	93.40	103.95	112.73	99.32	108.36	109.83	108.36
海水养殖产品	Marine Aquacultural Products						112.58	101.41
海水养殖鱼	Marine Aquacultural Fish						114.26	93.73
海水养殖鲈鱼	Perch						116.05	96.46
海水养殖石斑鱼	Grouper						111.09	97.26
海水养殖大黄鱼	Large yellow croaker						115.64	87.45
海水养殖虾	Marine Aquacultural Shrimp						107.89	100.15
海水养殖中国对虾	Chinese prawn						107.89	100.15
海水养殖南美白对虾	Penaeus vannamei boone						112.58	104.65
海水养殖蟹	Marine Aquacultural Crab						110.53	128.09
海水养殖梭子蟹	Swimming crab						110.53	128.09
海水养殖青蟹	Green crab						110.53	103.63
海水养殖贝类	Marine Aquacultural shellfish						113.55	102.31
海水养殖牡蛎	Oyster						110.72	97.12
海水养殖扇贝	Scallop						116.37	107.49
海水养殖藻类	Marine Aquacultural Seaweeds						106.95	109.05
海水养殖海带	Kelp						108.92	114.32
海水养殖紫菜	Laver						102.97	98.41
海水捕捞产品	Marine Fishing Products						109.15	108.53
海水捕捞鲜鱼	Marine Fishing Fish						107.88	108.51
大黄鱼	Large yellow croaker	61.10	102.39	104.84	96.98	115.79	102.38	93.44
小黄鱼	Small yellow croaker	63.00	100.01	112.89	101.65	103.80	105.10	118.94
带鱼	Hairtail	59.30	101.36	107.50	104.37	128.43	116.13	113.14
海水捕捞虾	Marine Fishing Shrimp						109.83	104.68
龙虾	Lobster							138.89
斑节对虾	Penaeus monodon						110.83	115.13
中国对虾	Chinese prawn						106.13	109.35
海水捕捞蟹	Marine Fishing Crab						115.63	123.03
梭子蟹	Swimming crab						115.63	123.03
青蟹	Green crab						105.28	101.75
海水捕捞贝类	Marine Fishing Shellfish						102.22	107.06
贻贝	Mussel						116.50	
蛤	Clam						102.22	107.06
海水捕捞软体水生动物	Marine Fishing Aquatic animals						115.24	107.17
墨鱼	Inkfish						115.39	97.46
鱿鱼	Squid						115.24	107.17

2-9 续表 6　　continued 6

农产品名称	Categories of agricultural products	2002	2005	2008	2009	2010	2011	2012
淡水养殖产品	Freshwater Aquacultural Products						109.13	111.18
养殖淡水鱼	Freshwater Aquacultural Fish						106.83	110.72
养殖淡水鳟鱼	Rainbow trout						119.47	95.31
养殖淡水鳗鲡	Eel						122.09	114.25
养殖淡水鲤鱼	Carp						111.02	110.39
养殖淡水草鱼	Grass carp						106.09	111.33
养殖淡水鳙鱼(胖头鱼)	Variegated carp						109.99	110.15
养殖淡水鲟鱼	Sturgeon						94.87	95.28
养殖淡水罗非鱼	Tilapia						117.40	97.34
养殖淡水青鱼	Black carp						105.58	109.11
养殖淡水鲢鱼	Silver carp						105.85	109.98
养殖淡水鲫鱼	Crucian carp						106.63	113.20
养殖淡水鳊鲂	Bream						101.26	111.90
养殖淡水鲶鱼	Oriental sheatfish						107.16	109.72
养殖淡水鮰鱼	Longsnout catfish						114.52	109.31
养殖淡水银鱼	Whitebait							149.41
养殖淡水黄鳝	Ricefield eel						110.45	108.54
养殖淡水鳜鱼	Mandarin fish						103.74	120.24
养殖淡水鲈鱼	Bass						108.56	114.59
养殖淡水乌鳢	Snakehead mullet						109.83	124.62
养殖淡水泥鳅	Loach						108.57	106.26
淡水养殖虾	Freshwater Aquacultural Shrimp						117.91	111.23
淡水养殖罗氏沼虾	M. rosenbergii						125.20	114.07
淡水养殖青虾	Freshwater shirimp						110.61	108.38
淡水养殖克氏原螯虾	Procambarus clarkia Giraed						126.97	91.44
淡水养殖南美白对虾	Penaeus vannamei boone						111.02	104.01
淡水养殖蟹	Freshwater Aquacultural Crab						105.89	113.58
淡水养殖活河蟹	Live river crab						105.89	113.58
淡水养殖贝类	Freshwater Aquacultural Shellfish						108.90	169.08
淡水养殖河蚌	Freshwater mussel						108.90	169.08
淡水养殖螺	Spiral shell						100.12	108.70
淡水捕捞产品	Freshwater Fishing Products						107.04	111.89
捕捞淡水鱼	Freshwater Fishing Fish						107.04	111.88
草鱼	Grass carp						111.10	114.06
鲢鱼	Silver carp						110.01	106.57
鲤鱼	Carp						98.86	106.10
鲫鱼	Crucian carp						108.72	108.46
淡水捕捞鲜虾	Freshwater Fishing Shrimp							

2-10 全国农产品生产价格指数(第三季度)
Producer Price Indices of Agricultural Products in the Third Quarter

(上年同期=100) (the same period of the preceding year=100)

农产品名称	Categories of agricultural products	2002	2005	2008	2009	2010	2011	2012
总指数	**All**	**98.10**	**99.72**	**112.56**	**97.33**	**110.57**	**120.52**	**100.10**
一、农业产品	I. Crop products	98.10	100.60	109.99	104.12	113.71	108.96	106.20
粮食	Grain	95.30	96.78	113.15	102.11	112.72	108.43	103.83
谷物	Cereal (unprocessed food grains)	93.00	97.11	109.96	104.35	112.07	108.54	104.01
稻谷	Paddy	93.10	98.35	111.72	104.52	111.91	116.49	105.63
早籼稻	Early long grained nonglutinous rice	95.10	94.85	118.55	99.41	105.68	117.08	106.00
晚籼稻	Late long grained nonglutinous rice	97.80	94.62	113.82	102.18	109.58	117.39	106.13
中籼稻	Medium long grained nonglutinous rice						118.53	105.40
粳稻	Round- grained rice	90.60	101.17	107.82	107.68	115.60	111.04	102.62
小麦	Wheat	98.00	95.81	109.55	107.47	107.45	103.76	102.13
硬质小麦	Hard-grained wheat	97.90	96.00	110.10	106.80	106.95	106.29	102.19
软质小麦	Soft-grained wheat	82.30	93.59	111.28	104.76	109.83	106.28	100.58
其他小麦	Mixed wheat		95.71	110.69	104.66	108.39	100.16	102.45
玉米	Maize (corn)	79.40	95.67	107.83	102.43	115.35	109.49	106.20
白玉米	White maize	91.10	99.48	106.79	111.62	112.22	105.10	107.98
黄玉米	Yellow maize	78.20	95.87	107.82	102.38	115.44	109.80	106.08
薯类	Potato	118.70	102.92	110.78	104.52	123.80	103.41	99.84
马铃薯	White potato	79.30	104.84	112.06	106.29	128.84	99.32	98.68
甘薯	Sweet potato	223.20	99.00	108.17	100.89	113.48	117.82	104.86
油料	Oil-bearing Crops	102.10	89.02	132.16	79.59	111.08	115.95	104.38
花生	Peanut	110.90	95.62	117.21	87.43	117.08	123.08	103.34
油菜籽	Rapeseeds	97.90	84.74	140.81	74.43	108.47	114.27	104.79
葵花籽	Sunflower		104.41	106.78	96.60	108.12	119.49	102.15
芝麻	Sesame	89.20	101.41	121.13	98.46	109.05	99.73	98.02
豆类	Beans	109.50	92.74	132.87	87.99	112.77	107.93	102.04
大豆	Soybeans	110.60	90.89	136.53	85.84	108.94	109.28	104.84
绿豆	Mung beans	99.10	107.75	104.66	107.07	153.89	101.61	88.99
红小豆	Red beans	62.40	109.77	107.59	102.15	140.45	117.88	93.85
棉花	Cotton	110.10	106.00	100.56	102.05	125.10		96.44
籽棉	Unginned cotton							96.44
生麻	Fiber crops	92.50	108.09	82.34	94.31	125.06	108.46	104.45
生亚麻	Flax		101.17	103.71	100.00		108.11	103.57
生苎麻	Ramie	92.70	104.18	102.66	82.58	105.21	108.81	105.33
生黄红麻	Jute and blueish dogbane	90.50	115.33	50.00	105.77	148.32	110.00	
糖料	Sugar crops	70.90	94.93	100.11	100.83	113.14	119.29	123.34
甘蔗	Sugarcane	73.20	94.93	100.11	100.83	113.14	119.29	123.34
甜菜	Beet	100.00	99.67					

2-10 续表 1 continued 1

农产品名称	Categories of agricultural products	2002	2005	2008	2009	2010	2011	2012
未加工烟草	Tobacco	111.40	100.80	119.13	104.17	103.15	110.63	111.78
未去梗烤烟叶	Flue-cured tobacco	111.60	100.71	119.28	104.24	103.34	111.74	114.91
未去梗晒烟叶	Sun-cured tobacco	80.30	104.37	113.30	101.46	96.08	109.52	108.65
蔬菜及食用菌	Vegetable and Mushroom						108.40	107.92
蔬菜	Vegetable	84.70	109.41	99.83	118.27	117.01	108.94	109.09
叶菜类蔬菜	Leaf vegetable	77.20	108.94	103.59	111.68	112.77	112.75	110.46
芹菜	Celery	89.50	106.25	98.74	115.14	118.19	104.15	106.36
油菜	Rape	105.30	113.33	106.05	109.25	113.09	117.35	111.01
菠菜	Spinach	87.20	101.62	105.68	106.85	113.42	114.78	118.10
白菜类蔬菜	Cabbage vegetable						110.70	109.88
大白菜	Chinese cabbage	42.20	111.33	107.87	110.56	112.27	109.48	111.23
甘蓝类蔬菜	Wild cabbage vegetable						100.74	93.50
结球甘蓝	Wild cabbage						105.89	99.78
花椰菜	Cauliflower	61.60	97.20	106.35	110.51	101.77	99.85	92.41
根茎类蔬菜	Root and tuber vegetable	60.40	108.74	103.14	111.22	104.25	105.54	108.19
白萝卜	White radish	60.70	110.01	104.40	112.15	107.07	105.41	114.80
红萝卜	Red radish						107.81	109.08
胡萝卜	Carrot	54.90	106.83	99.92	109.67	97.64	100.98	107.16
水萝卜	Turnip radish						122.38	96.42
生姜	Ginger	49.90	92.37	124.24	103.74	135.38	93.22	83.16
瓜菜类蔬菜	Gourd vegetable	102.90	106.11	102.98	109.72	108.90	109.72	108.68
黄瓜	Cucumber	99.60	105.96	101.43	112.30	107.23	111.10	107.17
冬瓜	White gourd	122.20	105.58	110.07	107.51	112.74	105.21	112.00
西葫芦	Summer squash	283.30	101.82	94.39	101.46	107.49	114.85	115.18
苦瓜	Balsam pear		110.83	103.34	99.61	115.74	103.13	111.51
南瓜	Pumpkin		105.62	103.77	104.84	110.22	109.61	103.59
豆类蔬菜	Garden beans	105.90	108.39	107.69	104.14	117.27	114.28	105.82
扁豆	Dolichos beans						115.69	103.34
豇豆	Cowpeas	95.20	110.16	109.06	100.52	118.22	113.75	109.25
四季豆	Kidney beans	124.90	105.93	105.80	109.15	115.96	113.15	106.24
茄果类蔬菜	Eggplant, tomato and chili, etc.	82.10	107.44	99.43	110.67	112.28	108.38	106.24
茄子	Eggplant	97.00	105.82	101.31	103.48	119.56	103.26	111.10
青椒	Sweetbell	133.10	107.63	100.66	112.27	114.35	109.39	106.65
辣椒	Chili	74.80	109.77	97.71	108.04	121.86	104.06	102.94
西红柿	Tomato	67.40	107.15	98.62	113.55	104.86	113.46	103.70
莴苣及菊苣类蔬	Lettuce and chickory vegetable						108.97	113.25
生菜	Lettuce						114.10	120.10
莴笋	Asparagus lattuce	118.50	115.76	103.96	115.42	109.38	104.12	108.46

2-10 续表 2 continued 2

农产品名称 Categories of agricultural products		2002	2005	2008	2009	2010	2011	2012
葱蒜类蔬菜	Onion and Garlic	84.70	118.41	82.80	159.90	148.51	87.80	119.25
洋葱	Onion		94.71	125.32	127.86	99.46	89.24	183.48
大葱	Scallion	182.70	115.41	105.26	119.58	106.86	108.79	114.69
大蒜	Garlic						57.20	132.01
蒜苗	Garlic sprout		107.06	111.90	107.32	113.62	100.61	96.14
蒜苔	Garlic stalk	54.30	112.84	96.35	140.74	117.00	102.72	103.82
蒜头	Garlic head	55.60	121.37	68.73	183.67	176.46	94.90	104.40
韭菜	Fragrant-flowered garlic		108.29	110.40	104.60	112.70	111.89	111.67
水生蔬菜	Water vegetable	129.70	103.49	114.14	97.25	113.05	108.42	117.80
莲藕	Lotus root	153.90	105.74	116.66	104.50	119.28	106.78	107.41
荸荠	Water chestnut	100.00	93.33			101.98		
茭白	Wild ruice stem	128.80	101.69	112.06	91.25	107.90	108.91	120.92
食用菌	Mushroom		100.91	109.03	119.56	107.75	105.34	101.17
平菇	Oyster mushroom		103.11	122.14	92.58	126.10	107.44	101.72
金针菇	Golden mushroom		108.02	99.87	89.99	134.19	103.41	99.76
香菇	Mushroom (dried)		100.48	98.57	98.79	110.79	117.58	100.88
黑木耳	Black edible fungus (dried)		96.53	101.69	100.57	110.69	109.38	111.47
白木耳	Tremella (dried)		110.40	100.84	90.37	106.67	106.11	105.56
花卉	Flower						111.32	116.71
盆栽花	Potted plant							
美人蕉	Canna						103.08	104.48
水仙花	Narcissus						118.43	99.60
盆栽菊花	Chrysanthemum						106.01	105.60
鲜切花及花蕾	Fresh flower						111.32	116.71
康乃馨	Carnation		103.13	95.85	127.64	111.32	110.83	118.56
满天星	June snow (serissa)		106.06	74.58	77.54	102.90	135.44	101.19
勿忘我	Forgetmenot		100.00		109.54	92.26	133.33	100.00
玫瑰	Rugosa rose		100.01	77.65	90.64	118.30	94.78	132.09
百合花	Lily		96.26	117.63	114.30	102.94	103.84	
非洲菊	Flameray Gerbera		73.41	99.73	117.00	105.54	115.32	101.61
水果及坚果	Fruits and Nuts		108.87	108.87	106.23	107.63	105.13	111.34
水果(园林水果)	Garden fruits	103.00	108.11	108.62	106.42	107.85	105.04	111.41
苹果	Apple	124.40	112.89	106.05	95.92	105.12	108.21	119.78
红富士苹果	Hongfushi apple	181.40	108.84	107.30	104.75	107.44	105.41	102.41
国光苹果	Guoguang apple	60.00	107.31	106.64	84.92	100.00	106.13	111.77
秦冠苹果	Qinguan apple	73.70	125.19	108.20	89.25	106.24	109.05	124.98
香蕉苹果	Banana apple		114.55	88.41	116.51	109.38	105.81	108.92
梨	Pear	123.40	104.67	110.59	108.30	107.52	102.51	103.81
雪花梨	Snowflake pear	125.50	104.04	110.27	107.17	107.44	108.49	112.49
鸭梨	Ya- pear	103.50	107.13	113.73	111.67	107.77	100.91	97.88
酥梨	Soft-pear	43.30	104.06	89.18	116.80	107.44	104.33	111.20
香梨	Bergamot pear	181.90	85.16		90.95	133.15	106.24	105.62

2-10 续表 3 continued 3

农产品名称	Categories of agricultural products	2002	2005	2008	2009	2010	2011	2012
柑橘类水果	Citrus	91.70	106.19	108.23	109.95	114.92	116.52	110.02
柑橘	Mandarin orange						115.52	104.17
橙	Orange	100.00	100.00		100.00	150.00	121.61	105.63
柚类	Shaddock	83.50	102.33	101.55	105.41	105.77	117.34	115.58
葡萄	Grape	96.20	113.12	112.97	112.77	108.69	113.43	99.52
巨峰葡萄	Jufeng grape						113.43	99.52
玫瑰香葡萄	Muscat grape						105.02	104.97
热带水果	Tropical and subtropics area fruits						84.61	116.47
香蕉	Banana	47.10	109.27	129.63	113.37	108.88	71.74	94.38
菠萝	Pineapple		126.22	110.20	104.61	125.99	129.59	121.95
龙眼	Longan		91.80	89.56	115.97	114.38	74.66	102.30
荔枝	Litchi	104.60	120.30	101.67	95.30	104.14	85.69	137.04
瓜类水果	Melon	135.40	117.15	111.51	104.38	105.22	105.10	116.92
西瓜	Watermelon	138.00	118.88	111.70	104.90	104.75	105.10	116.92
哈密瓜	Hami melon	135.20			142.86		108.70	118.71
甜瓜	Muskmelon	88.20	102.75	110.52	97.44	108.26		
其他水果	Other fruits						102.86	108.05
枣	Chinese date	101.20	88.15	132.55	83.90	127.66	90.28	99.19
柿子	Persimmon	70.60	105.44	114.52	102.71	104.89	111.52	92.07
桃	Peach	88.30	110.76	105.68	118.88	110.96	104.96	111.37
杏	Apricot	103.70	89.68	108.75	96.72	110.24	102.05	104.34
杨梅	Red bayberry	100.00	106.15	94.85	109.26	110.13	111.33	115.35
草莓	Strawberry		97.91	107.69	99.25	113.63	113.06	90.81
猕猴桃	Yangtao	101.50	101.28	104.34	124.15	109.86	107.47	108.93
食用坚果	Nuts		99.14	115.70	72.51	115.55	107.56	109.47
核桃	Walnut	179.00	104.62	92.29	103.36	107.26	110.38	98.60
山核桃	Kiskatom						107.75	124.94
栗子	Chestnuts						96.38	136.24
板栗	Chinese chestnut		107.24	120.02	88.99	117.52	96.38	136.24
茶及饮料原料	Tea and other beverages		108.87	75.63	101.58	119.71	113.94	106.42
茶叶	Tea	255.20	108.87	75.63	101.58	119.71	113.94	106.42
红茶	Black tea	119.80	106.34	58.85	102.01	175.31	110.33	112.30
绿茶	Green tea	320.00	110.93	73.91	102.11	119.99	115.09	105.49
清茶	Light tea						108.28	109.65
铁观音	Tieguanyin tea						105.13	104.39
乌龙茶	Oolong tea	70.70	89.16	98.30	96.16	98.36	108.28	109.65
香料原料	Perfume crops						104.40	94.32
花椒	Chinese prickly ash	84.30	97.81	107.40	100.16	120.73	105.09	94.32
八椒	Anise	139.90	68.58	91.33	255.75	112.29	100.00	
桂皮	Cassia bark	66.40	101.68	106.67	78.64	120.63	133.97	
中草药材	Chinese medicinal materials			109.23	95.60	128.93	117.00	109.00
人参	Ginseng				141.89	107.14	133.10	97.99
枸杞	Fruit of Chinese wolfberry		90.83	88.59	104.60	119.87	113.90	79.26
板蓝根	Root of common baphicacanthus		91.83	186.67	108.11	100.00	114.02	123.88

2-10 续表 4 continued 4

农产品名称	Categories of agricultural products	2002	2005	2008	2009	2010	2011	2012
二、林业产品	II.Forestry products	106.90	104.42	112.11	96.52	122.73	113.98	102.22
木材采伐产品	Felling and transport of wood	95.60	105.06	107.30	94.53	107.47	109.90	109.05
原木	Log	95.50	105.06	107.30	94.53	107.47	109.90	109.05
红松原木	Korean pine		114.28	102.32	86.46	109.22	101.91	100.17
落叶松原木	Larch		106.17	112.15	90.36	104.25	112.43	94.75
马尾松原木	Masson pine		96.91	102.64	101.44	107.73	107.18	98.05
云南松原木	Yunnan pine					100.10	113.34	115.42
竹材采伐产品	Felling and transport of bamboo		105.14	108.51	97.32	104.94	110.14	103.87
竹材	Bamboo						110.14	103.87
毛竹	Mao bamboo		105.14	108.51	97.32	104.94	110.14	102.56
撑蒿竹	Hao bamboo		98.44	113.28	102.64	123.26		105.18
林产品	Industrial materials		104.11	114.38	97.44	129.98	132.95	66.40
天然橡胶	Rubber	116.30	113.47	126.98	72.91	145.67	133.11	66.40
天然橡胶乳	Latex rubber						139.13	68.09
天然树脂、树胶	Resin and Gum						107.52	67.25
天然生漆	Raw lacquer						109.66	
天然松脂	Rosin		123.53	120.35	90.55	156.30	103.25	67.25
非直接食用果类	Not directly consumed products of forest						102.82	
油桐籽	Seeds of tung oil tree						102.82	
三、饲养动物及其产品	III.Livestock products	98.80	96.78	115.87	88.32	105.44	135.27	90.20
活牲畜	Livestock raising	99.50	101.64	117.50	98.47	109.71	144.30	85.77
猪	Hog (gross weight)	97.20	90.88	117.42	78.17	102.34	150.74	80.83
牛	Live cattle (gross weight)	96.80	101.60	121.60	100.73	104.07	109.55	114.44
羊	Live sheep		100.08	122.53	100.83	109.66	116.15	105.84
绵羊	Sheep						117.81	105.59
山羊	Goat						117.45	110.72
活家禽	Poultry (gross weight)	93.90	105.61	111.13	101.51	108.68	115.65	101.53
活鸡	Chicken	93.30	105.75	111.73	101.54	108.47	117.09	100.80
活鸭	Duck	97.10	104.63	107.39	101.43	109.72	113.47	102.28
活鹅	Goose	115.10	104.51	104.71	100.89	112.18	113.42	103.08
畜禽产品	Livestock and poultry Products						113.09	99.86
生奶	Milk products	99.20	99.06	124.73	91.80	116.44	106.87	103.66
禽蛋	Eggs	98.60	105.77	110.12	102.87	108.34	114.65	98.91
鸡蛋	Chicken's eggs	98.50	105.79	110.13	102.82	108.40	115.31	99.84
鸭蛋	Duck 's eggs	102.70	105.89	108.39	103.85	105.58	113.64	97.49
鹅蛋	Goose' s eggs	100.00	105.01	111.63	103.74	109.21		
天然蜂蜜	Honey	152.70	100.31	132.22	108.34	107.19	108.43	106.98
蚕茧	Silkworm cocoon	69.30	107.63	99.90	109.08	142.20		
桑蚕茧	Bombyx mori cocoon						117.31	97.54
柞蚕茧	Tasar silkworm cocoon							

2-10 续表 5 continued 5

农产品名称 Categories of agricultural products		2002	2005	2008	2009	2010	2011	2012
动物毛类	Hair and down products	62.30	106.72	87.50	88.84	127.68	116.93	96.52
绵羊毛	Sheep's wool		103.30	99.90	76.40	114.38	113.37	88.21
细羊毛	Superfine wool						117.20	96.33
半细羊毛	Fine wool						108.39	96.77
山羊毛	Goat's wool	86.80	102.19	93.61	93.20	121.99	120.93	110.63
山羊绒	Cashmere	55.40	107.83	85.99	87.77	129.11	110.68	91.96
兔毛	Rabbit hair		102.43	107.34	104.09	116.05	123.61	107.35
四、渔业产品	IV.Fishery products	93.30	103.76	112.94	98.33	108.46	111.88	103.70
海水养殖产品	Marine Aquacultural Products						112.32	99.23
海水养殖鱼	Marine Aquacultural Fish						111.16	95.98
海水养殖鲈鱼	Perch						112.06	98.81
海水养殖石斑鱼	Grouper						110.61	90.72
海水养殖大黄鱼	Large yellow croaker						110.81	98.41
海水养殖虾	Marine Aquacultural Shrimp						109.95	97.17
海水养殖中国对!	Chinese prawn						109.95	97.17
海水养殖南美白	Penaeus vannamei boone						109.64	100.94
海水养殖蟹	Marine Aquacultural Crab						111.57	109.00
海水养殖梭子蟹	Swimming crab						111.57	109.00
海水养殖青蟹	Green crab						110.84	102.87
海水养殖贝类	Marine Aquacultural shellfish						119.40	91.03
海水养殖牡蛎	Oyster						108.88	113.55
海水养殖扇贝	Scallop						129.97	68.42
海水养殖藻类	Marine Aquacultural Seaweeds						107.25	107.01
海水养殖海带	Kelp						111.04	109.86
海水养殖紫菜	Laver						99.55	101.23
海水捕捞产品	Marine Fishing Products						112.64	104.72
海水捕捞鲜鱼	Marine Fishing Fish						113.08	106.27
大黄鱼	Large yellow croaker	80.60	93.97	108.23	80.87	134.41	112.80	107.22
小黄鱼	Small yellow croaker	102.40	103.37	113.31	112.75	103.33	116.51	104.69
带鱼	Hairtail	93.50	116.58	111.86	97.90	116.70	109.92	106.91
海水捕捞虾	Marine Fishing Shrimp						110.74	99.36
龙虾	Lobster						108.55	
斑节对虾	Penaeus monodon						106.79	108.19
中国对虾	Chinese prawn						109.13	88.69
海水捕捞蟹	Marine Fishing Crab						112.05	103.45
梭子蟹	Swimming crab						112.05	103.45
青蟹	Green crab						107.34	101.02
海水捕捞贝类	Marine Fishing Shellfish							111.11
贻贝	Mussel							
蛤	Clam							111.11
海水捕捞软体水生	Marine Fishing Aquatic animals						116.33	106.32
墨鱼	Inkfish						130.84	101.62
鱿鱼	Squid						116.33	106.32

2-10 续表 6 continued 6

农产品名称	Categories of agricultural products	2002	2005	2008	2009	2010	2011	2012
淡水养殖产品	Freshwater Aquacultural Products						112.32	105.64
养殖淡水鱼	Freshwater Aquacultural Fish						112.54	105.46
养殖淡水鳟鱼	Rainbow trout						109.02	98.55
养殖淡水鳗鲡	Eel						118.62	116.13
养殖淡水鲤鱼	Carp						114.64	104.70
养殖淡水草鱼	Grass carp						111.02	105.10
养殖淡水鳙鱼(胖头鱼)	Variegated carp						112.52	104.73
养殖淡水鲟鱼	Sturgeon						90.92	93.05
养殖淡水罗非鱼	Tilapia						114.31	96.11
养殖淡水青鱼	Black carp						109.18	102.99
养殖淡水鲢鱼	Silver carp						113.77	106.38
养殖淡水鲫鱼	Crucian carp						114.59	105.91
养殖淡水鳊鲂	Bream						113.57	105.45
养殖淡水鲶鱼	Oriental sheatfish						107.98	108.72
养殖淡水鮰鱼	Longsnout catfish						108.19	95.89
养殖淡水银鱼	Whitebait							106.10
养殖淡水黄鳝	Ricefield eel						149.22	111.98
养殖淡水鳜鱼	Mandarin fish						108.28	98.10
养殖淡水鲈鱼	Bass						106.83	101.14
养殖淡水乌鳢	Snakehead mullet						122.04	110.15
养殖淡水泥鳅	Loach						171.08	112.84
淡水养殖虾	Freshwater Aquacultural Shrimp						112.76	108.14
淡水养殖罗氏沼虾	M. rosenbergii						110.13	106.80
淡水养殖青虾	Freshwater shirimp						115.39	109.47
淡水养殖克氏原螯虾	Procambarus clarkia Giraed						134.55	111.41
淡水养殖南美白对虾	Penaeus vannamei boone						106.61	94.67
淡水养殖蟹	Freshwater Aquacultural Crab						108.37	97.71
淡水养殖活河蟹	live river crab						108.37	97.71
淡水养殖贝类	Freshwater Aquacultural Shellfish						118.29	
淡水养殖河蚌	Freshwater mussel						118.29	
淡水养殖螺	Spiral shell						108.56	109.02
淡水捕捞产品	Freshwater Fishing Products						103.08	101.24
捕捞淡水鱼	Freshwater Fishing Fish						103.08	101.23
草鱼	Grass carp						109.98	101.69
鲢鱼	Silver carp						107.84	97.19
鲤鱼	Carp						111.77	110.23
鲫鱼	Crucian carp						110.01	105.83
淡水捕捞鲜虾	Freshwater Fishing Shrimp							

2-11 全国农产品生产价格指数(第四季度)

Producer Price Indices of Agricultural Products in the Fourth Quarter

(上年同期=100) (the same period of the preceding year=100)

农产品名称	Categories of agricultural products	2002	2005	2008	2009	2010	2011	2012
总指数	**All**	**102.29**	**98.81**	**101.61**	**103.20**	**115.87**	**111.90**	**100.31**
一、农业产品	I. Crop products	107.25	101.99	101.53	108.37	119.16	101.87	103.67
粮食	Grain	98.60	97.75	104.31	106.47	114.40	107.71	104.13
谷物	Cereal (unprocessed food grains)	96.43	97.81	104.92	107.26	112.90	108.97	103.30
稻谷	Paddy	96.17	100.13	105.96	105.39	116.46	110.02	102.92
早籼稻	Early long grained nonglutinous rice	98.15	94.46	109.95	100.26	109.96	115.29	102.96
晚籼稻	Late long grained nonglutinous rice	100.54	96.25	109.21	101.91	114.14	114.39	102.29
中籼稻	Medium long grained nonglutinous rice						115.79	101.35
粳稻	Round- grained rice	93.40	104.02	103.06	108.91	120.28	105.20	103.55
小麦	Wheat	97.56	95.18	107.20	108.02	107.29	103.86	104.96
硬质小麦	Hard-grained wheat	98.03	95.06	107.88	106.74	106.81	102.89	105.31
软质小麦	Soft-grained wheat	89.67	95.13	108.55	108.56	110.97	106.76	101.04
其他小麦	Mixed wheat		95.62	101.07	107.75	103.71	104.29	105.51
玉米	Maize (corn)	96.11	96.30	101.80	108.32	112.66	109.38	103.12
白玉米	White maize	93.31	101.50	103.07	108.34	109.99	104.60	100.96
黄玉米	Yellow maize	96.53	96.37	101.78	108.36	112.69	109.71	103.27
薯类	Potato	76.97	109.13	100.12	109.82	143.00	104.00	116.69
马铃薯	White potato	72.45	111.07	97.29	110.48	154.62	98.99	125.38
甘薯	Sweet potato	88.97	105.17	105.91	108.47	119.17	118.45	97.84
油料	Oil-bearing Crops	105.47	91.07	102.33	95.40	116.51	106.90	104.51
花生	Peanut	114.21	96.95	96.94	105.38	117.56	114.21	105.56
油菜籽	Rapeseeds	101.75	87.55	104.49	90.13	116.47	106.63	105.99
葵花籽	Sunflower		99.12	103.79	105.60	110.39	101.64	103.22
芝麻	Sesame	84.58	101.73	111.55	97.48	112.03	95.45	102.85
豆类	Beans	109.90	93.49	102.15	100.60	113.46	100.46	105.67
大豆	Soybeans	111.65	92.14	103.16	98.74	111.22	104.48	107.88
绿豆	Mung beans	92.22	103.41	86.22	120.84	130.84	83.73	96.48
红小豆	Red beans	109.68	99.55	101.97	107.78	121.47	99.13	103.80
棉花	Cotton	138.13	113.73	86.64	121.04	166.73	77.35	101.50
籽棉	Unginned cotton						77.35	101.50
生麻	Fiber crops	90.95	101.97	105.99	97.12	115.90	105.88	102.74
生亚麻	Flax		101.59		101.50			103.57
生苎麻	Ramie	91.64	97.31	100.12	83.97	107.73	105.88	101.81
生黄红麻	Jute and blueish dogbane	85.27	107.56	112.86	110.76	125.47	106.82	123.92
糖料	Sugar crops	86.51	117.66	104.29	104.09	125.08	119.82	100.36
甘蔗	Sugarcane	86.51	117.67	104.29	104.10	125.09	115.45	94.41
甜菜	Beet	100.00	102.61	99.97	97.88	116.67	122.79	104.41

2-11 续表 1 continued 1

农产品名称 Categories of agricultural products		2002	2005	2008	2009	2010	2011	2012
未加工烟草	Tobacco	86.51	104.46	120.36	105.06	106.10	112.95	111.65
未去梗烤烟叶	Flue-cured tobacco	86.51	104.36	120.60	104.86	106.06	113.70	114.37
未去梗晒烟叶	Sun-cured tobacco	100.00	108.32	111.31	112.71	107.52	112.19	108.93
蔬菜及食用菌	Vegetable and Mushroom						98.21	103.48
蔬菜	Vegetable	122.21	108.23	97.59	115.35	118.46	97.84	103.91
叶菜类蔬菜	Leaf vegetable	151.35	110.32	97.35	109.01	116.51	102.27	104.84
芹菜	Celery	90.29	118.25	98.46	110.08	115.51	97.94	109.69
油菜	Rape	321.62	106.79	100.44	110.84	111.04	105.13	100.87
菠菜	Spinach	65.66	110.22	101.28	110.23	109.86	101.11	109.28
白菜类蔬菜	Cabbage vegetable						82.72	100.58
大白菜	Chinese cabbage	179.29	110.05	90.52	108.92	125.82	72.10	101.22
甘蓝类蔬菜	Wild cabbage vegetable						97.55	105.54
结球甘蓝	Wild cabbage						100.31	105.23
花椰菜	Cauliflower	137.90	106.73	90.55	97.69	124.53	97.08	105.59
根茎类蔬菜	Root and tuber vegetable	125.50	109.23	98.08	110.08	117.78	101.68	104.26
白萝卜	White radish	127.59	111.49	100.16	108.33	116.90	102.76	103.66
红萝卜	Red radish						104.21	107.65
胡萝卜	Carrot	62.79	105.49	93.67	113.55	118.52	104.18	105.24
水萝卜	Turnip radish						103.20	71.34
生姜	Ginger	73.31	89.72	108.20	108.18	145.64	69.98	85.81
瓜菜类蔬菜	Gourd vegetable	116.64	104.48	102.51	106.09	111.61	105.39	104.05
黄瓜	Cucumber	114.62	104.07	103.14	106.81	111.03	104.30	103.56
冬瓜	White gourd	131.46	108.47	106.18	105.15	111.21	108.27	106.65
西葫芦	Summer squash	133.52	105.75	83.87	107.84	118.03	106.38	94.72
苦瓜	Balsam pear		96.47	101.56	101.61	111.06	103.59	90.90
南瓜	Pumpkin		108.15	96.38	108.91	109.73	106.09	101.28
豆类蔬菜	Garden beans	137.59	106.24	100.36	105.18	117.38	106.04	96.90
扁豆	Dolichos beans						109.47	98.38
豇豆	Cowpeas	145.18	106.16	99.08	103.91	117.27	106.68	95.23
四季豆	Kidney beans	124.18	106.35	102.14	106.93	117.53	106.35	101.18
茄果类蔬菜	Eggplant, tomato and chili, etc.	94.88	105.40	96.09	113.18	116.43	101.43	105.75
茄子	Eggplant	106.62	105.22	92.30	105.91	117.64	103.34	101.65
青椒	Sweetbell	109.55	105.36	100.71	109.02	109.74	105.42	103.22
辣椒	Chili	129.96	103.86	90.25	117.93	117.86	103.47	95.68
西红柿	Tomato	87.35	106.03	97.06	116.70	119.20	97.84	113.47
莴苣及菊苣类蔬菜	Lettuce and chickory vegetable						105.07	104.22
生菜	Lettuce						105.37	102.62
莴笋	Asparagus lattuce	132.01	107.29	103.03	108.49	112.16	103.74	106.91

2-11 续表 2 continued 2

农产品名称	Categories of agricultural products	2002	2005	2008	2009	2010	2011	2012
葱蒜类蔬菜	Onion and Garlic	104.59	111.48	94.95	148.18	134.40	95.60	108.61
洋葱	Onion		89.95	97.39	141.97	103.86	68.35	117.34
大葱	Scallion	89.26	107.03	96.44	110.99	117.81	96.89	106.78
大蒜	Garlic						93.15	112.72
蒜苗	Garlic sprout		112.29	105.69	121.63	114.17	97.37	113.94
蒜苔	Garlic stalk	125.74	100.10	109.66	120.50	114.96	112.82	100.16
蒜头	Garlic head	115.92	116.79	90.01	173.00	147.53	76.76	112.24
韭菜	Fragrant-flowered garlic		108.12	101.70	110.32	112.79	105.29	102.79
水生蔬菜	Water vegetable	183.24	105.51	102.35	105.47	115.78	102.02	100.12
莲藕	Lotus root	98.13	101.16	105.69	113.22	115.00	103.16	105.29
荸荠	Water chestnut	100.00	98.14	109.68	97.79			106.92
茭白	Wild ruice stem	185.99	106.56	99.59	99.05	116.42	101.69	98.16
食用菌	Mushroom		104.34	97.44	108.19	106.67	99.17	102.38
平菇	Oyster mushroom		99.99	127.39	101.05	117.65	105.34	108.91
金针菇	Golden mushroom		104.83	135.64	87.24	107.45	97.74	100.25
香菇	Mushroom (dried)		99.88	95.91	103.54	115.19	94.13	113.35
黑木耳	Black edible fungus (dried)		100.85	106.57	101.48	112.15	105.48	105.97
白木耳	Tremella (dried)		107.25	101.49	130.42	109.57		
花卉	Flower						104.21	100.93
盆栽花	Potted plant							
美人蕉	Canna						101.91	99.95
水仙花	Narcissus						122.90	100.29
盆栽菊花	Chrysanthemum						109.15	106.60
鲜切花及花蕾	Fresh flower						104.21	100.93
康乃馨	Carnation		64.78	93.76	106.18	135.85	107.19	93.14
满天星	June snow (serissa)		102.71	75.45	104.00	112.04	106.39	100.00
勿忘我	Forgetmenot		96.82	70.00	85.71	106.90	105.56	100.00
玫瑰	Rugosa rose		74.55	99.63	129.13	92.15	109.13	105.54
百合花	Lily		88.65	105.59	100.34	107.11	93.99	105.33
非洲菊	Flameray Gerbera		97.00	91.06	110.04	110.85	93.42	108.72
水果及坚果	Fruits and Nuts		108.10	97.51	108.11	123.51	103.90	101.00
水果(园林水果)	Garden fruits	93.65	108.01	97.01	109.30	124.31	104.42	99.41
苹果	Apple	59.71	118.51	80.06	110.04	140.36	109.96	95.62
红富士苹果	Hongfushi apple	65.11	115.35	91.54	105.71	135.69	110.20	96.11
国光苹果	Guoguang apple	89.38	106.29	86.20	99.08	143.11	101.29	103.65
秦冠苹果	Qinguan apple	58.90	139.05	52.70	127.56	150.56	107.53	80.34
香蕉苹果	Banana apple		112.68	88.77	117.01	117.80	102.27	119.54
梨	Pear	125.84	102.55	104.54	111.76	118.17	105.99	102.64
雪花梨	Snowflake pear	125.71	101.43	104.45	112.13	118.17	94.92	101.27
鸭梨	Ya- pear	102.32	106.55	105.99	110.90	116.25	107.75	105.47
酥梨	Soft-pear	139.24	104.08	92.95	107.25	138.70	104.88	89.52
香梨	Bergamot pear	111.11	100.02	97.89	91.75		119.04	90.90

2-11 续表 3 continued 3

农产品名称	Categories of agricultural products	2002	2005	2008	2009	2010	2011	2012
柑橘类水果	Citrus	134.56	104.77	93.17	101.00	125.63	99.68	101.52
柑橘	Mandarin orange						101.35	97.20
橙	Orange	98.68	103.02	89.76	101.31	122.13	93.64	107.98
柚类	Shaddock	70.70	119.63	97.78	104.42	117.61	104.12	103.85
葡萄	Grape	62.50	108.56	108.38	103.58	120.09	101.54	98.70
巨峰葡萄	Jufeng grape						101.54	98.70
玫瑰香葡萄	Muscat grape						109.87	97.45
热带水果	Tropical and subtropics area fruits						117.13	89.85
香蕉	Banana	74.57	102.49	111.28	85.50	121.91	119.54	89.36
菠萝	Pineapple		98.00	78.02	108.53	185.39		
龙眼	Longan		95.83	83.08	115.79	108.13	82.11	97.00
荔枝	Litchi	100.00						
瓜类水果	Melon	72.64	109.10	102.78	95.45	114.85	108.95	96.34
西瓜	Watermelon	74.30	109.22	103.74	94.87	115.25	108.95	96.34
哈密瓜	Hami melon						85.55	109.94
甜瓜	Muskmelon	34.96	111.34	97.05	98.42	113.72		
其他水果	Other fruits						93.30	108.90
枣	Chinese date	90.54	97.43	112.76	102.19	130.40	87.60	108.68
柿子	Persimmon	130.97	104.19	95.23	96.98	108.25	103.58	107.31
桃	Peach	103.72	109.02	104.06	106.76	115.04	106.78	111.07
杏	Apricot	80.65	101.98	106.56	82.02	127.80		
杨梅	Red bayberry						129.50	
草莓	Strawberry		101.31	84.46	107.95	104.96	98.35	109.09
猕猴桃	Yangtao	105.88	116.56	106.40	118.53	104.89	105.85	118.54
食用坚果	Nuts		105.61	115.94	69.73	123.80	98.54	117.38
核桃	Walnut						95.46	111.09
山核桃	Kiskatom						95.79	144.96
栗子	Chestnuts						103.08	127.76
板栗	Chinese chestnut						103.08	127.76
茶及饮料原料	Tea and other beverages		113.60	81.65	104.98	121.55	112.42	104.75
茶叶	Tea	140.89	113.86	82.19	105.38	121.92	112.42	104.75
红茶	Black tea	60.84	112.67	70.59	101.85	134.13	110.59	117.01
绿茶	Green tea	143.11	114.91	79.61	105.96	124.14	112.28	103.31
清茶	Light tea						114.13	108.23
铁观音	Tieguanyin tea						108.64	106.83
乌龙茶	Oolong tea	139.09	103.78	111.73	100.79	95.73	114.13	108.23
香料原料	Perfume crops						108.14	99.21
花椒	Chinese prickly ash	49.58	101.34	106.75	99.01	133.41	108.14	99.21
八椒	Anise	80.28	88.77	85.34	189.83	131.16		
桂皮	Cassia bark	87.27	101.31					
中草药材	Chinese medicinal materials			103.51	118.44	146.63	120.65	99.65
人参	Ginseng						129.92	93.88
枸杞	Fruit of Chinese wolfberry		100.33	93.63	100.24	151.46	89.61	88.67
板蓝根	Root of common baphicacanthus		97.89	160.00	109.85	103.03	127.50	

2-11 续表 4 continued 4

农产品名称	Categories of agricultural products	2002	2005	2008	2009	2010	2011	2012
二、林业产品	II.Forestry products	111.49	107.20	99.51	104.14	129.17	112.87	97.14
木材采伐产品	Felling and transport of wood	105.26	101.64	106.38	98.18	107.94	112.83	96.28
原木	Log	105.54	101.64	106.38	98.18	107.94	112.83	96.28
红松原木	Korean pine		98.04	103.77	94.48	100.25	115.85	100.65
落叶松原木	Larch		105.08	112.73	90.00	110.99	117.45	95.05
马尾松原木	Masson pine		99.46	100.54	108.91	108.38	106.23	102.72
云南松原木	Yunnan pine		95.74	89.07	102.69	120.84	114.07	105.70
竹材采伐产品	Felling and transport of bamboo		102.09	106.06	104.72	108.20	117.60	104.26
竹材	Bamboo						117.60	104.26
毛竹	Mao bamboo		102.09	106.06	104.72	108.20	108.41	101.44
撑蒿竹	Hao bamboo		104.28	101.05	99.39	107.72	126.80	107.08
林产品	Industrial materials		109.83	96.25	106.92	139.24	104.28	79.53
天然橡胶	Rubber	157.52	120.41	88.73	100.53	148.27	104.26	78.02
天然橡胶乳	Latex rubber						104.26	78.02
天然树脂、树胶	Resin and Gum						98.14	100.1
天然生漆	Raw lacquer						105.55	122.69
天然松脂	Rosin						90.72	89.01
非直接食用果类	Not directly consumed products of forest						104.41	91.09
油桐籽	Seeds of tung oil tree	100.00	104.58	84.24	126.15	112.95	104.41	91.09
三、饲养动物及其产品	III.Livestock products	98.59	92.10	100.21	96.99	111.56	121.87	96.31
活牲畜	Livestock raising	102.03	100.63	110.14	101.08	111.32	126.72	93.26
猪	Hog (gross weight)	99.46	85.47	93.50	92.28	111.32	129.89	88.24
牛	Live cattle (gross weight)	98.04	100.48	113.37	102.43	105.29	110.67	120.86
羊	Live sheep		99.32	110.17	102.39	113.01	118.28	104.38
绵羊	Sheep						118.19	104.62
山羊	Goat						117.91	109.79
活家禽	Poultry (gross weight)	94.59	97.38	105.71	103.48	112.16	108.48	104.89
活鸡	Chicken	94.58	97.24	106.36	103.38	112.08	108.66	104.49
活鸭	Duck	96.36	98.14	103.58	103.00	112.73	108.85	106.49
活鹅	Goose	100.00	99.19	90.26	109.69	112.81	107.20	104.31
畜禽产品	Livestock and poultry Products						108.50	104.63
生奶	Milk products	104.09	99.25	108.68	99.51	115.98	105.12	105.26
禽蛋	Eggs	99.57	101.48	106.92	104.60	112.57	109.45	104.45
鸡蛋	Chicken's eggs	99.27	101.51	106.99	104.66	112.70	109.73	104.58
鸭蛋	Duck 's eggs	108.56	102.97	105.57	103.41	109.47	108.07	103.80
鹅蛋	Goose' s eggs	100.00	98.51	105.93	103.65	111.17		
天然蜂蜜	Honey						110.05	109.17
蚕茧	Silkworm cocoon	46.95	118.38	85.25	144.25	134.46		
桑蚕茧	Bombyx mori cocoon						102.98	119.89
柞蚕茧	Tasar silkworm cocoon						119.67	92.73

2-11 续表 5 continued 5

农产品名称	Categories of agricultural products	2002	2005	2008	2009	2010	2011	2012
动物毛类	Hair and down products	57.25	104.43	97.96	93.96	128.54	111.11	111.20
绵羊毛	Sheep's wool		101.85	87.82	80.52	106.53	110.98	110.39
细羊毛	Superfine wool						114.31	98.31
半细羊毛	Fine wool						107.65	122.47
山羊毛	Goat's wool	55.39	109.36	106.46	100.00	100.27		98.03
山羊绒	Cashmere	57.83	103.24	95.89	92.49	135.45	102.07	98.03
兔毛	Rabbit hair		102.65	103.43	116.93	121.09	111.50	113.64
四、渔业产品	IV.Fishery products	90.87	103.73	107.82	100.88	109.67	108.70	104.12
海水养殖产品	Marine Aquacultural Products						109.73	98.24
海水养殖鱼	Marine Aquacultural Fish						110.35	93.60
海水养殖鲈鱼	Perch						100.22	100.32
海水养殖石斑鱼	Grouper						116.64	93.15
海水养殖大黄鱼	Large yellow croaker						114.18	87.32
海水养殖虾	Marine Aquacultural Shrimp						106.15	105.55
海水养殖中国对虾	Chinese prawn						106.15	105.55
海水养殖南美白对虾	Penaeus vannamei boone						110.15	100.91
海水养殖蟹	Marine Aquacultural Crab						107.51	111.31
海水养殖梭子蟹	Swimming crab						107.51	111.31
海水养殖青蟹	Green crab						102.08	102.98
海水养殖贝类	Marine Aquacultural shellfish						113.96	88.24
海水养殖牡蛎	Oyster						106.63	101.40
海水养殖扇贝	Scallop						121.36	74.96
海水养殖藻类	Marine Aquacultural Seaweeds						113.06	117.58
海水养殖海带	Kelp						115.22	120.43
海水养殖紫菜	Laver						108.69	111.83
海水捕捞产品	Marine Fishing Products						111.46	111.80
海水捕捞鲜鱼	Marine Fishing Fish						111.20	120.15
大黄鱼	Large yellow croaker	54.21	106.91	109.07	121.94	112.48	101.50	106.93
小黄鱼	Small yellow croaker	84.82	105.75	111.95	88.26	108.12	116.58	148.42
带鱼	Hairtail	104.61	102.40	105.51	104.15	119.93	115.52	105.14
海水捕捞虾	Marine Fishing Shrimp						113.75	105.63
龙虾	Lobster							
斑节对虾	Penaeus monodon						111.49	112.07
中国对虾	Chinese prawn						114.88	103.25
海水捕捞蟹	Marine Fishing Crab						108.19	104.31
梭子蟹	Swimming crab						108.19	104.31
青蟹	Green crab						111.48	98.56
海水捕捞贝类	Marine Fishing Shellfish						102.61	100.00
贻贝	Mussel							
蛤	Clam						102.61	100.00
海水捕捞软体水生动物	Marine Fishing Aquatic animals						118.27	99.48
墨鱼	Inkfish						123.19	103.68
鱿鱼	Squid						118.27	99.48

2-11 续表 6 continued 6

农产品名称	Categories of agricultural products	2002	2005	2008	2009	2010	2011	2012
淡水养殖产品	Freshwater Aquacultural Products						107.49	103.58
养殖淡水鱼	Freshwater Aquacultural Fish						109.65	103.24
养殖淡水鳟鱼	Rainbow trout						98.37	93.66
养殖淡水鳗鲡	Eel						120.18	88.52
养殖淡水鲤鱼	Carp						112.06	98.95
养殖淡水草鱼	Grass carp						109.07	104.05
养殖淡水鳙鱼(胖头鱼)	Variegated carp						109.98	103.08
养殖淡水鲟鱼	Sturgeon						96.86	85.74
养殖淡水罗非鱼	Tilapia						105.05	94.55
养殖淡水青鱼	Black carp						113.16	102.35
养殖淡水鲢鱼	Silver carp						109.00	104.69
养殖淡水鲫鱼	Crucian carp						110.00	106.60
养殖淡水鳊鲂	Bream						106.72	101.89
养殖淡水鲶鱼	Oriental sheatfish						108.76	109.24
养殖淡水鮰鱼	Longsnout catfish						103.72	100.14
养殖淡水银鱼	Whitebait						133.80	
养殖淡水黄鳝	Ricefield eel						111.77	106.97
养殖淡水鳜鱼	Mandarin fish						103.67	104.63
养殖淡水鲈鱼	Bass						105.53	110.85
养殖淡水乌鳢	Snakehead mullet						112.96	104.07
养殖淡水泥鳅	Loach						109.84	105.74
淡水养殖虾	Freshwater Aquacultural Shrimp						107.73	106.85
淡水养殖罗氏沼虾	M. rosenbergii						100.94	105.26
淡水养殖青虾	Freshwater shirimp						114.53	108.44
淡水养殖克氏原螯虾	Procambarus clarkia Giraed						132.98	94.24
淡水养殖南美白对虾	Penaeus vannamei boone						115.29	98.62
淡水养殖蟹	Freshwater Aquacultural Crab						102.48	100.90
淡水养殖活河蟹	live river crab						102.48	100.90
淡水养殖贝类	Freshwater Aquacultural Shellfish						111.11	116.30
淡水养殖河蚌	Freshwater mussel						111.11	116.30
淡水养殖螺	Spiral shell						105.26	94.26
淡水捕捞产品	Freshwater Fishing Products						104.39	103.74
捕捞淡水鱼	Freshwater Fishing Fish						104.38	103.74
草鱼	Grass carp						107.15	102.87
鲢鱼	Silver carp						104.31	105.41
鲤鱼	Carp						107.30	96.31
鲫鱼	Crucian carp						108.16	98.68
淡水捕捞鲜虾	Freshwater Fishing Shrimp							

2-12 各地区农产品生产价格总指数
Producer Price Indices of Agricultural Products by Region

(上年=100) (the preceding year=100)

地区	Region	2007	2008	2009	2010	2011	2012
全国	**National**	**118.49**	**114.06**	**97.60**	**110.94**	**116.45**	**102.74**
北京	Beijing	114.38	112.26	98.27	106.50	110.71	104.73
天津	Tianjin	107.79	107.05	103.03	110.21	105.02	105.25
河北	Hebei	116.15	108.98	99.70	115.13	110.86	100.66
山西	Shanxi	112.95	109.19	100.43	110.22	110.96	101.34
内蒙古	Inner Mongolia	114.90	110.99	99.83	111.36	112.78	104.72
辽宁	Liaoning	116.61	109.81	102.90	110.55	114.16	106.56
吉林	Jilin	114.01	104.50	103.77	111.79	116.84	105.05
黑龙江	Heilongjiang	119.90	117.02	98.07	109.15	116.46	105.90
上海	Shanghai	110.24	109.73	102.23	107.05	110.85	101.44
江苏	Jiangsu	112.55	114.32	99.92	108.80	112.11	103.74
浙江	Zhejiang	108.59	112.94	100.25	114.76	113.63	104.30
安徽	Anhui	114.13	114.68	99.08	110.82	112.83	102.95
福建	Fujian	112.60	110.68	98.04	111.49	113.25	102.68
江西	Jiangxi	114.98	114.21	96.81	107.47	114.32	103.51
山东	Shandong	113.98	112.46	101.23	118.84	109.66	102.46
河南	Henan	117.70	114.97	99.07	112.46	111.48	102.39
湖北	Hubei	116.98	117.01	96.30	112.27	111.70	103.27
湖南	Hunan	130.59	126.65	90.61	109.85	121.94	100.19
广东	Guangdong	109.69	113.85	94.95	107.56	112.41	103.38
广西	Guangxi	121.49	112.99	89.25	107.59	124.54	99.36
海南	Hainan	104.70	112.45	101.91	107.91	115.26	103.25
重庆	Chongqing	121.77	120.19	88.99	103.22	120.16	104.62
四川	Sichuan	120.79	118.36	96.94	105.86	117.82	104.02
贵州	Guizhou	113.03	115.50	96.11	106.69	120.29	104.27
云南	Yunnan	117.51	115.54	96.50	112.48	117.85	110.74
陕西	Shaanxi	115.40	111.24	95.83	121.72	113.81	102.58
甘肃	Gansu	111.42	113.95	100.22	113.77	111.32	105.94
青海	Qinghai	118.95	114.93	94.61	124.28	117.25	108.23
宁夏	Ningxia	114.95	118.66	99.39	117.03	111.34	103.61
新疆	Xinjiang	114.67	119.75	92.87	131.51	103.70	103.17

2-13 各地区种植业产品生产价格指数
Producers Price Indices of Crop products by Region

(上年=100) (the preceding year=100)

地　区	Region	2007	2008	2009	2010	2011	2012
全　国	**National Total**	**109.82**	**108.43**	**102.88**	**116.57**	**107.83**	**104.80**
北　京	Beijing	106.11	106.55	106.22	109.79	101.64	107.89
天　津	Tianjin	105.74	105.47	105.81	115.16	102.00	109.85
河　北	Hebei	110.99	104.97	102.40	124.07	105.98	103.14
山　西	Shanxi	112.81	103.95	104.59	114.69	107.68	103.36
内蒙古	Inner Mongolia	114.82	106.86	102.92	114.63	106.85	105.36
辽　宁	Liaoning	112.06	103.62	104.57	115.50	107.19	109.40
吉　林	Jilin	112.27	102.02	106.16	114.15	113.30	107.57
黑龙江	Heilongjiang	116.69	114.76	99.51	109.97	114.26	106.99
上　海	Shanghai	106.19	105.52	108.66	110.54	106.05	103.41
江　苏	Jiangsu	103.77	108.72	104.98	114.81	109.02	105.01
浙　江	Zhejiang	102.72	107.02	104.82	117.49	108.30	106.27
安　徽	Anhui	109.88	109.63	103.14	114.77	106.09	103.02
福　建	Fujian	107.60	106.66	103.28	115.34	108.77	104.72
江　西	Jiangxi	109.50	108.19	99.70	112.21	110.68	105.86
山　东	Shandong	111.29	107.55	105.40	126.73	101.97	104.31
河　南	Henan	110.41	108.15	106.00	120.50	103.82	104.04
湖　北	Hubei	112.30	111.26	99.97	119.79	105.54	103.61
湖　南	Hunan	111.77	113.89	100.61	118.06	116.07	103.12
广　东	Guangdong	104.67	109.18	98.77	111.72	108.62	106.85
广　西	Guangxi	100.35	100.41	98.13	115.24	114.92	107.16
海　南	Hainan	98.34	113.91	107.07	104.94	112.63	109.05
重　庆	Chongqing	108.61	108.94	104.15	109.13	113.82	105.99
四　川	Sichuan	110.72	111.19	103.49	110.69	110.53	107.60
贵　州	Guizhou	107.99	108.55	104.38	113.61	112.04	106.11
云　南	Yunnan	113.33	107.59	103.62	114.26	112.29	113.65
陕　西	Shaanxi	114.17	105.97	96.35	126.11	107.97	102.49
甘　肃	Gansu	109.94	107.93	104.93	119.46	109.28	106.90
青　海	Qinghai	121.57	109.76	97.78	130.75	109.47	104.38
宁　夏	Ningxia	111.89	110.59	106.27	118.69	107.15	103.85
新　疆	Xinjiang	113.92	101.04	106.39	141.88	90.23	100.20

2-14 各地区林业产品生产价格指数
Producers Price Indices of Forestry products by Region

(上年=100) (the preceding year=100)

地 区	Region	2007	2008	2009	2010	2011	2012
全 国	**National**	**104.37**	**108.47**	**94.88**	**122.78**	**114.92**	**101.23**
北 京	Beijing	128.49	103.54	83.51	152.55	109.05	107.75
天 津	Tianjin	99.15	106.02	84.22			
河 北	Hebei	105.09	88.96	104.30	108.05	106.96	106.83
山 西	Shanxi	103.77	100.73	101.14	109.14	109.86	108.07
内蒙古	Inner Mongolia	107.67	116.63	102.35	102.86	117.31	93.04
辽 宁	Liaoning	109.72	108.95	94.75	110.52	119.45	113.58
吉 林	Jilin	107.76	121.15	100.11	114.03	114.41	107.80
黑龙江	Heilongjiang					130.49	93.54
上 海	Shanghai		111.62	101.88	100.03	106.34	111.00
江 苏	Jiangsu	102.71	96.54	96.80	131.93	106.97	104.50
浙 江	Zhejiang	108.63	102.60	96.35	112.89	113.72	106.08
安 徽	Anhui	109.04	106.46	97.58	106.36	110.73	106.79
福 建	Fujian	107.50	115.18	101.50	107.60	110.09	105.71
江 西	Jiangxi	108.90	114.73	99.10	109.85	108.70	105.08
山 东	Shandong	115.84	109.57	90.08	114.61	105.64	101.88
河 南	Henan	107.19	105.40			101.94	111.37
湖 北	Hubei	106.06	113.68	103.67	108.79	108.36	107.46
湖 南	Hunan	115.57	118.83	106.54	112.93	107.23	104.08
广 东	Guangdong	104.26	103.13	98.87	112.62	108.65	101.82
广 西	Guangxi	105.26	104.30	104.52	107.59	109.52	99.39
海 南	Hainan	113.24	102.96	83.50	131.57	122.05	78.37
重 庆	Chongqing	110.69	112.88	111.36	104.26	113.54	103.84
四 川	Sichuan	105.62	109.58	101.00	104.21	105.04	104.42
贵 州	Guizhou	106.22	107.53	108.30	111.82	104.32	103.72
云 南	Yunnan	97.73	105.55	98.35	144.84	117.29	92.17
陕 西	Shaanxi	103.67	109.45	92.03	133.80	107.49	110.94
甘 肃	Gansu	100.10	115.91	92.91	144.87	125.00	
青 海	Qinghai						
宁 夏	Ningxia						
新 疆	Xinjiang	109.40	102.15	121.88	119.01	102.26	99.33

2-15 各地区饲养动物及其产品生产价格指数
Producers Price Indices of Livestock products by Region

(上年=100) (the preceding year=100)

地　区	Region	2007	2008	2009	2010	2011	2012
全　国	**National**	**131.36**	**123.94**	**90.13**	**102.96**	**126.20**	**99.73**
北　京	Beijing	122.00	117.58	91.98	102.34	120.59	100.71
天　津	Tianjin	114.76	106.51	96.44	102.06	111.52	100.88
河　北	Hebei	123.36	115.45	95.79	103.63	116.50	97.35
山　西	Shanxi	114.60	117.80	96.98	103.47	116.85	97.87
内蒙古	Inner Mongolia	116.56	115.92	95.77	107.86	115.82	104.90
辽　宁	Liaoning	126.36	122.31	98.33	101.77	122.27	102.63
吉　林	Jilin	122.97	115.27	93.85	101.27	127.55	97.40
黑龙江	Heilongjiang	133.72	126.58	92.15	105.65	118.23	100.43
上　海	Shanghai	128.76	112.95	90.12	99.96	121.42	94.41
江　苏	Jiangsu	131.44	125.84	90.44	101.41	118.45	97.64
浙　江	Zhejiang	124.83	126.06	90.10	108.56	121.24	99.84
安　徽	Anhui	123.88	125.88	90.59	104.26	126.70	97.37
福　建	Fujian	132.17	119.57	88.62	101.19	122.11	94.25
江　西	Jiangxi	129.43	124.38	90.56	100.58	125.32	96.05
山　东	Shandong	122.42	121.60	95.08	105.92	121.56	96.74
河　南	Henan	130.69	126.54	87.40	99.53	124.19	96.32
湖　北	Hubei	131.40	130.45	85.63	100.38	128.86	98.58
湖　南	Hunan	143.92	135.91	82.67	99.59	131.19	95.98
广　东	Guangdong	123.52	120.05	89.66	99.90	121.66	97.62
广　西	Guangxi	140.42	123.20	80.52	100.51	139.09	92.46
海　南	Hainan	118.57	118.41	94.92	106.18	123.25	99.12
重　庆	Chongqing	128.77	125.79	80.84	98.35	126.57	103.33
四　川	Sichuan	128.34	123.18	92.39	103.18	124.43	101.15
贵　州	Guizhou	119.40	124.26	85.50	98.94	127.25	102.84
云　南	Yunnan	128.61	130.74	84.48	103.26	131.79	104.69
陕　西	Shaanxi	118.96	124.10	94.75	110.41	128.61	101.39
甘　肃	Gansu	114.72	125.81	91.13	101.56	115.64	106.25
青　海	Qinghai	116.97	118.83	92.22	119.39	124.41	111.77
宁　夏	Ningxia	118.36	127.81	91.78	115.59	115.84	102.75
新　疆	Xinjiang	115.57	129.73	91.06	110.46	112.19	105.05

2-16 各地区渔业产品生产价格指数
Indices of Producers' Prices of Fishery products by Region

(上年=100) (the preceding year=100)

地　区	Region	2007	2008	2009	2010	2011	2012
全　国	**National**	**108.05**	**111.24**	**99.01**	**107.56**	**110.04**	**106.18**
北　京	Beijing	107.11	111.74	96.32	102.93	107.94	112.57
天　津	Tianjin	99.25	118.74	106.48	104.51	103.77	100.79
河　北	Hebei	111.98	102.36	103.77	125.07	111.62	104.87
山　西	Shanxi	116.53	158.68	77.61	110.44	102.72	96.98
内蒙古	Inner Mongolia	101.84	111.11	99.03	109.69	135.56	107.29
辽　宁	Liaoning	105.52	102.41	119.99	102.19	107.92	113.73
吉　林	Jilin	102.20	106.33	95.27	110.40	115.50	110.45
黑龙江	Heilongjiang	112.78	127.98	75.86	108.58	104.37	100.15
上　海	Shanghai	102.60	116.04	100.97	107.34	113.18	104.09
江　苏	Jiangsu	102.51	108.42	104.80	105.56	109.48	110.09
浙　江	Zhejiang	103.09	113.33	102.45	116.08	117.41	103.99
安　徽	Anhui	104.46	107.29	106.02	106.89	112.45	110.83
福　建	Fujian	108.75	108.97	97.11	113.67	111.02	107.00
江　西	Jiangxi	102.02	110.82	100.12	105.43	104.25	112.30
山　东	Shandong	105.99	111.91	100.00	113.84	113.20	105.71
河　南	Henan	109.26	121.05	103.17	101.95	105.66	106.15
湖　北	Hubei	103.53	111.27	105.15	104.42	108.40	107.20
湖　南	Hunan	107.10	116.49	105.00	107.23	108.09	104.55
广　东	Guangdong	104.17	115.89	94.24	109.30	107.56	104.54
广　西	Guangxi	107.90	118.36	96.89	107.62	109.20	97.65
海　南	Hainan	103.49	109.17	104.15	105.80	109.35	107.27
重　庆	Chongqing	105.87	110.41	104.74	102.19	108.19	108.09
四　川	Sichuan	106.69	115.10	103.84	103.99	106.81	105.25
贵　州	Guizhou	114.29	115.08	103.79	111.18	114.94	108.28
云　南	Yunnan	113.02	111.43	98.10	107.79	107.24	100.72
陕　西	Shaanxi	123.46	120.04	98.41	121.20	98.97	113.68
甘　肃	Gansu	104.94	113.82	108.17	115.46	119.84	108.58
青　海	Qinghai						
宁　夏	Ningxia	111.65	103.70	104.94	102.96	110.22	112.13
新　疆	Xinjiang	105.09	128.09	104.31	110.53	106.52	104.07

2-17 各地区种植业产品生产价格分类指数
Producer Price Indices of Crop Products by Region and Category

(上年=100) (the preceding year=100)

地 区	Region	种植业产品 Crop products 2011	2012	谷物(原粮) Cereal (unprocessed food grains) 2011	2012
全 国	**National**	**107.83**	**104.80**	**109.68**	**104.81**
北 京	Beijing	101.64	107.89	109.51	105.65
天 津	Tianjin	102.00	109.85	108.93	105.13
河 北	Hebei	105.98	103.14	107.66	103.91
山 西	Shanxi	107.68	103.36	108.64	103.17
内蒙古	Inner Mongolia	106.85	105.36	109.85	107.86
辽 宁	Liaoning	107.19	109.40	111.20	106.72
吉 林	Jilin	113.30	107.57	115.66	108.78
黑龙江	Heilongjiang	114.26	106.99	117.54	106.86
上 海	Shanghai	106.05	103.41	109.81	103.31
江 苏	Jiangsu	109.02	105.01	108.41	103.18
浙 江	Zhejiang	108.30	106.27	109.30	105.20
安 徽	Anhui	106.09	103.02	110.31	103.11
福 建	Fujian	108.77	104.72	114.38	103.53
江 西	Jiangxi	110.68	105.86	114.67	106.31
山 东	Shandong	101.97	104.31	108.37	101.96
河 南	Henan	103.82	104.04	105.85	102.27
湖 北	Hubei	105.54	103.61	114.87	105.53
湖 南	Hunan	116.07	103.12	117.68	104.94
广 东	Guangdong	108.62	106.85	119.39	105.96
广 西	Guangxi	114.92	107.16	117.12	102.36
海 南	Hainan	112.63	109.05	114.15	106.54
重 庆	Chongqing	113.82	105.99	114.43	107.96
四 川	Sichuan	110.53	107.60	111.10	108.86
贵 州	Guizhou	112.04	106.11	111.07	107.17
云 南	Yunnan	112.29	113.65	108.83	108.49
陕 西	Shaanxi	107.97	102.49	105.33	103.68
甘 肃	Gansu	109.28	106.90	110.39	101.15
青 海	Qinghai	109.47	104.38	116.17	106.01
宁 夏	Ningxia	107.15	103.85	108.59	103.34
新 疆	Xinjiang	90.23	100.20	105.22	106.18

2-17 续表 1 continued 1

地　区	Region	蔬菜及食用菌 Vegetable and Mushroom		水果及坚果 Fruits and nuts	
		2011	2012	2011	2012
全　国	**National**	**103.93**	**108.44**	**106.80**	**103.45**
北　京	Beijing	99.84	107.85	100.58	112.01
天　津	Tianjin	98.08	115.04	107.88	106.33
河　北	Hebei	107.90	106.72	105.88	105.17
山　西	Shanxi	103.53	111.17	111.16	101.25
内蒙古	Inner Mongolia	107.17	104.92	113.95	115.75
辽　宁	Liaoning	84.84	119.12	119.62	103.72
吉　林	Jilin	106.57	118.75	101.84	119.35
黑龙江	Heilongjiang	112.96	102.13		126.74
上　海	Shanghai	100.86	103.62	113.61	103.22
江　苏	Jiangsu	108.71	107.52	118.36	103.09
浙　江	Zhejiang	105.39	105.58	113.61	105.15
安　徽	Anhui	101.90	103.69	110.34	118.14
福　建	Fujian	104.76	108.48	113.98	95.15
江　西	Jiangxi	106.96	106.89	86.64	105.68
山　东	Shandong	77.57	112.40	119.24	108.42
河　南	Henan	81.28	106.39	116.83	108.12
湖　北	Hubei	112.20	107.66	120.97	105.08
湖　南	Hunan	107.61	106.49	109.00	100.28
广　东	Guangdong	100.82	111.53	110.03	104.13
广　西	Guangxi	99.08	115.88	89.82	110.79
海　南	Hainan	120.23	112.31	101.20	106.01
重　庆	Chongqing	111.10	108.72	119.45	93.75
四　川	Sichuan	108.04	107.47	110.56	102.77
贵　州	Guizhou	114.41	102.52	108.71	96.56
云　南	Yunnan	101.10	111.00	116.88	102.35
陕　西	Shaanxi	105.41	100.79	111.94	102.70
甘　肃	Gansu	102.91	111.58	109.64	123.59
青　海	Qinghai	99.15	118.74		
宁　夏	Ningxia	102.67	107.52	115.82	109.03
新　疆	Xinjiang	96.19	95.04	88.48	100.77

2-17 续表 2 continued 2

地 区	Region	薯类 Potato		豆类 Beans		油料 Oil-bearing Crops	
		2011	2012	2011	2012	2011	2012
全 国	**National**	**104.51**	**102.90**	**104.98**	**103.01**	**112.08**	**105.18**
北 京	Beijing						
天 津	Tianjin			104.49	108.04	92.50	
河 北	Hebei	81.17	89.98	102.61	99.68	109.76	106.60
山 西	Shanxi	97.40	91.53	112.08	100.99	99.68	103.06
内蒙古	Inner Mongolia	66.47	90.03	99.66	101.84	105.79	98.90
辽 宁	Liaoning	114.91	111.55	108.74	110.80	107.87	114.41
吉 林	Jilin	81.95	89.49	99.22	89.75	110.08	105.54
黑龙江	Heilongjiang		93.54	106.69	107.29	114.81	110.29
上 海	Shanghai	136.00				100.00	102.60
江 苏	Jiangsu	123.60	96.60	105.41	104.96	106.44	111.74
浙 江	Zhejiang	102.92	102.00	114.40	92.60	109.75	120.93
安 徽	Anhui	116.54	93.47	102.39	102.95	113.90	99.94
福 建	Fujian	106.80	102.43	100.96	104.34	117.81	105.26
江 西	Jiangxi	115.63	110.62	108.52	102.85	114.58	106.76
山 东	Shandong	110.73	83.71	113.10	109.45	113.71	109.51
河 南	Henan	126.43	86.36	102.73	97.94	108.62	119.00
湖 北	Hubei	111.00	105.01	103.89	107.78	117.25	104.27
湖 南	Hunan	111.67	112.22	111.44	104.68	119.62	103.26
广 东	Guangdong	119.86	90.34	117.11	101.98	129.49	104.17
广 西	Guangxi	113.47	89.39	112.89	103.51	143.44	99.53
海 南	Hainan	114.45	101.46	109.58	102.48	122.27	117.61
重 庆	Chongqing	111.48	107.55	112.09	105.40	108.95	105.72
四 川	Sichuan	116.33	105.67	107.02	106.26	112.50	106.79
贵 州	Guizhou	104.24	93.38	108.64	108.40	117.95	103.03
云 南	Yunnan	99.49	103.32	106.22	111.52	105.52	115.99
陕 西	Shaanxi	99.93	93.90	102.52	99.72	108.72	107.24
甘 肃	Gansu	90.55	101.02	105.50	95.16	103.07	101.84
青 海	Qinghai	86.41	100.00	106.54	84.02	110.91	104.20
宁 夏	Ningxia	82.46	108.18			115.75	108.20
新 疆	Xinjiang	98.25	61.67				

2-17 续表 3 continued 3

地 区	Region	棉花 Cotton		生麻 Fiber crops	
		2011	2012	2011	2012
全 国	**National**	**79.52**	**98.09**	**108.11**	**103.15**
北 京	Beijing				
天 津	Tianjin	92.27	98.88		
河 北	Hebei	100.63	94.92		
山 西	Shanxi	102.46	102.51		
内 蒙 古	Inner Mongolia				
辽 宁	Liaoning				
吉 林	Jilin				
黑 龙 江	Heilongjiang			74.09	103.57
上 海	Shanghai				
江 苏	Jiangsu	95.18	101.65		
浙 江	Zhejiang	87.47	100.13	116.67	
安 徽	Anhui	73.73	94.25	130.73	98.91
福 建	Fujian				
江 西	Jiangxi	90.77	95.84	104.56	91.76
山 东	Shandong	121.46	84.94		
河 南	Henan	107.23	94.21		
湖 北	Hubei	74.83	97.04		92.75
湖 南	Hunan	125.41	90.18	39.93	
广 东	Guangdong				
广 西	Guangxi			110.46	114.82
海 南	Hainan				
重 庆	Chongqing			102.89	
四 川	Sichuan			109.39	96.27
贵 州	Guizhou				
云 南	Yunnan				
陕 西	Shaanxi	105.74	105.14		
甘 肃	Gansu	101.68	88.89	106.10	110.53
青 海	Qinghai				
宁 夏	Ningxia				
新 疆	Xinjiang	80.06	99.20		

2-17 续表 4 continued 4

地 区	Region	糖料 Sugar crops 2011	糖料 Sugar crops 2012	未加工烟叶 Tobacco 2011	未加工烟叶 Tobacco 2012
全 国	**National**	**125.46**	**106.35**	**111.47**	**111.74**
北 京	Beijing				
天 津	Tianjin				
河 北	Hebei				
山 西	Shanxi				
内 蒙 古	Inner Mongolia	114.81	103.01	99.76	103.09
辽 宁	Liaoning				
吉 林	Jilin			98.26	109.35
黑 龙 江	Heilongjiang	94.52	107.93		114.02
上 海	Shanghai				
江 苏	Jiangsu				
浙 江	Zhejiang	123.90	75.00	108.71	102.34
安 徽	Anhui	113.40	108.85	108.46	120.17
福 建	Fujian			110.92	120.49
江 西	Jiangxi	115.15	112.50	110.19	119.78
山 东	Shandong			113.09	111.51
河 南	Henan			117.10	112.33
湖 北	Hubei			113.99	110.39
湖 南	Hunan	102.49	68.55	109.33	114.19
广 东	Guangdong	121.36	75.58	112.31	122.14
广 西	Guangxi	139.44	104.72	120.89	116.58
海 南	Hainan	137.51	106.24		
重 庆	Chongqing			117.91	113.56
四 川	Sichuan	109.09	106.36	104.97	102.76
贵 州	Guizhou	133.39	112.91	108.86	113.98
云 南	Yunnan	131.63	125.48	118.71	116.03
陕 西	Shaanxi			121.50	115.93
甘 肃	Gansu			100.00	
青 海	Qinghai				
宁 夏	Ningxia				
新 疆	Xinjiang				

2-17 续表 5 continued 5

地 区	Region	稻谷 Paddy		小麦 Wheat		玉米 Maize (corn)	
		2011	2012	2011	2012	2011	2012
全 国	**National**	**113.28**	**104.09**	**105.18**	**102.86**	**109.89**	**106.60**
北 京	Beijing			102.65	100.88	112.10	107.46
天 津	Tianjin	104.12	104.65	105.68	104.77	112.59	105.73
河 北	Hebei	110.02	105.74	102.72	101.63	111.02	105.42
山 西	Shanxi			103.71	99.66	109.56	104.11
内蒙古	Inner Mongolia	114.33	105.04	111.93	102.15	109.60	109.28
辽 宁	Liaoning	110.35	99.71	111.63		111.97	110.45
吉 林	Jilin	109.84	101.37			117.70	110.88
黑龙江	Heilongjiang	111.19	102.86	109.49	104.13	124.21	109.64
上 海	Shanghai	110.33	102.99	107.36	105.27	114.29	
江 苏	Jiangsu	110.32	103.02	105.09	103.08	109.56	109.17
浙 江	Zhejiang	109.34	107.99	105.88	97.00	112.65	110.39
安 徽	Anhui	114.88	102.33	105.03	105.35	110.70	104.20
福 建	Fujian	114.38	103.53				
江 西	Jiangxi	114.67	106.31			115.13	105.61
山 东	Shandong	109.99	100.12	104.48	101.79	111.65	102.17
河 南	Henan	109.90	101.10	102.90	101.90	110.57	103.45
湖 北	Hubei	115.85	107.66	111.48	96.73	110.63	103.69
湖 南	Hunan	118.37	105.09			104.27	106.98
广 东	Guangdong	120.72	105.98				99.45
广 西	Guangxi	120.56	101.61			106.74	104.60
海 南	Hainan	114.89	107.24			107.41	100.13
重 庆	Chongqing	116.15	107.09	110.64	112.04	111.42	109.36
四 川	Sichuan	113.67	109.13	106.13	106.65	108.03	109.97
贵 州	Guizhou	115.14	105.71	107.15	102.81	106.02	109.45
云 南	Yunnan	111.97	106.05	107.14	111.76	105.72	109.81
陕 西	Shaanxi	114.59	104.07	102.36	102.27	106.29	104.46
甘 肃	Gansu			119.56	101.53	104.39	105.83
青 海	Qinghai			110.12	105.81		
宁 夏	Ningxia	106.62	99.70	110.79	103.71	108.62	105.55
新 疆	Xinjiang	101.13		106.53	104.86	103.34	108.08

2-17 续表 6 continued 6

地　区	Region	马铃薯 White Potato		甘薯 Sweet potato	
		2011	2012	2011	2012
全　国	**National**	**99.73**	**108.29**	**117.96**	**101.68**
北　京	Beijing				
天　津	Tianjin				
河　北	Hebei	80.50	89.16	98.42	111.26
山　西	Shanxi	97.40	91.53		
内蒙古	Inner Mongolia	66.47	90.03		
辽　宁	Liaoning	99.24	89.30		
吉　林	Jilin	81.95	89.49		
黑龙江	Heilongjiang		93.54		
上　海	Shanghai	136.00			
江　苏	Jiangsu	123.60	96.60		
浙　江	Zhejiang	99.66	98.76	108.38	110.81
安　徽	Anhui	110.49	99.41	117.09	94.01
福　建	Fujian	99.31	94.64	110.97	106.77
江　西	Jiangxi	104.27	117.20	119.60	108.41
山　东	Shandong	91.57	82.63	111.86	81.17
河　南	Henan			126.43	86.36
湖　北	Hubei	104.76	107.56	121.07	99.82
湖　南	Hunan	113.85	111.25	108.38	112.48
广　东	Guangdong		86.79	124.69	97.18
广　西	Guangxi	62.15	115.03	107.04	104.12
海　南	Hainan			118.99	103.61
重　庆	Chongqing	109.41	106.26	118.12	111.67
四　川	Sichuan	110.14	107.05	118.55	105.18
贵　州	Guizhou	103.48	91.79	109.63	104.54
云　南	Yunnan	97.02	104.95		
陕　西	Shaanxi	96.04	92.74	120.50	100.02
甘　肃	Gansu	90.55	101.02		
青　海	Qinghai	86.41	100.00		
宁　夏	Ningxia	82.46	108.18		
新　疆	Xinjiang	98.25	61.67		

2-17 续表 7 continued 7

地 区	Region	花生 Peanut		油菜籽 Rapeseeds	
		2011	2012	2011	2012
全 国	**National**	**114.35**	**108.08**	**108.31**	**105.17**
北 京	Beijing				
天 津	Tianjin	92.50			
河 北	Hebei	110.43	106.75	99.81	
山 西	Shanxi	99.14	111.34		
内 蒙 古	Inner Mongolia	102.42	97.52	106.36	79.25
辽 宁	Liaoning	107.78	116.24		
吉 林	Jilin	114.15	111.15		
黑 龙 江	Heilongjiang				
上 海	Shanghai			100.00	102.60
江 苏	Jiangsu	106.55	112.77	110.82	106.11
浙 江	Zhejiang	109.22	123.04	108.03	105.80
安 徽	Anhui	116.47	102.95	113.98	102.38
福 建	Fujian	113.73	104.85		
江 西	Jiangxi	117.26	106.64	111.91	110.66
山 东	Shandong	113.71	109.51		
河 南	Henan	111.40	127.84	103.68	102.86
湖 北	Hubei	118.57	101.42	118.34	104.42
湖 南	Hunan	15.47		121.66	104.57
广 东	Guangdong	129.49	104.17		
广 西	Guangxi	144.86	99.48	99.50	100.00
海 南	Hainan	122.27	117.61		
重 庆	Chongqing	107.21	108.02	109.77	104.63
四 川	Sichuan	114.90	105.44	111.15	107.54
贵 州	Guizhou	118.43	99.29	119.31	103.53
云 南	Yunnan	102.84	107.57	105.45	116.53
陕 西	Shaanxi	111.27	107.61	108.13	107.57
甘 肃	Gansu			107.24	106.09
青 海	Qinghai			110.91	104.20
宁 夏	Ningxia				
新 疆	Xinjiang				

2-17 续表 8 continued 8

地 区	Region	芝麻 Sesame		油茶籽 Seeds of tea-oil tree	
		2011	2012	2011	2012
全 国	**National**	**99.39**	**101.21**	**114.01**	**101.93**
北 京	Beijing				
天 津	Tianjin				
河 北	Hebei	100.00			
山 西	Shanxi				
内 蒙 古	Inner Mongolia				
辽 宁	Liaoning				
吉 林	Jilin				
黑 龙 江	Heilongjiang				
上 海	Shanghai				
江 苏	Jiangsu				
浙 江	Zhejiang	95.52		123.40	100.65
安 徽	Anhui	97.01	94.14	104.51	96.04
福 建	Fujian			124.18	110.00
江 西	Jiangxi	96.83	94.48	105.27	102.34
山 东	Shandong				
河 南	Henan	100.97	95.29		
湖 北	Hubei	102.95	106.35	99.92	104.36
湖 南	Hunan	97.53		109.36	87.71
广 东	Guangdong				
广 西	Guangxi				101.28
海 南	Hainan				
重 庆	Chongqing				118.02
四 川	Sichuan			106.83	
贵 州	Guizhou				
云 南	Yunnan				
陕 西	Shaanxi	147.93	102.82		
甘 肃	Gansu				
青 海	Qinghai				
宁 夏	Ningxia				
新 疆	Xinjiang				

2-17 续表 9 continued 9

地区	Region	大豆 Soybeans		绿豆 Mung beans		红小豆 Red beans	
		2011	2012	2011	2012	2011	2012
全　国	**National**	**106.34**	**105.68**	**111.35**	**83.42**	**99.46**	**96.27**
北　京	Beijing						
天　津	Tianjin	104.49	108.04				
河　北	Hebei	104.32	99.84	85.42	95.18		102.56
山　西	Shanxi	112.08	100.99			101.69	85.20
内蒙古	Inner Mongolia	97.45	110.00	104.34	84.76	101.52	87.43
辽　宁	Liaoning	108.74	110.80			104.83	
吉　林	Jilin	106.65	111.14	90.89	65.77		
黑龙江	Heilongjiang	106.73	107.29			88.54	87.50
上　海	Shanghai						
江　苏	Jiangsu	105.31	104.96	105.22		105.66	
浙　江	Zhejiang	128.55	85.46	151.33	95.53	108.31	100.11
安　徽	Anhui	102.54	102.95	93.33		106.49	100.00
福　建	Fujian	100.96	104.34				
江　西	Jiangxi	108.37	104.02	110.06	95.28	100.00	
山　东	Shandong	113.10	109.45			116.97	
河　南	Henan	102.73	97.94			105.26	100.83
湖　北	Hubei	103.89	107.78			106.67	112.50
湖　南	Hunan	111.44	104.68				
广　东	Guangdong	117.11	102.79		87.80		91.05
广　西	Guangxi	112.86	103.61	114.02	100.00		
海　南	Hainan	109.58	102.48				
重　庆	Chongqing	111.54	105.81	97.95	98.46	116.67	119.90
四　川	Sichuan	107.11	105.95	102.59	96.91	100.00	100.00
贵　州	Guizhou	109.44	109.44	114.29		75.85	111.17
云　南	Yunnan	108.24	106.63			102.47	100.00
陕　西	Shaanxi	100.74	104.58	105.13	75.96	109.85	85.43
甘　肃	Gansu	105.91	104.68			120.50	101.49
青　海	Qinghai						
宁　夏	Ningxia						
新　疆	Xinjiang						

2-17 续表 10 continued 10

地 区	Region	蚕豆 Broad beans		芸豆 Kidney beans	
		2011	2012	2011	2012
全 国	**National**	**105.47**	**109.98**	**99.94**	**109.84**
北 京	Beijing				
天 津	Tianjin				
河 北	Hebei				
山 西	Shanxi	137.15		103.09	101.20
内蒙古	Inner Mongolia	100.00		113.55	106.36
辽 宁	Liaoning			122.51	
吉 林	Jilin				
黑龙江	Heilongjiang			110.04	105.00
上 海	Shanghai		116.96		
江 苏	Jiangsu	112.43	112.30		
浙 江	Zhejiang	103.51	113.05		88.89
安 徽	Anhui	103.70	124.72		
福 建	Fujian	98.40	105.50	80.00	104.71
江 西	Jiangxi		125.00		
山 东	Shandong				
河 南	Henan				
湖 北	Hubei	107.60	98.47		
湖 南	Hunan		104.96		
广 东	Guangdong				
广 西	Guangxi				
海 南	Hainan				
重 庆	Chongqing	109.37	106.64		
四 川	Sichuan	110.85	104.55	95.83	102.86
贵 州	Guizhou	111.88	102.69	102.19	110.75
云 南	Yunnan	104.46	107.02	140.20	107.81
陕 西	Shaanxi			100.00	
甘 肃	Gansu	106.80		105.36	120.28
青 海	Qinghai	105.56			
宁 夏	Ningxia				
新 疆	Xinjiang		83.33		

2-17 续表 11 continued 11

地 区	Region	生亚麻 Flax		生苎麻 Ramie		生黄红麻 Jute and blueish dogbane	
		2011	2012	2011	2012	2011	2012
全 国	**National**	**105.98**	**103.57**	**107.83**	**102.36**	**109.53**	**99.39**
北 京	Beijing						
天 津	Tianjin						
河 北	Hebei						
山 西	Shanxi						
内蒙古	Inner Mongolia						
辽 宁	Liaoning						
吉 林	Jilin						
黑龙江	Heilongjiang	105.68	103.57				
上 海	Shanghai						
江 苏	Jiangsu						
浙 江	Zhejiang			116.67			
安 徽	Anhui			130.73	98.91		
福 建	Fujian						
江 西	Jiangxi			104.56	91.76		
山 东	Shandong	81.71					
河 南	Henan						
湖 北	Hubei			109.85	91.64		
湖 南	Hunan			39.93			
广 东	Guangdong						
广 西	Guangxi					108.62	99.39
海 南	Hainan						
重 庆	Chongqing			107.43	122.40	102.89	
四 川	Sichuan			109.30	96.27	110.00	
贵 州	Guizhou						
云 南	Yunnan						
陕 西	Shaanxi						
甘 肃	Gansu						
青 海	Qinghai						
宁 夏	Ningxia						
新 疆	Xinjiang						

2-17 续表 12 continued 12

地区 Region	甘蔗 Sugarcane		甜菜 Beet	
	2011	2012	2011	2012
全国 National	**127.47**	**105.66**	**122.42**	**101.31**
北京 Beijing				
天津 Tianjin				
河北 Hebei				
山西 Shanxi				
内蒙古 Inner Mongolia			114.81	103.01
辽宁 Liaoning				
吉林 Jilin				107.89
黑龙江 Heilongjiang				107.93
上海 Shanghai				
江苏 Jiangsu				
浙江 Zhejiang	123.90	64.93		
安徽 Anhui	113.40	108.85		
福建 Fujian	122.92	111.01		99.46
江西 Jiangxi	115.15	112.50		
山东 Shandong				
河南 Henan				
湖北 Hubei	119.51	103.68		
湖南 Hunan	102.49	68.55		
广东 Guangdong	119.29	75.58		
广西 Guangxi	139.44	104.72		
海南 Hainan	137.51	106.24		
重庆 Chongqing				
四川 Sichuan	109.09	106.36		
贵州 Guizhou	133.39	112.91		
云南 Yunnan	131.63	125.48		
陕西 Shaanxi				
甘肃 Gansu				
青海 Qinghai				
宁夏 Ningxia				
新疆 Xinjiang			131.63	104.95

2-17 续表 13 continued 13

地 区	Region	未去梗烤烟叶 Flue-cured tobacco		未去梗晒烟叶 Sun-cured tobacco	
		2011	2012	2011	2012
全 国	**National**	**112.44**	**114.75**	**111.37**	**109.09**
北 京	Beijing				
天 津	Tianjin				
河 北	Hebei				
山 西	Shanxi	117.07	112.36		
内 蒙 古	Inner Mongolia	99.76	108.11		102.47
辽 宁	Liaoning	112.24	121.84	118.81	
吉 林	Jilin	109.79	106.92	98.26	109.35
黑 龙 江	Heilongjiang		114.02		137.51
上 海	Shanghai				
江 苏	Jiangsu				
浙 江	Zhejiang			108.71	102.34
安 徽	Anhui	108.46	120.19		
福 建	Fujian	110.92	120.49		
江 西	Jiangxi	110.19	119.78		
山 东	Shandong	113.09	111.51		
河 南	Henan	117.10	112.33		
湖 北	Hubei	113.99	110.39	125.00	
湖 南	Hunan	109.33	114.19		
广 东	Guangdong	112.76	123.30	100.00	86.81
广 西	Guangxi	120.89	116.58		
海 南	Hainan				
重 庆	Chongqing	116.21	113.50	127.09	
四 川	Sichuan	112.84	108.54	101.20	99.99
贵 州	Guizhou	108.84	114.00	111.33	111.05
云 南	Yunnan	118.71	116.03	95.17	119.75
陕 西	Shaanxi	121.50	115.93		
甘 肃	Gansu	100.00			
青 海	Qinghai				
宁 夏	Ningxia				
新 疆	Xinjiang				

2-17 续表 14 continued 14

地　区	Region	蔬菜 Vegetable		蔬菜 Vegetable 叶菜类 Leaf vegetable		瓜菜类 Gourd vegetable	
		2011	2012	2011	2012	2011	2012
全　国	**National**	**103.36**	**109.94**	**103.70**	**111.57**	**105.31**	**109.44**
北　京	Beijing	99.54	107.99	91.23	111.43	107.81	107.19
天　津	Tianjin	97.96	115.38	87.61	142.00	105.29	104.52
河　北	Hebei	107.85	106.55	105.14	128.30	115.73	109.94
山　西	Shanxi	103.53	111.17	99.59	113.40	108.67	138.46
内蒙古	Inner Mongolia	107.17	104.92	99.40	111.69	113.44	104.11
辽　宁	Liaoning	84.34	128.98	60.22	158.85	98.33	123.21
吉　林	Jilin	104.78	119.13	106.21	119.64	109.45	138.28
黑龙江	Heilongjiang		101.75		81.86		88.00
上　海	Shanghai	101.29	106.43	97.04	109.41	100.08	104.56
江　苏	Jiangsu	108.44	107.71	110.29	112.49	106.84	104.60
浙　江	Zhejiang	104.83	106.96	109.36	105.57	108.34	109.24
安　徽	Anhui	101.90	103.90	94.93	103.01	114.76	87.70
福　建	Fujian	99.94	117.52	104.93	114.93	98.70	111.10
江　西	Jiangxi	106.63	107.75	109.20	110.47	105.74	110.38
山　东	Shandong	76.24	112.47	87.22	132.35	104.47	132.21
河　南	Henan	80.26	106.86	82.97	118.13	113.04	107.43
湖　北	Hubei	116.38	110.55	109.78	111.46	126.83	116.64
湖　南	Hunan	107.55	106.47	105.18	114.36	99.32	116.01
广　东	Guangdong	100.82	111.53	104.88	112.13	87.29	106.50
广　西	Guangxi	99.03	115.97	102.31	107.85	105.59	129.30
海　南	Hainan	120.23	112.31	109.84	113.27	113.37	112.90
重　庆	Chongqing	111.10	108.72	110.69	108.75	109.04	105.11
四　川	Sichuan	107.64	107.95	109.97	110.38	107.95	106.83
贵　州	Guizhou	114.09	102.78	107.59	103.34	109.54	101.19
云　南	Yunnan	101.09	110.96	101.90	115.44	110.78	115.06
陕　西	Shaanxi	104.94	100.43	104.62	114.33	107.92	102.07
甘　肃	Gansu	104.12	112.49	105.20	113.47	102.40	115.93
青　海	Qinghai	99.15	118.74	102.46	122.09	112.35	110.73
宁　夏	Ningxia	102.67	107.52	106.60	115.95	106.37	99.86
新　疆	Xinjiang	96.19	95.04	95.82	90.90		

2-17 续表 15 continued 15

地 区	Region	蔬菜 Vegetable			
		根茎类 Root and tuber vegetable		茄果类 Eggplant, tomato and chili, etc.	
		2011	2012	2011	2012
全 国	**National**	**104.57**	**106.74**	**107.87**	**111.39**
北 京	Beijing	94.92	96.99	108.15	106.75
天 津	Tianjin	107.75	104.42	105.82	113.54
河 北	Hebei	104.37	111.95	111.93	93.83
山 西	Shanxi	89.32	107.05	115.05	119.18
内 蒙 古	Inner Mongolia	99.32	93.13	106.89	107.13
辽 宁	Liaoning	56.36	101.42	100.71	123.42
吉 林	Jilin		104.47	110.46	116.40
黑 龙 江	Heilongjiang		105.00		125.20
上 海	Shanghai	105.24	108.99	114.51	108.95
江 苏	Jiangsu	108.63	101.09	109.77	109.16
浙 江	Zhejiang	99.85	106.72	109.22	109.25
安 徽	Anhui	102.52	101.99	116.68	140.05
福 建	Fujian	108.85	98.30	94.71	129.41
江 西	Jiangxi	102.19	108.33	101.80	109.08
山 东	Shandong	51.79	57.46	97.54	117.37
河 南	Henan	79.22	112.26	102.15	99.97
湖 北	Hubei	100.81	109.44	114.10	113.68
湖 南	Hunan	114.75	90.90	102.18	111.50
广 东	Guangdong	125.38	108.00	72.81	127.08
广 西	Guangxi	95.71	62.77	88.15	124.27
海 南	Hainan			140.98	112.05
重 庆	Chongqing	111.68	108.12	106.03	112.06
四 川	Sichuan	108.06	102.54	106.56	109.27
贵 州	Guizhou	109.40	102.23	119.71	99.50
云 南	Yunnan	93.51	103.77	103.46	122.45
陕 西	Shaanxi	108.51	101.54	107.82	93.03
甘 肃	Gansu	109.40	121.41	102.21	108.33
青 海	Qinghai	104.29	109.37	119.30	116.75
宁 夏	Ningxia	113.01	90.33	104.38	109.88
新 疆	Xinjiang	107.74	117.56	107.82	108.41

2-17 续表 16 continued 16

地区	Region	蔬菜 Vegetable					
		葱蒜类 Onion and Garlic		豆类 Garden beans		食用菌(干鲜混合) Mushroom	
		2011	2012	2011	2012	2011	2012
全国	**National**	**98.34**	**108.10**	**110.53**	**106.43**	**107.53**	**98.38**
北京	Beijing	100.82	117.87	107.99	104.68	105.14	105.29
天津	Tianjin	96.45	116.94	111.71	119.09	103.94	97.86
河北	Hebei	108.86	117.28	119.35	94.81	111.98	121.70
山西	Shanxi	108.47	112.59	120.66	100.00		
内蒙古	Inner Mongolia	117.41	92.59	113.73	104.55		
辽宁	Liaoning	85.85	108.00	108.74	119.62	103.68	116.54
吉林	Jilin	93.34	107.27	101.20	117.90	126.77	114.39
黑龙江	Heilongjiang		106.76		111.40	110.71	107.52
上海	Shanghai	99.93	106.15	125.22	95.25	95.99	81.34
江苏	Jiangsu	98.29	110.30	111.25	104.30	115.46	101.56
浙江	Zhejiang	99.66	108.64	113.82	96.06	109.97	94.86
安徽	Anhui	97.21	111.19	118.37	102.94	101.86	100.69
福建	Fujian	106.02	104.96	102.65	114.03	113.69	91.74
江西	Jiangxi	108.12	104.51	105.03	104.27	110.72	97.13
山东	Shandong	71.36	122.76	106.32	101.64	107.34	110.61
河南	Henan	52.46	112.31			98.44	98.42
湖北	Hubei	144.41	92.00	112.95	103.13	101.38	102.86
湖南	Hunan	105.78	106.15	105.15	113.69	116.76	109.66
广东	Guangdong	89.87	106.50	93.02	115.57		
广西	Guangxi	81.65	105.79	106.98	136.49	108.61	101.00
海南	Hainan	107.86	104.04	111.44	113.27		
重庆	Chongqing	114.12	110.45	117.09	109.41		
四川	Sichuan	106.69	105.94	108.15	109.45	113.41	100.56
贵州	Guizhou	107.41	101.33	123.45	104.16	124.66	94.28
云南	Yunnan	111.26	78.40	107.55	118.94	102.47	120.21
陕西	Shaanxi	101.60	98.20	117.21	87.91	113.55	107.07
甘肃	Gansu	102.71	135.43			101.24	100.98
青海	Qinghai	59.63	168.39				
宁夏	Ningxia	119.01	96.99	103.21	108.73		
新疆	Xinjiang	92.84	145.19				

2-17 续表 17 continued 17

地 区	Region	蔬菜 Vegetable					
		菠菜 Spinach		芹菜 Celery		大白菜 Chinese cabbage	
		2011	2012	2011	2012	2011	2012
全 国	**National**	**107.57**	**117.11**	**102.14**	**109.83**	**89.52**	**106.84**
北 京	Beijing	89.78	124.33	88.89	105.12	41.49	89.82
天 津	Tianjin			85.79	146.32	60.32	101.55
河 北	Hebei	90.15	147.38	104.27	114.06	61.64	96.92
山 西	Shanxi	118.04	91.82	105.59	132.89	65.37	91.18
内 蒙 古	Inner Mongolia	103.95	105.86	92.64	108.54	94.53	121.88
辽 宁	Liaoning	46.56	178.29	87.11	140.60	62.27	117.34
吉 林	Jilin	103.81	117.45	104.36	123.78	83.64	108.45
黑 龙 江	Heilongjiang		92.67		80.63		91.17
上 海	Shanghai	82.84	103.45	89.23	110.90	85.65	109.54
江 苏	Jiangsu	106.20	120.07	110.40	112.22		
浙 江	Zhejiang	108.37	105.54	110.35	106.00	67.84	123.05
安 徽	Anhui	92.07	100.49	98.47	107.76	67.20	75.26
福 建	Fujian	110.79	121.10	93.48	113.96	90.58	122.60
江 西	Jiangxi	110.66	110.81	109.68	106.10	105.60	108.42
山 东	Shandong	87.00	148.83	85.43	118.36	80.88	97.71
河 南	Henan	91.66	125.44	82.97	118.13	82.25	92.09
湖 北	Hubei	110.77	113.10	102.11	101.04	104.11	101.15
湖 南	Hunan		109.58	109.28	113.30	120.89	104.94
广 东	Guangdong	103.86	104.86	98.27	131.33	93.78	113.83
广 西	Guangxi	100.50	105.67	91.71	109.23	94.26	115.07
海 南	Hainan	106.08	98.06	106.74	102.54	128.03	114.92
重 庆	Chongqing	128.24	108.11	106.96	117.71	128.79	116.33
四 川	Sichuan	110.26	113.47	109.12	105.48	109.91	105.22
贵 州	Guizhou	113.53	104.26	106.38	99.95	111.63	103.77
云 南	Yunnan	101.90	123.65	94.80	116.39	95.59	112.98
陕 西	Shaanxi	106.60	117.73	96.70	120.54	78.40	103.17
甘 肃	Gansu	107.92	171.72	93.50	85.86	99.07	68.00
青 海	Qinghai	108.99	118.82	108.87	118.52	101.41	107.22
宁 夏	Ningxia			103.80	118.68	91.86	107.30
新 疆	Xinjiang	139.45	111.03	117.01	95.44	92.61	103.31

2-17 续表 18 continued 18

地区	Region	蔬菜 Vegetable			
		结球甘蓝 Wild cabbage		花椰菜 Cauliflower	
		2011	2012	2011	2012
全国	**National**	**96.13**	**121.66**	**101.29**	**109.21**
北京	Beijing	93.92	120.63		
天津	Tianjin	107.50			
河北	Hebei	103.76	145.63	108.04	103.24
山西	Shanxi				
内蒙古	Inner Mongolia	116.53	75.83		
辽宁	Liaoning	96.43	121.06		
吉林	Jilin	94.79	113.28		
黑龙江	Heilongjiang		114.38		
上海	Shanghai	92.47	127.41	104.68	98.20
江苏	Jiangsu				
浙江	Zhejiang	72.60	102.92	97.31	105.98
安徽	Anhui	114.48	102.82	107.59	83.33
福建	Fujian	82.97	144.94	95.86	120.27
江西	Jiangxi	105.23	110.07	91.54	117.43
山东	Shandong	64.29	150.39	91.55	92.36
河南	Henan	84.66	104.44		99.52
湖北	Hubei	82.90	114.34	91.67	129.78
湖南	Hunan		111.79	95.97	92.44
广东	Guangdong	111.25	102.61	152.62	102.83
广西	Guangxi	60.94	111.11		94.44
海南	Hainan	106.67			
重庆	Chongqing	125.34	105.20	87.85	116.64
四川	Sichuan	103.57	115.71	103.27	107.50
贵州	Guizhou	126.25	119.39	109.41	98.42
云南	Yunnan	86.09	120.90	110.67	101.80
陕西	Shaanxi	77.76	158.69		116.18
甘肃	Gansu	100.08	87.95	96.35	80.10
青海	Qinghai	114.45	86.34		
宁夏	Ningxia				
新疆	Xinjiang	111.54	80.00		

2-17 续表 19 continued 19

地 区 Region	蔬菜 Vegetable			
	莴笋 Asparagus lattuce		油菜 Rape	
	2011	2012	2011	2012
全 国 National	**109.36**	**112.52**	**105.40**	**108.68**
北 京 Beijing	106.40	109.18	96.26	111.29
天 津 Tianjin			105.67	106.78
河 北 Hebei	103.75		109.09	133.52
山 西 Shanxi			92.83	109.54
内蒙古 Inner Mongolia			105.83	116.60
辽 宁 Liaoning			52.38	133.33
吉 林 Jilin			111.32	113.53
黑龙江 Heilongjiang				
上 海 Shanghai	98.13	114.54	96.02	108.03
江 苏 Jiangsu			112.22	110.82
浙 江 Zhejiang	101.55	124.81	115.65	105.86
安 徽 Anhui	94.59	109.11	88.31	114.82
福 建 Fujian	94.65	132.67	99.54	109.61
江 西 Jiangxi	102.71	114.19	114.25	145.29
山 东 Shandong	72.06	126.32	93.45	112.96
河 南 Henan				
湖 北 Hubei	108.21	112.85	107.26	100.00
湖 南 Hunan	109.66	109.94		111.58
广 东 Guangdong	90.00	121.47	105.11	119.26
广 西 Guangxi	129.56	86.18	110.53	
海 南 Hainan			113.14	101.83
重 庆 Chongqing	114.69	111.59	104.59	105.50
四 川 Sichuan	107.79	110.47	109.65	118.48
贵 州 Guizhou	102.51	102.71		98.00
云 南 Yunnan	116.35	108.34	99.68	122.40
陕 西 Shaanxi	85.82	121.37	116.94	98.47
甘 肃 Gansu	79.99	117.47	104.05	121.86
青 海 Qinghai	107.07	108.84	100.91	122.87
宁 夏 Ningxia			114.98	107.78
新 疆 Xinjiang	124.11	136.49		

2-17 续表 20 continued 20

地区	Region	蔬菜 Vegetable 黄瓜 Cucumber 2011	2012	冬瓜 White gourd 2011	2012
全国	**National**	**107.26**	**108.80**	**100.42**	**111.80**
北京	Beijing	107.84	107.49	107.29	102.42
天津	Tianjin	105.29	104.52		
河北	Hebei	113.95	105.08	129.10	110.87
山西	Shanxi	108.52	138.46		
内蒙古	Inner Mongolia	113.57	104.11		
辽宁	Liaoning	98.33	123.21	115.47	
吉林	Jilin	109.45	138.89		
黑龙江	Heilongjiang		77.05		88.00
上海	Shanghai	98.89	104.93	122.68	103.82
江苏	Jiangsu	100.30	100.35	115.53	122.69
浙江	Zhejiang	107.61	106.17	106.95	108.70
安徽	Anhui	106.74	199.98	115.29	110.01
福建	Fujian	97.08	106.93	99.89	118.88
江西	Jiangxi	110.92	105.99	94.90	120.88
山东	Shandong	111.15	122.71	94.80	99.82
河南	Henan	113.04	107.43	115.91	80.78
湖北	Hubei	130.06	107.34	104.39	115.49
湖南	Hunan	104.37	114.67	101.32	109.23
广东	Guangdong	84.94	96.54	81.57	110.25
广西	Guangxi	90.35	135.92	82.97	151.10
海南	Hainan	107.59	118.48	117.53	115.82
重庆	Chongqing	109.71	105.76	111.40	103.50
四川	Sichuan	107.88	106.05	105.77	104.65
贵州	Guizhou	122.56	109.10		101.70
云南	Yunnan	110.33	102.05	106.54	134.48
陕西	Shaanxi	107.03	101.52	146.88	100.00
甘肃	Gansu	97.28	110.04	110.34	
青海	Qinghai	121.03	109.87		
宁夏	Ningxia	108.31	122.62		
新疆	Xinjiang	114.67	128.30		

2-17 续表 21 continued 21

地 区	Region	蔬菜 Vegetable			
		西葫芦 Summer squash		苦瓜 Balsam pear	
		2011	2012	2011	2012
全 国	**National**	**100.86**	**129.93**	**102.69**	**107.78**
北 京	Beijing				
天 津	Tianjin				
河 北	Hebei	129.42	147.52		
山 西	Shanxi	109.05	137.33	100.00	
内蒙古	Inner Mongolia				
辽 宁	Liaoning	146.67			
吉 林	Jilin		100.00		
黑龙江	Heilongjiang		72.73		140.44
上 海	Shanghai				
江 苏	Jiangsu	107.16	121.30	116.06	95.93
浙 江	Zhejiang	100.54	119.71	132.99	110.08
安 徽	Anhui	91.37	54.43	106.98	98.16
福 建	Fujian	102.08	108.43	96.56	84.83
江 西	Jiangxi	94.43	136.90	106.29	105.27
山 东	Shandong	92.76	150.59	106.14	107.79
河 南	Henan	75.91		109.04	
湖 北	Hubei	121.57	116.56	106.71	121.25
湖 南	Hunan	76.66	158.77	99.14	113.58
广 东	Guangdong	79.84	147.61	109.47	112.99
广 西	Guangxi	109.59	80.83	113.37	130.27
海 南	Hainan	111.35	110.63	103.04	114.73
重 庆	Chongqing	95.35	104.08	109.04	104.45
四 川	Sichuan	93.67	137.69	110.18	114.98
贵 州	Guizhou	75.31	80.00	112.23	97.33
云 南	Yunnan	104.37	130.08	85.39	112.97
陕 西	Shaanxi	113.29	110.10	115.47	101.77
甘 肃	Gansu	104.16	122.90		
青 海	Qinghai	108.74	111.09		
宁 夏	Ningxia	104.23	74.78		
新 疆	Xinjiang	83.33	147.57		

2-17 续表 22 continued 22

地 区	Region	蔬菜 Vegetable 白萝卜 White radish 2011	2012	胡萝卜 Carrot 2011	2012
全 国	**National**	**104.91**	**108.16**	**102.52**	**107.12**
北 京	Beijing	86.67	102.29	92.66	82.58
天 津	Tianjin	107.75	104.42		
河 北	Hebei	59.98	214.57	111.71	77.56
山 西	Shanxi	85.71		92.24	106.51
内 蒙 古	Inner Mongolia	98.04	89.53	100.73	97.10
辽 宁	Liaoning	56.36	101.42	81.36	133.85
吉 林	Jilin		107.14		120.00
黑 龙 江	Heilongjiang		125.00		105.00
上 海	Shanghai	109.47	110.65	105.50	121.53
江 苏	Jiangsu	97.60	98.44	103.38	
浙 江	Zhejiang	95.16	105.19	101.85	100.00
安 徽	Anhui	96.49	103.25	106.90	112.77
福 建	Fujian	97.29	117.11	86.79	114.88
江 西	Jiangxi	102.62	108.90	100.00	115.38
山 东	Shandong	108.11	126.27	87.13	124.41
河 南	Henan	82.04	116.19	67.96	96.52
湖 北	Hubei	102.26	102.57	122.63	100.77
湖 南	Hunan	115.04	105.55		104.69
广 东	Guangdong	131.59	114.47		
广 西	Guangxi	103.47	111.21		
海 南	Hainan	104.54	111.58		
重 庆	Chongqing	110.02	112.16	111.70	105.22
四 川	Sichuan	109.73	105.48	101.82	100.54
贵 州	Guizhou	109.07	107.39	103.68	96.50
云 南	Yunnan	95.45	110.26	116.58	96.93
陕 西	Shaanxi	104.74	97.79	112.31	91.72
甘 肃	Gansu	99.79	121.40	125.74	121.44
青 海	Qinghai	102.20	111.04	110.05	104.74
宁 夏	Ningxia	109.18	96.30	123.73	73.65
新 疆	Xinjiang	108.15	117.54	102.39	117.84

2-17 续表 23 continued 23

地 区	Region	蔬菜 Vegetable			
		生姜 Ginger		芋头 Taro	
		2011	2012	2011	2012
全 国	**National**	**101.79**	**78.88**	**111.78**	**99.32**
北 京	Beijing				
天 津	Tianjin				
河 北	Hebei				
山 西	Shanxi				
内蒙古	Inner Mongolia				83.33
辽 宁	Liaoning				
吉 林	Jilin				
黑龙江	Heilongjiang				
上 海	Shanghai			45.00	
江 苏	Jiangsu			120.98	112.53
浙 江	Zhejiang			107.65	104.61
安 徽	Anhui			125.00	
福 建	Fujian	98.84	84.42	120.91	95.71
江 西	Jiangxi	68.32	78.96	113.31	102.41
山 东	Shandong	50.09	51.23	18.54	
河 南	Henan				
湖 北	Hubei	90.37	79.26	115.49	
湖 南	Hunan	106.65	85.84	121.14	85.34
广 东	Guangdong	127.56	88.29	131.91	104.61
广 西	Guangxi	82.48	69.29	109.02	98.70
海 南	Hainan	96.37	61.45	106.67	
重 庆	Chongqing	105.57	96.38	113.19	109.77
四 川	Sichuan	107.84	94.49	110.07	102.90
贵 州	Guizhou	117.04	90.21		100.41
云 南	Yunnan	98.37	82.82	98.20	103.15
陕 西	Shaanxi	107.63	104.41	119.45	
甘 肃	Gansu				
青 海	Qinghai				
宁 夏	Ningxia				
新 疆	Xinjiang				

2-17 续表 24 continued 24

地 区	Region	蔬菜 Vegetable			
		茄子 Eggplant		西红柿 Tomato	
		2011	2012	2011	2012
全 国	**National**	**102.78**	**112.20**	**108.34**	**110.30**
北 京	Beijing	109.24	105.30	108.37	107.77
天 津	Tianjin	105.64	107.81	106.61	119.50
河 北	Hebei	116.34	97.70	112.29	92.27
山 西	Shanxi	100.41	111.40	119.43	125.72
内 蒙 古	Inner Mongolia	86.62	110.42	108.32	105.35
辽 宁	Liaoning	90.56	120.96	108.42	128.19
吉 林	Jilin	94.10	127.87	120.71	113.16
黑 龙 江	Heilongjiang		109.10		126.22
上 海	Shanghai	102.15	109.17	120.21	109.40
江 苏	Jiangsu	115.24	117.20	108.26	107.26
浙 江	Zhejiang	105.17	107.34	111.01	109.71
安 徽	Anhui	100.86	104.97	120.89	120.75
福 建	Fujian	94.21	123.72	95.61	136.54
江 西	Jiangxi	102.13	118.12	102.51	97.91
山 东	Shandong	93.25	114.46	97.58	115.32
河 南	Henan	107.03	96.99	110.40	89.87
湖 北	Hubei	104.94	119.03	118.02	120.60
湖 南	Hunan	100.88	114.85	106.97	111.79
广 东	Guangdong	63.04	136.76	84.50	128.28
广 西	Guangxi	73.52	134.97	94.68	138.72
海 南	Hainan	108.80	123.37	104.65	111.28
重 庆	Chongqing	98.15	114.19	115.31	122.52
四 川	Sichuan	106.77	110.91	106.37	114.65
贵 州	Guizhou	124.97	106.06	121.10	106.11
云 南	Yunnan	103.97	127.95	95.87	124.06
陕 西	Shaanxi	103.86	100.02	115.36	88.84
甘 肃	Gansu	114.98	100.00	89.90	112.54
青 海	Qinghai	111.36	122.76	121.56	119.77
宁 夏	Ningxia	102.04	99.15	111.84	110.37
新 疆	Xinjiang	94.51	140.86	105.21	103.25

2-17 续表 25 continued 25

地区	Region	蔬菜 Vegetable 辣椒 Chili 2011	2012	青椒 Sweetbell 2011	2012
全国	**National**	**107.15**	**102.75**	**108.86**	**110.89**
北京	Beijing	106.17	104.56	102.70	103.84
天津	Tianjin		150.00	105.58	122.98
河北	Hebei	102.85	99.41	105.38	101.32
山西	Shanxi	104.37	97.36	116.51	100.00
内蒙古	Inner Mongolia	108.96	119.42	114.86	102.44
辽宁	Liaoning	111.72	113.01	105.07	123.11
吉林	Jilin	103.60	108.32	106.84	129.43
黑龙江	Heilongjiang		93.04		75.00
上海	Shanghai	150.00	100.00	118.17	97.09
江苏	Jiangsu	106.52	108.24	110.32	105.09
浙江	Zhejiang	108.36	112.59	103.45	108.37
安徽	Anhui	116.62	92.23	110.42	114.10
福建	Fujian	106.36	107.38	94.46	131.45
江西	Jiangxi	99.41	106.81	106.38	106.04
山东	Shandong	94.93	119.25	124.71	129.54
河南	Henan	98.45	96.67	95.40	110.98
湖北	Hubei	117.73	99.97	107.97	106.94
湖南	Hunan	103.02	112.27	100.02	103.64
广东	Guangdong	83.85	117.16	66.41	129.78
广西	Guangxi	84.38	108.78	91.15	156.62
海南	Hainan	141.25	110.43	162.69	105.36
重庆	Chongqing	106.64	107.13	111.94	107.87
四川	Sichuan	106.44	103.36	106.71	107.85
贵州	Guizhou	120.42	97.76	106.30	101.83
云南	Yunnan	100.78	112.74	110.54	109.84
陕西	Shaanxi	103.89	93.05	96.38	103.10
甘肃	Gansu	99.30	107.58	105.59	
青海	Qinghai	115.97	104.09	120.46	122.46
宁夏	Ningxia	94.33	115.25	119.94	103.15
新疆	Xinjiang	117.54	86.24	118.61	125.00

2-17 续表 26 continued 26

地区	Region	蔬菜 Vegetable			
		大葱 Scallion		蒜苔 Garlic stalk	
		2011	2012	2011	2012
全国	**National**	**101.61**	**113.20**	**105.05**	**102.69**
北京	Beijing	100.81	100.71	100.00	
天津	Tianjin	89.86	137.84		
河北	Hebei	107.02	120.82	100.00	
山西	Shanxi	108.47	136.10		
内蒙古	Inner Mongolia	118.72	85.19		
辽宁	Liaoning	85.85	108.00		
吉林	Jilin	84.55	107.95		
黑龙江	Heilongjiang		106.76		
上海	Shanghai	99.62	124.67		
江苏	Jiangsu	112.44	111.29	116.07	
浙江	Zhejiang	64.62	150.84	83.33	100.00
安徽	Anhui	90.61	114.30	101.15	134.00
福建	Fujian	97.34	129.68	98.44	107.67
江西	Jiangxi	101.72	114.31	109.59	110.73
山东	Shandong	90.21	130.79	66.88	
河南	Henan	111.56	126.17	108.74	114.98
湖北	Hubei	109.11	108.48	152.49	89.46
湖南	Hunan	94.89	101.10		110.24
广东	Guangdong				
广西	Guangxi	121.01			
海南	Hainan	100.29			
重庆	Chongqing	109.59	104.73	103.08	111.62
四川	Sichuan	118.20	108.36	108.45	108.42
贵州	Guizhou	104.52	107.73	124.43	100.85
云南	Yunnan	109.59	118.15	110.67	93.99
陕西	Shaanxi	96.73	98.81	91.12	93.06
甘肃	Gansu	112.50	110.31	103.46	159.68
青海	Qinghai	108.66	131.91	92.39	99.22
宁夏	Ningxia	120.17	101.66		
新疆	Xinjiang	108.95	99.80		

2-17 续表 27 continued 27

地 区	Region	蔬菜 Vegetable 蒜头 Garlic head 2011	2012	洋葱 Onion 2011	2012
全 国	**National**	**102.85**	**105.89**	**94.31**	**100.58**
北 京	Beijing	114.29			
天 津	Tianjin		100.00		
河 北	Hebei	115.53	75.00		
山 西	Shanxi		100.00	92.59	
内蒙古	Inner Mongolia	110.00		111.11	157.00
辽 宁	Liaoning				
吉 林	Jilin				
黑龙江	Heilongjiang				
上 海	Shanghai	82.98		101.91	96.00
江 苏	Jiangsu	90.51	107.81	95.30	
浙 江	Zhejiang	100.00	111.11	100.00	92.53
安 徽	Anhui	60.17	137.31	84.92	115.48
福 建	Fujian	117.29	123.49	102.49	100.38
江 西	Jiangxi	89.95	100.00		
山 东	Shandong	35.15		82.01	77.19
河 南	Henan	27.53	108.90	121.56	96.25
湖 北	Hubei	113.20	95.49	112.92	98.04
湖 南	Hunan	135.13	105.41		99.74
广 东	Guangdong		120.00		
广 西	Guangxi	95.75			
海 南	Hainan				
重 庆	Chongqing	113.01	96.65	113.76	99.32
四 川	Sichuan	99.49	87.37	105.41	133.33
贵 州	Guizhou		93.91	102.86	100.00
云 南	Yunnan	124.79	64.12	105.45	70.25
陕 西	Shaanxi		80.00	121.79	
甘 肃	Gansu	120.00		51.82	216.44
青 海	Qinghai		201.62	100.00	
宁 夏	Ningxia				
新 疆	Xinjiang			92.84	145.19

2-17 续表 28 continued 28

地 区 Region	食用菌 Mushroom		食用菌 Mushroom 香菇(干品) Mushroom (dried)	
	2011	2012	2011	2012
全 国 National	**107.53**	**98.38**	**103.58**	**98.33**
北 京 Beijing	105.14	105.29		
天 津 Tianjin	103.94	97.86	103.94	97.86
河 北 Hebei	111.98	121.70	111.98	121.70
山 西 Shanxi				
内 蒙 古 Inner Mongolia				
辽 宁 Liaoning	103.68	116.54	108.43	116.10
吉 林 Jilin	126.77	114.39	132.82	113.25
黑 龙 江 Heilongjiang	110.71	107.52	102.97	113.50
上 海 Shanghai	95.99	81.34		
江 苏 Jiangsu	115.46	101.56	100.62	
浙 江 Zhejiang	109.97	94.86	109.61	91.60
安 徽 Anhui	101.86	100.69	104.11	105.41
福 建 Fujian	113.69	91.74	104.61	95.01
江 西 Jiangxi	110.72	97.13	118.25	103.05
山 东 Shandong	107.34	110.61	102.87	104.52
河 南 Henan	98.44	98.42	99.95	88.84
湖 北 Hubei	101.38	102.86	100.35	99.65
湖 南 Hunan	116.76	109.66		92.12
广 东 Guangdong				
广 西 Guangxi	108.61	101.00	105.21	89.76
海 南 Hainan				
重 庆 Chongqing				119.05
四 川 Sichuan	113.41	100.56	112.80	102.42
贵 州 Guizhou	124.66	94.28		
云 南 Yunnan	102.47	120.21	108.35	140.37
陕 西 Shaanxi	113.55	107.07	113.38	100.62
甘 肃 Gansu	101.24	100.98		
青 海 Qinghai				
宁 夏 Ningxia				
新 疆 Xinjiang				

2-17 续表 29 continued 29

地　区	Region	食用菌 Mushroom				花卉 Flowers	
		金针菇 Golden mushroom		黑木耳(干品) Black edible fungus (dried)		康乃馨 Carnation	
		2011	2012	2011	2012	2011	2012
全　国	**National**	**109.66**	**96.93**	**107.53**	**106.54**	**103.49**	**105.49**
北　京	Beijing					112.23	107.11
天　津	Tianjin						
河　北	Hebei	114.34	121.88				
山　西	Shanxi						
内蒙古	Inner Mongolia						
辽　宁	Liaoning	106.85	64.04	106.15	113.70		
吉　林	Jilin			120.41	114.17		
黑龙江	Heilongjiang				107.61		
上　海	Shanghai	98.37	81.43				66.67
江　苏	Jiangsu	113.71	92.97	102.96			
浙　江	Zhejiang		101.37	111.14	99.67		
安　徽	Anhui	110.85	77.68				
福　建	Fujian	100.26		109.04	108.60		
江　西	Jiangxi	98.54	85.66				
山　东	Shandong	108.78	101.46	100.23			
河　南	Henan	117.52	89.30	118.13	100.96		
湖　北	Hubei			104.07	107.11		
湖　南	Hunan		108.43				
广　东	Guangdong						
广　西	Guangxi		88.78	116.06	104.58		
海　南	Hainan					102.45	
重　庆	Chongqing			128.79	104.45		
四　川	Sichuan				114.29		
贵　州	Guizhou						
云　南	Yunnan	130.95	111.46				112.50
陕　西	Shaanxi			100.22	93.57		
甘　肃	Gansu						
青　海	Qinghai						
宁　夏	Ningxia						
新　疆	Xinjiang						

2-17 续表 30 continued 30

地　区	Region	水果 Fruits 2011	水果 Fruits 2012	水果 Fruits 苹果 Apple 2011	水果 Fruits 苹果 Apple 2012
全　国	**National**	**106.17**	**103.86**	**113.63**	**99.28**
北　京	Beijing	102.61	112.30	104.70	103.77
天　津	Tianjin	108.12	104.92	106.46	96.57
河　北	Hebei	105.97	105.08	90.14	102.91
山　西	Shanxi	111.34	102.12	112.04	101.86
内蒙古	Inner Mongolia	114.89	115.75	107.70	113.81
辽　宁	Liaoning	121.22	95.14	114.69	95.69
吉　林	Jilin	101.84	119.35	107.15	103.35
黑龙江	Heilongjiang		126.74		118.72
上　海	Shanghai	113.61	103.22		
江　苏	Jiangsu	119.36	101.23	141.63	107.12
浙　江	Zhejiang	112.97	102.73		
安　徽	Anhui	114.26	105.41		
福　建	Fujian	113.98	95.15		
江　西	Jiangxi	85.88	106.06		
山　东	Shandong	119.47	108.51	136.99	96.69
河　南	Henan	117.30	107.71	120.00	107.83
湖　北	Hubei	124.15	101.16		
湖　南	Hunan	109.25	99.44		
广　东	Guangdong	110.03	104.12		94.44
广　西	Guangxi	89.80	110.78		
海　南	Hainan	92.57	107.34		
重　庆	Chongqing	118.14	91.24		
四　川	Sichuan	110.32	101.75	109.09	130.98
贵　州	Guizhou	107.23	96.24		
云　南	Yunnan	119.46	100.08	121.24	99.29
陕　西	Shaanxi	112.01	102.68	117.09	96.05
甘　肃	Gansu	108.13	123.47	112.96	110.94
青　海	Qinghai				
宁　夏	Ningxia	115.82	109.03	125.93	90.07
新　疆	Xinjiang				

2-17 续表 31 continued 31

地 区	Region	水果 Fruits			
		梨 Pear		柑橘类 Citrus	
		2011	2012	2011	2012
全 国	**National**	**105.56**	**102.66**	**103.97**	**101.50**
北 京	Beijing	93.33	100.25		
天 津	Tianjin	117.78	104.68		
河 北	Hebei	114.49	97.96		
山 西	Shanxi	111.11	83.16		
内蒙古	Inner Mongolia	88.09	85.99		
辽 宁	Liaoning				
吉 林	Jilin	121.90	118.05		
黑龙江	Heilongjiang				
上 海	Shanghai		104.11	120.52	59.67
江 苏	Jiangsu	154.41			
浙 江	Zhejiang	121.84	118.54	122.86	90.00
安 徽	Anhui	116.04	105.54	119.87	100.00
福 建	Fujian			112.71	84.63
江 西	Jiangxi	113.18	159.17	73.82	84.02
山 东	Shandong	107.22	100.57		
河 南	Henan	117.70	90.23		
湖 北	Hubei	131.70	112.18	126.03	86.26
湖 南	Hunan	124.77		117.91	94.68
广 东	Guangdong			119.70	98.19
广 西	Guangxi		104.00	106.40	94.64
海 南	Hainan				
重 庆	Chongqing	102.60		122.25	89.32
四 川	Sichuan	111.37	117.06	112.43	99.19
贵 州	Guizhou	97.49	115.99	104.19	89.28
云 南	Yunnan	86.11	101.39	112.60	103.29
陕 西	Shaanxi	111.30	100.29	135.30	92.72
甘 肃	Gansu	93.02	99.16		
青 海	Qinghai				
宁 夏	Ningxia				
新 疆	Xinjiang				

2-17 续表 32 continued 32

地区	Region	水果 Fruits					
		红富士苹果 Hongfushi apple		国光苹果 Guoguang apple		香蕉苹果 Banana apple	
		2011	2012	2011	2012	2011	2012
全国	**National**	**114.31**	**98.59**	**105.99**	**107.76**	**103.11**	**112.54**
北京	Beijing	104.91	103.22	102.56	109.39		
天津	Tianjin	106.46	96.57				
河北	Hebei	99.16	101.66	88.05	103.20		
山西	Shanxi	112.04	99.47	113.99	107.50	91.33	124.98
内蒙古	Inner Mongolia			107.70	113.81	109.13	112.03
辽宁	Liaoning	111.48	94.45	122.39	98.65		
吉林	Jilin						
黑龙江	Heilongjiang						
上海	Shanghai						
江苏	Jiangsu	141.63	107.12				
浙江	Zhejiang						
安徽	Anhui						
福建	Fujian						
江西	Jiangxi						
山东	Shandong	136.99	96.69	77.60			
河南	Henan	114.68	97.21		119.00		
湖北	Hubei						
湖南	Hunan						
广东	Guangdong						94.44
广西	Guangxi						
海南	Hainan						
重庆	Chongqing						
四川	Sichuan						
贵州	Guizhou						
云南	Yunnan	115.53					
陕西	Shaanxi	119.62	93.63	104.68	127.78		
甘肃	Gansu	117.73	105.33	100.00		92.86	110.91
青海	Qinghai						
宁夏	Ningxia	125.93	90.07				
新疆	Xinjiang	100.32	105.52				

2-17 续表 33 continued 33

地 区	Region	水果 Fruits					
		雪花梨 Snowflake pear		鸭梨 Ya- pear		酥梨 Soft-pear	
		2011	2012	2011	2012	2011	2012
全 国	**National**	**104.50**	**104.38**	**112.04**	**98.19**	**114.29**	**89.66**
北 京	Beijing	94.59	101.54	92.38	99.28		
天 津	Tianjin	112.10	95.12	123.03	112.97		
河 北	Hebei	93.21	106.40	122.75	94.68		
山 西	Shanxi	87.50		111.11		121.36	83.16
内蒙古	Inner Mongolia						
辽 宁	Liaoning	109.99		92.61	94.33		
吉 林	Jilin						
黑龙江	Heilongjiang						
上 海	Shanghai						
江 苏	Jiangsu	104.36	103.87			154.41	
浙 江	Zhejiang	96.44	95.71				
安 徽	Anhui					116.04	105.54
福 建	Fujian						
江 西	Jiangxi	115.00	97.98				
山 东	Shandong	81.20	100.57	107.22			
河 南	Henan					117.70	90.23
湖 北	Hubei	120.67					
湖 南	Hunan						
广 东	Guangdong						
广 西	Guangxi						
海 南	Hainan						
重 庆	Chongqing	100.00		102.60		107.69	106.25
四 川	Sichuan		120.45	134.62	96.82		
贵 州	Guizhou		100.00	66.67	150.00		
云 南	Yunnan						135.89
陕 西	Shaanxi	105.18	106.79	112.57	107.16	111.39	90.81
甘 肃	Gansu	99.50	126.26		99.16	93.02	
青 海	Qinghai						
宁 夏	Ningxia						
新 疆	Xinjiang						

2-17 续表 34 continued 34

地 区	Region	水果 Fruits					
		西瓜 Watermelon		哈密瓜 Hami melon		香瓜 Musk melon	
		2011	2012	2011	2012	2011	2012
全 国	**National**	**103.63**	**113.06**	**104.72**	**117.91**	**107.43**	**111.40**
北 京	Beijing	104.06	114.74				
天 津	Tianjin	106.57	84.06				
河 北	Hebei	112.54	136.51			114.16	
山 西	Shanxi	107.87	103.31				
内蒙古	Inner Mongolia	120.06	121.17	81.92	117.96	115.96	81.10
辽 宁	Liaoning	129.27	173.64			103.59	101.55
吉 林	Jilin	85.35	130.95			106.43	102.73
黑龙江	Heilongjiang		125.30				99.83
上 海	Shanghai	111.93	116.67			150.00	110.82
江 苏	Jiangsu	100.27					
浙 江	Zhejiang	106.87	124.87		112.92	106.02	110.34
安 徽	Anhui	113.80	104.23			100.00	94.47
福 建	Fujian	101.77	108.28			103.58	125.35
江 西	Jiangxi	98.10	139.61			113.14	126.64
山 东	Shandong	88.49	112.53				
河 南	Henan	110.04	108.58			100.61	122.69
湖 北	Hubei	119.79	114.66			107.99	105.51
湖 南	Hunan	100.46	116.89				119.45
广 东	Guangdong	90.08	108.31			112.90	99.99
广 西	Guangxi	103.16	121.15			122.66	127.84
海 南	Hainan	78.37	119.41		102.89	98.51	120.71
重 庆	Chongqing	113.44	106.37				
四 川	Sichuan	108.81	98.62			115.79	
贵 州	Guizhou	100.75	94.88				
云 南	Yunnan	92.04	112.70				
陕 西	Shaanxi	95.06	111.13			104.04	136.00
甘 肃	Gansu	110.51	199.15				
青 海	Qinghai						
宁 夏	Ningxia	108.19	123.99				
新 疆	Xinjiang	95.66	105.87	98.87	117.82		

2-17 续表 35 continued 35

地 区	Region	水果 Fruits			
		香蕉 Banana		草莓 Strawberry	
		2011	2012	2011	2012
全 国	**National**	**102.22**	**92.22**	**111.44**	**103.19**
北 京	Beijing			104.48	104.45
天 津	Tianjin				
河 北	Hebei			139.00	113.34
山 西	Shanxi				
内蒙古	Inner Mongolia			120.02	97.87
辽 宁	Liaoning			130.51	93.64
吉 林	Jilin			102.44	105.76
黑龙江	Heilongjiang				
上 海	Shanghai			125.22	103.33
江 苏	Jiangsu			99.36	105.44
浙 江	Zhejiang			113.25	99.54
安 徽	Anhui			107.83	111.67
福 建	Fujian	124.07	84.05	103.88	
江 西	Jiangxi			102.14	97.39
山 东	Shandong			89.06	93.25
河 南	Henan				
湖 北	Hubei				73.60
湖 南	Hunan			54.47	
广 东	Guangdong	139.98	100.29		
广 西	Guangxi	131.30	74.07	125.00	109.74
海 南	Hainan	83.86	94.42		
重 庆	Chongqing	100.00		103.71	103.76
四 川	Sichuan	120.97	97.02	107.46	103.44
贵 州	Guizhou				106.32
云 南	Yunnan	154.72	85.49	129.25	130.85
陕 西	Shaanxi			132.71	111.94
甘 肃	Gansu				
青 海	Qinghai				
宁 夏	Ningxia				
新 疆	Xinjiang				

2-17 续表 36 continued 36

地 区	Region	水果 Fruits			
		桃 Peach		杏 Apricot	
		2011	2012	2011	2012
全 国	**National**	**105.70**	**111.21**	**103.45**	**102.69**
北 京	Beijing	102.64	127.64	98.74	95.53
天 津	Tianjin	97.43	131.40		
河 北	Hebei	106.05	112.47	105.45	91.08
山 西	Shanxi	110.99	117.04	105.28	99.24
内蒙古	Inner Mongolia				
辽 宁	Liaoning	116.08	109.47	100.00	131.67
吉 林	Jilin			109.09	
黑龙江	Heilongjiang				
上 海	Shanghai	110.86	100.04		
江 苏	Jiangsu	105.75			
浙 江	Zhejiang	98.51	107.70		
安 徽	Anhui	97.21	111.53	98.73	102.45
福 建	Fujian	109.10	112.04		
江 西	Jiangxi	111.89	109.35		
山 东	Shandong	107.85	126.77	79.93	
河 南	Henan	114.70	114.98	112.91	105.34
湖 北	Hubei	97.88	90.56		
湖 南	Hunan	106.94	107.09		
广 东	Guangdong	72.16	139.97		
广 西	Guangxi	87.50	126.21		
海 南	Hainan				
重 庆	Chongqing	102.46	102.62		
四 川	Sichuan	103.40	110.54	110.25	113.96
贵 州	Guizhou	114.03	90.16		104.75
云 南	Yunnan	95.70	96.49		133.33
陕 西	Shaanxi	102.71	111.99	100.35	107.09
甘 肃	Gansu	120.00		93.06	95.17
青 海	Qinghai				
宁 夏	Ningxia			120.00	
新 疆	Xinjiang	108.00	157.46	106.59	114.22

2-17 续表 37 continued 37

地区	Region	水果 Fruits					
		葡萄 Grape		枣 Chinese date		柿子 Persimmon	
		2011	2012	2011	2012	2011	2012
全国	**National**	**107.80**	**99.63**	**91.11**	**103.71**	**107.86**	**106.09**
北京	Beijing	101.22	106.53	118.03	92.41	99.84	82.90
天津	Tianjin	103.58	103.45	99.59	108.75		
河北	Hebei	104.91	100.24	85.65	80.15	83.07	100.00
山西	Shanxi			110.18	106.40	99.55	102.15
内蒙古	Inner Mongolia		177.38	77.42			
辽宁	Liaoning	151.42	102.09		100.00		
吉林	Jilin	110.05	128.85				
黑龙江	Heilongjiang		139.62				
上海	Shanghai	104.47	100.94				
江苏	Jiangsu						
浙江	Zhejiang	108.88	87.44	102.60	99.52	112.85	99.90
安徽	Anhui	126.13	96.67	108.61	107.41		
福建	Fujian	123.33	97.03			100.78	106.28
江西	Jiangxi	110.29	123.99	100.00			
山东	Shandong	112.86	92.27	126.94	102.33	26.40	
河南	Henan	114.27	99.04	103.76	116.72	61.01	
湖北	Hubei	107.43	113.46				
湖南	Hunan	53.50	92.31		114.39		
广东	Guangdong						
广西	Guangxi	90.83	90.92			105.85	105.44
海南	Hainan						
重庆	Chongqing					123.93	115.90
四川	Sichuan	110.16	78.95	102.94		105.41	101.00
贵州	Guizhou	137.75	98.20	116.00	120.69		111.11
云南	Yunnan	78.71	111.19	78.62	97.39	107.57	123.72
陕西	Shaanxi	111.83	104.56	84.64	72.41	109.54	125.00
甘肃	Gansu	112.53		100.00	113.51		
青海	Qinghai						
宁夏	Ningxia	113.13	104.37				
新疆	Xinjiang			77.97	117.79		

2-17 续表 38 continued 38

地区	Region	食用坚果 Nuts		食用坚果 Nuts 核桃 Walnut		食用坚果 Nuts 板栗 Chinese chestnut	
		2011	2012	2011	2012	2011	2012
全国	**National**	**102.40**	**115.66**	**96.25**	**108.51**	**108.09**	**135.32**
北京	Beijing	87.68	110.16	100.71	95.01	71.92	128.49
天津	Tianjin	106.85	116.07	103.14	112.19	110.55	119.94
河北	Hebei	97.88	113.4	97.51	100.30	98.19	124.54
山西	Shanxi	84.32	108.58	84.32	108.58		
内蒙古	Inner Mongolia						
辽宁	Liaoning	83.89	130.81			83.89	130.81
吉林	Jilin						
黑龙江	Heilongjiang						
上海	Shanghai						
江苏	Jiangsu	100.12				108.11	142.13
浙江	Zhejiang	122.06	133.71			102.35	165.36
安徽	Anhui	97.39	163.08			87.51	170.99
福建	Fujian					116.16	121.07
江西	Jiangxi	100.11	98.88			101.63	100.00
山东	Shandong	99.72	101.26	101.25	91.86	79.92	133.62
河南	Henan	96.08	126.07	90.64	126.07	103.41	
湖北	Hubei	89.39	161.32	84.71	106.59	89.40	161.90
湖南	Hunan	103.67	109.72		40.94	103.67	109.72
广东	Guangdong						
广西	Guangxi	108.89	125.15			111.42	125.15
海南	Hainan	149.41	98.58				
重庆	Chongqing	128.56	111.28	112.63	103.03	131.75	112.93
四川	Sichuan	112.88	112.62	114.23	113.90	104.80	104.95
贵州	Guizhou	117.32	98.45	117.36	100.11	117.23	96.19
云南	Yunnan	102.73	114.81	98.59	112.84	110.31	114.30
陕西	Shaanxi	92.93	106.83	92.93	106.83		
甘肃	Gansu	99.2	128.91	99.20	128.91		
青海	Qinghai						
宁夏	Ningxia						
新疆	Xinjiang	88.48	100.77	88.48	100.77		

2-17 续表 39 continued 39

地 区	Region	茶叶 tea		茶叶 Tea 红茶 Black tea	
		2011	2012	2011	2012
全 国	**National**	**113.34**	**108.78**	**110.65**	**113.02**
北 京	Beijing				
天 津	Tianjin				
河 北	Hebei				
山 西	Shanxi				
内蒙古	Inner Mongolia				
辽 宁	Liaoning				
吉 林	Jilin				
黑龙江	Heilongjiang				
上 海	Shanghai				
江 苏	Jiangsu	122.54	104.83	100.00	114.29
浙 江	Zhejiang	106.59	106.08	117.71	
安 徽	Anhui	116.20	107.69	118.38	104.41
福 建	Fujian	107.2	101.06	107.7	111.81
江 西	Jiangxi	112.71	108.37	107.14	99.93
山 东	Shandong	112.93	118.41	34.27	
河 南	Henan				
湖 北	Hubei	117.10	99.19	111.23	
湖 南	Hunan	117.23	122.73		114.96
广 东	Guangdong	115.95	117.29	100.00	164.24
广 西	Guangxi	115.64	102.70	167.53	116.97
海 南	Hainan				
重 庆	Chongqing	111.18	107.82	97.44	71.62
四 川	Sichuan	108.45	104.08		
贵 州	Guizhou	118.93	113.38	105.72	
云 南	Yunnan	109.50	106.57	104.37	
陕 西	Shaanxi	136.13	107.61		
甘 肃	Gansu				
青 海	Qinghai				
宁 夏	Ningxia				
新 疆	Xinjiang				

2-17 续表 40 continued 40

地 区	Region	茶叶 Tea			
		绿茶 Green tea		清茶 Light tea	
		2011	2012	2011	2012
全 国	**National**	**114.51**	**107.89**	**113.22**	**106.28**
北 京	Beijing				
天 津	Tianjin				
河 北	Hebei				
山 西	Shanxi				
内蒙古	Inner Mongolia				
辽 宁	Liaoning				
吉 林	Jilin				
黑龙江	Heilongjiang				
上 海	Shanghai				
江 苏	Jiangsu	120.42	101.50	122.69	
浙 江	Zhejiang	106.60	106.08		
安 徽	Anhui	116.12	107.23		
福 建	Fujian	117.89	100.01	103.76	101.15
江 西	Jiangxi	112.73	108.46		
山 东	Shandong	112.93	118.41		
河 南	Henan	131.00	120.78		
湖 北	Hubei	117.10	99.16		
湖 南	Hunan	117.23	122.73		
广 东	Guangdong	108.71	114.52	120.77	115.15
广 西	Guangxi	115.64	102.70		
海 南	Hainan				
重 庆	Chongqing	111.18	107.82		
四 川	Sichuan	108.45	104.08		
贵 州	Guizhou	118.93	113.38		
云 南	Yunnan	109.36	110.74		
陕 西	Shaanxi	136.13	107.61		
甘 肃	Gansu				
青 海	Qinghai				
宁 夏	Ningxia				
新 疆	Xinjiang				

2-18 各地区林业产品生产价格分类指数

Producer Price Indices of Forestry Products by Region and Category

(上年=100) (the preceding year=100)

地区	Region	林业产品 Forestry products		木材采伐产品 Felling and transport of wood		竹材采伐产品 Felling and transport of bamboo	
		2011	2012	2011	2012	2011	2012
全国	**National**	**114.92**	**101.23**	**109.78**	**104.24**	**112.02**	**103.84**
北京	Beijing	109.05	107.75				
天津	Tianjin						
河北	Hebei	106.96	106.83	103.75	107.35		
山西	Shanxi	109.86	108.07				
内蒙古	Inner Mongolia	117.31	93.04	123.54	86.18		
辽宁	Liaoning	119.45	113.58	120.58	130.80		
吉林	Jilin	114.41	107.80	115.17	108.06		
黑龙江	Heilongjiang	130.49	93.54	122.65	93.54		
上海	Shanghai	106.34	111.00				
江苏	Jiangsu	106.97	104.50	105.39		100.00	111.11
浙江	Zhejiang	113.72	106.08	109.93	106.81	106.40	104.82
安徽	Anhui	110.73	106.79	107.60	103.05	104.47	104.80
福建	Fujian	110.09	105.71	112.65	102.96	114.44	102.71
江西	Jiangxi	108.70	105.08	108.81	105.91	110.63	99.66
山东	Shandong	105.64	101.88	105.64	101.88		
河南	Henan	101.94	111.37	102.83	110.88		
湖北	Hubei	108.36	107.46	107.59	104.32	108.44	102.50
湖南	Hunan	107.23	104.08	112.97	104.53	107.72	105.18
广东	Guangdong	108.65	101.82	106.75	101.80	106.55	104.21
广西	Guangxi	109.52	99.39	108.53	99.43	108.66	104.80
海南	Hainan	122.05	78.37	112.51	104.75		106.50
重庆	Chongqing	113.54	103.84	101.61	103.00	107.40	109.34
四川	Sichuan	105.04	104.42	104.51	100.23	103.63	103.46
贵州	Guizhou	104.32	103.72	102.06	104.71	106.85	108.78
云南	Yunnan	117.29	92.17	105.52	114.75	110.54	106.52
陕西	Shaanxi	107.49	110.94	107.59	100.00		
甘肃	Gansu	125.00		125.00			
青海	Qinghai						
宁夏	Ningxia						
新疆	Xinjiang	102.26	99.33	102.26	99.33		

2-18 续表 1 continued 1

地 区	Region	木材采伐产品 Felling and transport of wood 原木 Log		竹材采伐产品 Felling and transport of bamboo 竹材 Firewood	
		2011	2012	2011	2012
全 国	**National**	**109.59**	**104.15**	**112.01**	**103.68**
北 京	Beijing				
天 津	Tianjin				
河 北	Hebei	104.76			
山 西	Shanxi				
内蒙古	Inner Mongolia	123.54	86.18		
辽 宁	Liaoning	120.58	130.80		
吉 林	Jilin	115.17	108.11		
黑龙江	Heilongjiang	123.32	93.54		
上 海	Shanghai				
江 苏	Jiangsu	105.39		100.00	111.11
浙 江	Zhejiang	108.14	105.21	106.40	104.79
安 徽	Anhui	109.92	103.23	104.47	104.81
福 建	Fujian	112.65	102.96	114.44	102.71
江 西	Jiangxi	108.81	105.92	110.63	99.66
山 东	Shandong	105.64	101.88		
河 南	Henan	102.83	110.88		
湖 北	Hubei	107.59	104.32	108.44	102.50
湖 南	Hunan	112.97	104.53	107.72	105.18
广 东	Guangdong	106.75	101.40	108.44	104.17
广 西	Guangxi	108.53	99.43	108.66	104.80
海 南	Hainan	107.76	111.68		106.50
重 庆	Chongqing	101.61	103.00	107.40	109.34
四 川	Sichuan	104.51	100.23	103.63	103.46
贵 州	Guizhou	102.06	104.71	106.85	108.78
云 南	Yunnan	105.52	114.75	110.54	106.52
陕 西	Shaanxi	107.59	100.00		
甘 肃	Gansu	125.00			
青 海	Qinghai				
宁 夏	Ningxia				
新 疆	Xinjiang	102.26	99.33		

2-18 续表 2 continued 2

地　　区	Region	林产品 Industrial materials		林产品 Industrial materials 天然橡胶 Rubber		林产品 Industrial materials 油桐籽 Seeds of tung oil tree	
		2011	2012	2011	2012	2011	2012
全　　国	**National**	**120.18**	**82.96**	**132.58**	**76.23**	**102.56**	**94.77**
北　　京	Beijing						
天　　津	Tianjin						
河　　北	Hebei						
山　　西	Shanxi						
内 蒙 古	Inner Mongolia						
辽　　宁	Liaoning						
吉　　林	Jilin						
黑 龙 江	Heilongjiang						
上　　海	Shanghai						
江　　苏	Jiangsu						
浙　　江	Zhejiang	114.45	108.30				
安　　徽	Anhui	125.00	100.89				
福　　建	Fujian	104.26	110.81				
江　　西	Jiangxi	91.44	102.58			108.96	99.53
山　　东	Shandong						
河　　南	Henan						
湖　　北	Hubei	111.41	21.06			111.41	57.95
湖　　南	Hunan	90.84	78.65			98.28	78.65
广　　东	Guangdong	116.35	92.52				
广　　西	Guangxi	88.15	73.04			86.39	93.44
海　　南	Hainan	122.58	76.60	122.58	76.60		
重　　庆	Chongqing	117.28	102.96			119.89	101.99
四　　川	Sichuan	114.47	108.32				108.02
贵　　州	Guizhou	111.56	94.31			112.01	89.46
云　　南	Yunnan	120.52	85.83			100.00	
陕　　西	Shaanxi	118.30	105.41			107.14	
甘　　肃	Gansu						
青　　海	Qinghai						
宁　　夏	Ningxia						
新　　疆	Xinjiang						

2-19 各地区饲养动物及其产品生产价格分类指数
Producer Price Indices of Livestock Products by Region and Category

(上年=100) (the preceding year=100)

地 区	Region	饲养动物及其产品 Livestock products		活牲畜 Livestock raising	
		2011	2012	2011	2012
全 国	**National**	**126.20**	**99.73**	**132.52**	**98.79**
北 京	Beijing	120.59	100.71	132.73	98.86
天 津	Tianjin	111.52	100.88	114.89	97.88
河 北	Hebei	116.50	97.35	126.07	101.50
山 西	Shanxi	116.85	97.87	121.41	98.00
内 蒙 古	Inner Mongolia	115.82	104.90	118.27	108.75
辽 宁	Liaoning	122.27	102.63	127.58	103.51
吉 林	Jilin	127.55	97.40	131.61	98.29
黑 龙 江	Heilongjiang	118.23	100.43	129.47	101.03
上 海	Shanghai	121.42	94.41	131.00	89.52
江 苏	Jiangsu	118.45	97.64	126.26	94.67
浙 江	Zhejiang	121.24	99.84	124.49	98.40
安 徽	Anhui	126.70	97.37	134.74	96.67
福 建	Fujian	122.11	94.25	125.51	90.92
江 西	Jiangxi	125.32	96.05	128.68	94.32
山 东	Shandong	121.56	96.74	129.29	98.26
河 南	Henan	124.19	96.32	126.75	96.74
湖 北	Hubei	128.86	98.58	132.71	97.67
湖 南	Hunan	131.19	95.98	132.81	95.05
广 东	Guangdong	121.66	97.62	129.06	94.20
广 西	Guangxi	139.09	92.46	143.20	90.86
海 南	Hainan	123.25	99.12	127.88	95.73
重 庆	Chongqing	126.57	103.33	133.04	102.38
四 川	Sichuan	124.43	101.15	132.13	99.30
贵 州	Guizhou	127.25	102.84	127.99	102.81
云 南	Yunnan	131.79	104.69	133.95	104.47
陕 西	Shaanxi	128.61	101.39	136.14	102.81
甘 肃	Gansu	115.64	106.25	117.10	105.87
青 海	Qinghai	124.41	111.77	126.18	112.98
宁 夏	Ningxia	115.84	102.75	120.69	107.17
新 疆	Xinjiang	112.19	105.05	112.19	105.05

2-19 续表 1 continued 1

地 区	Region	活家禽 Poultry		畜禽产品 Livestock and poultry products	
		2011	2012	2011	2012
全 国	**National**	**111.99**	**103.85**	**111.59**	**101.16**
北 京	Beijing	109.00	104.84	109.92	100.08
天 津	Tianjin	105.12	106.90	109.47	100.37
河 北	Hebei	105.27	96.53	107.11	92.43
山 西	Shanxi	120.09	89.49	110.20	99.13
内 蒙 古	Inner Mongolia	113.39	108.94	112.94	99.53
辽 宁	Liaoning	112.35	104.88	118.40	98.61
吉 林	Jilin	116.19	95.01	117.11	94.98
黑 龙 江	Heilongjiang	105.84	96.15	107.62	99.38
上 海	Shanghai	107.38	104.39	109.78	100.81
江 苏	Jiangsu	111.59	102.75	113.85	92.82
浙 江	Zhejiang	108.79	106.24	115.42	97.95
安 徽	Anhui	108.89	99.40	112.79	96.71
福 建	Fujian	112.24	109.75	110.03	95.44
江 西	Jiangxi	109.71	105.52	108.60	103.20
山 东	Shandong	112.16	94.42	116.06	96.55
河 南	Henan	116.69	91.24	110.18	96.85
湖 北	Hubei	111.23	99.97	114.83	101.57
湖 南	Hunan	112.66	106.54	113.72	106.18
广 东	Guangdong	111.10	101.73	107.07	103.54
广 西	Guangxi	110.40	107.03	114.76	97.94
海 南	Hainan	115.39	104.40	107.04	110.60
重 庆	Chongqing	111.82	107.14	110.84	104.42
四 川	Sichuan	112.48	103.68	111.90	104.27
贵 州	Guizhou	115.95	102.73	113.35	106.31
云 南	Yunnan	114.32	105.88	117.83	107.58
陕 西	Shaanxi	120.94	97.84	115.86	99.19
甘 肃	Gansu	106.42	103.61	111.87	107.39
青 海	Qinghai	107.62	116.49	115.20	105.14
宁 夏	Ningxia	111.17	101.29	108.96	95.66
新 疆	Xinjiang				

2-19 续表 2

continued 2

地 区	Region	猪 Hog		牛 Live cattle		羊 Sheep raising	
		2011	2012	2011	2012	2011	2012
全 国	**National**	**136.98**	**95.92**	**108.05**	**116.79**	**115.74**	**107.85**
北 京	Beijing	139.00	93.53	113.85	114.39	120.76	110.07
天 津	Tianjin	115.38	94.00	111.14	110.93	113.43	108.50
河 北	Hebei	129.49	96.95	112.08	120.45	116.63	113.51
山 西	Shanxi	127.01	92.88	111.26	110.82	111.47	104.74
内蒙古	Inner Mongolia	122.43	105.63	112.69	110.55	116.48	112.12
辽 宁	Liaoning	134.00	99.37	103.10	115.40	113.17	130.13
吉 林	Jilin	141.72	89.20	105.95	118.81	123.35	118.55
黑龙江	Heilongjiang	133.63	95.34	110.75	118.82	121.29	117.54
上 海	Shanghai	132.54	88.07			108.80	114.09
江 苏	Jiangsu	127.57	93.07	110.32	78.69	119.56	109.55
浙 江	Zhejiang	125.01	97.80	113.82	124.37	110.06	114.71
安 徽	Anhui	138.09	93.54	109.03	115.92	123.23	110.12
福 建	Fujian	125.51	90.92				
江 西	Jiangxi	129.67	93.43	102.95	117.57	107.14	
山 东	Shandong	131.91	95.88	108.85	114.85	115.40	114.86
河 南	Henan	129.88	92.65	111.23	115.27	113.63	115.92
湖 北	Hubei	133.15	97.15	110.27	125.81	119.02	110.06
湖 南	Hunan	137.47	95.57	108.19	103.85	117.28	104.74
广 东	Guangdong	132.25	91.16	105.60	129.81		
广 西	Guangxi	143.24	90.81			113.78	125.26
海 南	Hainan	130.34	92.37	108.73	117.09	117.89	115.65
重 庆	Chongqing	134.87	101.84	107.55	104.87	116.61	115.69
四 川	Sichuan	134.90	97.41	108.97	106.23	110.29	117.67
贵 州	Guizhou	128.87	102.32	111.26	112.75	107.54	112.12
云 南	Yunnan	136.92	103.71	112.56	106.79	110.09	116.81
陕 西	Shaanxi	141.72	101.18	109.49	104.11	118.60	109.86
甘 肃	Gansu	120.11	101.98	109.11	116.59	118.17	106.82
青 海	Qinghai	149.77	103.43	116.07	115.70	125.90	113.68
宁 夏	Ningxia	138.80	93.67	112.48	113.32	115.60	110.91
新 疆	Xinjiang			112.41	105.06	112.11	105.04

2-19 续表 3 continued 3

地 区	Region	活鸡 Chicken		活鸭 Duck		活鹅 Goose	
		2011	2012	2011	2012	2011	2012
全 国	**National**	**112.55**	**103.39**	**112.05**	**104.88**	**110.20**	**104.02**
北 京	Beijing	109.29	106.19	108.29	101.48		
天 津	Tianjin	104.88	106.97	107.07	105.75		
河 北	Hebei	105.27	96.46	100.00			102.20
山 西	Shanxi	120.09	89.49				
内 蒙 古	Inner Mongolia	111.62	109.34	126.80		134.98	97.07
辽 宁	Liaoning	112.31	104.69	118.97	102.50	110.09	117.86
吉 林	Jilin	116.59	94.52	118.97	106.71	109.01	100.65
黑 龙 江	Heilongjiang	105.11	95.33			107.63	99.98
上 海	Shanghai	104.10	105.94	121.28	104.33		
江 苏	Jiangsu	112.24	100.66	110.11	104.80	109.50	109.82
浙 江	Zhejiang	110.06	106.97	106.31	105.15	105.91	97.57
安 徽	Anhui	108.51	98.81	116.36	99.50	110.56	111.72
福 建	Fujian	114.15	108.32	109.13	112.07		
江 西	Jiangxi	107.62	104.02	111.57	106.88	110.51	106.02
山 东	Shandong	111.77	93.03	112.48	95.39		
河 南	Henan	116.69	91.24				
湖 北	Hubei	112.30	99.19	110.30	99.28		
湖 南	Hunan	108.47	102.39	115.50	109.29		
广 东	Guangdong	111.26	102.17	112.46	100.25	107.03	102.32
广 西	Guangxi	109.67	106.80	112.83	107.78		
海 南	Hainan	117.44	106.28	110.75	99.80	110.58	101.72
重 庆	Chongqing	113.25	104.93	109.38	110.22	110.67	104.73
四 川	Sichuan	113.26	103.85	110.95	103.82	111.99	102.62
贵 州	Guizhou	116.51	102.48	109.87	104.16	107.19	109.76
云 南	Yunnan	115.64	105.34	109.95	105.55	108.39	119.40
陕 西	Shaanxi	120.94	97.84				
甘 肃	Gansu	106.42	103.61				
青 海	Qinghai	107.62	116.49				
宁 夏	Ningxia	111.17	101.29				
新 疆	Xinjiang						

2-19 续表 4 continued 4

地 区	Region	鸡蛋 Chicken's eggs		鸭蛋 Duck's eggs		鹅蛋 Goose's eggs	
		2011	2012	2011	2012	2011	2012
全 国	**National**	**113.18**	**100.52**	**111.42**	**100.47**	**115.67**	**105.74**
北 京	Beijing	114.84	100.53				
天 津	Tianjin	112.16	97.98				
河 北	Hebei	107.70	90.71	114.11	111.20		
山 西	Shanxi	113.68	94.23				
内蒙古	Inner Mongolia	117.11	103.48	100.18	116.88	114.26	107.50
辽 宁	Liaoning	118.76	98.00	124.02	100.84		93.40
吉 林	Jilin	117.82	93.88	118.53	102.21	124.71	103.37
黑龙江	Heilongjiang	104.40	94.69		102.44		111.13
上 海	Shanghai	110.46	92.52	111.11	95.83		
江 苏	Jiangsu	113.96	93.12	114.11	96.20		
浙 江	Zhejiang	110.74	104.80	113.18	95.70		113.53
安 徽	Anhui	114.95	93.59	107.44	108.12		
福 建	Fujian	112.66	100.75	108.36	92.08		
江 西	Jiangxi	109.40	105.63	108.00	101.79		
山 东	Shandong	116.60	96.22				
河 南	Henan	110.85	95.87	100.00	98.22		
湖 北	Hubei	116.40	102.15	108.63	99.28		94.38
湖 南	Hunan	118.47	109.21	109.96	103.69		104.19
广 东	Guangdong	107.80	103.64	102.93	103.25		
广 西	Guangxi	111.93	81.95	111.17	95.95		
海 南	Hainan		114.92	107.04	100.61		
重 庆	Chongqing	104.59	104.68	110.81	105.07	107.32	102.77
四 川	Sichuan	112.45	105.07	112.62	104.69	108.13	103.07
贵 州	Guizhou	114.59	105.96	107.13	108.15	110.09	103.95
云 南	Yunnan	115.68	104.67	125.71	114.17	111.22	109.07
陕 西	Shaanxi	121.92	95.00		71.04		
甘 肃	Gansu	106.56	95.77				
青 海	Qinghai						
宁 夏	Ningxia	115.96	89.63				
新 疆	Xinjiang						

2-19 续表 5 continued 5

地 区	Region	生牛奶 Cow milk		生羊奶 Sheep milk	
		2011	2012	2011	2012
全 国	**National**	**108.08**	**103.86**	**108.97**	**107.26**
北 京	Beijing	106.25	99.74		
天 津	Tianjin	101.03	105.43		
河 北	Hebei	103.92	101.49		
山 西	Shanxi	105.75	105.86	125.00	
内蒙古	Inner Mongolia	110.54	101.44		
辽 宁	Liaoning	111.33	109.82		
吉 林	Jilin	105.57	100.00		
黑龙江	Heilongjiang	109.04	102.07		
上 海	Shanghai	109.20	104.77		
江 苏	Jiangsu	106.76	101.98		
浙 江	Zhejiang	105.70	106.98		
安 徽	Anhui				
福 建	Fujian	108.23	107.57	105.29	100.69
江 西	Jiangxi				
山 东	Shandong	108.30	101.56		
河 南	Henan	105.39	105.55		
湖 北	Hubei				
湖 南	Hunan				
广 东	Guangdong				
广 西	Guangxi	106.94			
海 南	Hainan				
重 庆	Chongqing	114.89			
四 川	Sichuan	109.41	103.56		
贵 州	Guizhou				
云 南	Yunnan	104.60	99.30		
陕 西	Shaanxi	108.07	99.21	109.00	106.16
甘 肃	Gansu	114.59	117.41	102.18	122.20
青 海	Qinghai	113.85	110.77		
宁 夏	Ningxia	106.81	96.90		
新 疆	Xinjiang	112.41	110.32		

2-19 续表 6 continued 6

地区	Region	山羊毛 Goat's wool		绵羊毛 Sheep's wool		山羊绒 Cashmere	
		2011	2012	2011	2012	2011	2012
全国	**National**	**109.98**	**99.63**	**101.80**	**88.64**	**116.65**	**88.93**
北京	Beijing						
天津	Tianjin						
河北	Hebei		103.85	112.05	95.00		103.85
山西	Shanxi	111.12	87.32			111.12	87.32
内蒙古	Inner Mongolia	123.38	80.48	108.94	118.75	123.15	80.51
辽宁	Liaoning	121.68	103.15	115.47	100.00	121.68	79.94
吉林	Jilin			112.71	108.37		
黑龙江	Heilongjiang				67.18		
上海	Shanghai						
江苏	Jiangsu						
浙江	Zhejiang			120.55	105.96		
安徽	Anhui						
福建	Fujian						
江西	Jiangxi						
山东	Shandong					85.72	
河南	Henan						
湖北	Hubei						
湖南	Hunan						
广东	Guangdong						
广西	Guangxi						
海南	Hainan						
重庆	Chongqing						
四川	Sichuan			104.45			
贵州	Guizhou						
云南	Yunnan						
陕西	Shaanxi	130.77	93.61	112.05	16.00	131.61	92.63
甘肃	Gansu	107.58		116.77	108.41	128.04	
青海	Qinghai	133.06	89.65	114.16	105.10	133.06	89.65
宁夏	Ningxia	135.74	70.85	128.85	114.34	135.74	70.85
新疆	Xinjiang					118.56	96.45

2-20 各地区渔业产品生产价格分类指数
Producer Price Indices of Fishery Products by Region and Category

(上年=100) (the preceding year=100)

地区	Region	渔业产品 Fishery products		海水养殖产品 Marine aquacultural fish		海水捕捞产品 Marine fishing products	
		2011	2012	2011	2012	2011	2012
全国	**National**	**110.04**	**106.18**	**111.47**	**101.01**	**111.23**	**110.90**
北京	Beijing	107.94	112.57				
天津	Tianjin	103.77	100.79	103.21	98.54		
河北	Hebei	111.62	104.87	107.34			
山西	Shanxi	102.72	96.98				
内蒙古	Inner Mongolia	135.56	107.29				
辽宁	Liaoning	107.92	113.73	108.50	114.92		
吉林	Jilin	115.50	110.45				
黑龙江	Heilongjiang	104.37	100.15				
上海	Shanghai	113.18	104.09	108.14		123.93	104.83
江苏	Jiangsu	109.48	110.09	107.74	114.70	110.37	121.96
浙江	Zhejiang	117.41	103.99	110.72	104.93	126.06	102.46
安徽	Anhui	112.45	110.83				
福建	Fujian	111.02	107.00	109.80	108.33	111.00	108.62
江西	Jiangxi	104.25	112.30				
山东	Shandong	113.20	105.71	114.47	100.51	114.78	113.96
河南	Henan	105.66	106.15				
湖北	Hubei	108.40	107.20				
湖南	Hunan	108.09	104.55				
广东	Guangdong	107.56	104.54	106.11	104.15	113.84	108.45
广西	Guangxi	109.20	97.65	98.19	93.26	113.65	104.25
海南	Hainan	109.35	107.27	108.22	105.30	111.19	113.87
重庆	Chongqing	108.19	108.09				
四川	Sichuan	106.81	105.25				
贵州	Guizhou	114.94	108.28				
云南	Yunnan	107.24	100.72				
陕西	Shaanxi	98.97	113.68				
甘肃	Gansu	119.84	108.58				
青海	Qinghai						
宁夏	Ningxia	110.22	112.13				
新疆	Xinjiang	106.52	104.07				

2-20 续表 1 continued 1

地 区	Region	淡水养殖产品 Freshwater aquacultural products		淡水捕捞产品 Freshwater fishing products	
		2011	2012	2011	2012
全 国	**National**	**109.48**	**106.75**	**103.67**	**107.18**
北 京	Beijing	107.94	112.57		
天 津	Tianjin	103.85	101.07		
河 北	Hebei	117.51	104.87		
山 西	Shanxi	102.72	96.77		
内 蒙 古	Inner Mongolia	144.98	106.70	114.94	108.58
辽 宁	Liaoning	103.93	107.19		
吉 林	Jilin	115.50	110.45		
黑 龙 江	Heilongjiang	104.07	100.15		
上 海	Shanghai	109.19	103.77	102.87	
江 苏	Jiangsu	110.81	107.67	105.49	107.30
浙 江	Zhejiang	108.96	106.17	107.46	102.29
安 徽	Anhui	112.45	110.83		
福 建	Fujian	114.32	102.46		
江 西	Jiangxi	104.25	112.30		
山 东	Shandong	107.59	107.36		
河 南	Henan	105.66	111.33		
湖 北	Hubei	108.40	107.20		
湖 南	Hunan	108.09	104.55		
广 东	Guangdong	108.29	101.92	109.03	109.74
广 西	Guangxi	113.88	95.89		99.78
海 南	Hainan	107.76	99.43		
重 庆	Chongqing	106.40	111.23	110.49	104.06
四 川	Sichuan	106.81	105.25		
贵 州	Guizhou	114.94	108.28		
云 南	Yunnan	107.24	100.72		
陕 西	Shaanxi	98.97	113.68		
甘 肃	Gansu	119.84	108.58		
青 海	Qinghai				
宁 夏	Ningxia	110.22	112.13		
新 疆	Xinjiang		104.07	106.52	

2-20 续表 2 continued 2

地 区	Region	海水养殖鱼 Marine aquacultural fish		海水养殖虾 Marine aquacultural shrimp		海水养殖蟹 Marine aquacultural crab	
		2011	2012	2011	2012	2011	2012
全 国	**National**	**111.61**	**96.69**	**109.29**	**101.74**	**108.14**	**104.75**
北 京	Beijing						
天 津	Tianjin			103.21	98.54		
河 北	Hebei			106.75		107.69	
山 西	Shanxi						
内 蒙 古	Inner Mongolia						
辽 宁	Liaoning			104.17	106.27		
吉 林	Jilin						
黑 龙 江	Heilongjiang						
上 海	Shanghai					108.14	
江 苏	Jiangsu	107.14	114.70				
浙 江	Zhejiang	112.17	96.56	112.07	110.58	102.76	102.71
安 徽	Anhui						
福 建	Fujian	107.56	103.37	110.20	104.73	107.34	103.31
江 西	Jiangxi						
山 东	Shandong	104.40	110.10	110.61	103.73		116.91
河 南	Henan						
湖 北	Hubei						
湖 南	Hunan						
广 东	Guangdong	111.22	99.49	102.99	101.46	95.12	105.73
广 西	Guangxi						
海 南	Hainan	113.84	90.37	107.55	104.84		
重 庆	Chongqing						
四 川	Sichuan						
贵 州	Guizhou						
云 南	Yunnan						
陕 西	Shaanxi						
甘 肃	Gansu						
青 海	Qinghai						
宁 夏	Ningxia						
新 疆	Xinjiang						

2-20 续表 3 continued 3

地 区	Region	海水养殖贝类 Marine aquacultural shellfish		海水养殖藻类 Marine aquacultural seaweeds	
		2011	2012	2011	2012
全 国	**National**	**116.25**	**95.45**	**107.69**	**111.54**
北 京	Beijing				
天 津	Tianjin				
河 北	Hebei	107.59			
山 西	Shanxi				
内蒙古	Inner Mongolia				
辽 宁	Liaoning	110.03	115.95		
吉 林	Jilin				
黑龙江	Heilongjiang				
上 海	Shanghai				
江 苏	Jiangsu	108.54			
浙 江	Zhejiang	113.13	112.66	108.34	96.69
安 徽	Anhui				
福 建	Fujian	111.50	113.24	113.99	118.73
江 西	Jiangxi				
山 东	Shandong	115.87	95.23	120.39	123.79
河 南	Henan				
湖 北	Hubei				
湖 南	Hunan				
广 东	Guangdong	109.61	105.81	108.90	112.67
广 西	Guangxi	98.19	93.08		
海 南	Hainan	113.86	120.59	112.50	117.39
重 庆	Chongqing				
四 川	Sichuan				
贵 州	Guizhou				
云 南	Yunnan				
陕 西	Shaanxi				
甘 肃	Gansu				
青 海	Qinghai				
宁 夏	Ningxia				
新 疆	Xinjiang				

2-20 续表 4 continued 4

地 区	Region	海水捕捞鲜鱼 Marine fishing fish		海水捕捞鲜鱼 Marine fishing fish 大黄鱼 Large yellow croaker	
		2011	2012	2011	2012
全 国	**National**	**111.39**	**114.71**	**106.42**	**110.30**
北 京	Beijing				
天 津	Tianjin				
河 北	Hebei				
山 西	Shanxi				
内 蒙 古	Inner Mongolia				
辽 宁	Liaoning				100.00
吉 林	Jilin				
黑 龙 江	Heilongjiang				
上 海	Shanghai	126.01	111.28		
江 苏	Jiangsu	111.77	128.01	100.00	112.25
浙 江	Zhejiang	131.08	101.84	109.02	85.11
安 徽	Anhui				
福 建	Fujian	110.56	110.40	110.45	130.63
江 西	Jiangxi				
山 东	Shandong	112.16	117.93		
河 南	Henan				
湖 北	Hubei				
湖 南	Hunan				
广 东	Guangdong	121.90	109.61		
广 西	Guangxi	116.09	102.22		
海 南	Hainan	110.92	115.17		
重 庆	Chongqing				
四 川	Sichuan				
贵 州	Guizhou				
云 南	Yunnan				
陕 西	Shaanxi				
甘 肃	Gansu				
青 海	Qinghai				
宁 夏	Ningxia				
新 疆	Xinjiang				

2-20 续表 5 continued 5

地区 Region	海水捕捞鲜鱼 Marine fishing fish			
	小黄鱼 Smau yellow croaker		带鱼 Hairtail	
	2011	2012	2011	2012
全国 National	**114.09**	**129.72**	**113.86**	**110.23**
北京 Beijing				
天津 Tianjin				
河北 Hebei				
山西 Shanxi				
内蒙古 Inner Mongolia				
辽宁 Liaoning	111.33	133.43	105.74	
吉林 Jilin				
黑龙江 Heilongjiang				
上海 Shanghai				
江苏 Jiangsu	112.65	128.73	113.08	130.58
浙江 Zhejiang	121.45	105.45	130.70	104.40
安徽 Anhui				
福建 Fujian	109.29	102.10	108.34	111.75
江西 Jiangxi				
山东 Shandong	97.10	163.62	115.39	
河南 Henan				
湖北 Hubei				
湖南 Hunan				
广东 Guangdong		105.15		109.67
广西 Guangxi			112.33	101.60
海南 Hainan	118.67	114.02	115.27	110.54
重庆 Chongqing				
四川 Sichuan				
贵州 Guizhou				
云南 Yunnan				
陕西 Shaanxi				
甘肃 Gansu				
青海 Qinghai				
宁夏 Ningxia				
新疆 Xinjiang				

2-20 续表 6 continued 6

地 区	Region	海水捕捞虾 Marine fishing shrimp		海水捕捞虾 Marine fishing shrimp			
				龙虾 Lobster		中国对虾 Chinese prawn	
		2011	2012	2011	2012	2011	2012
全 国	**National**	**110.64**	**106.15**	**100.14**	**138.89**	**110.24**	**108.71**
北 京	Beijing						
天 津	Tianjin						
河 北	Hebei						
山 西	Shanxi						
内蒙古	Inner Mongolia						
辽 宁	Liaoning						121.43
吉 林	Jilin						
黑龙江	Heilongjiang						
上 海	Shanghai	104.43	113.09				
江 苏	Jiangsu	106.09	99.77	108.53		106.91	
浙 江	Zhejiang	113.42	105.09			116.56	
安 徽	Anhui						
福 建	Fujian	110.16	107.52			110.09	108.81
江 西	Jiangxi						
山 东	Shandong	118.30	118.64	75.00		121.00	
河 南	Henan						
湖 北	Hubei						
湖 南	Hunan						
广 东	Guangdong	100.87	110.74			100.68	104.44
广 西	Guangxi	114.87	120.99			103.61	
海 南	Hainan	111.51	109.60				
重 庆	Chongqing						
四 川	Sichuan						
贵 州	Guizhou						
云 南	Yunnan						
陕 西	Shaanxi						
甘 肃	Gansu						
青 海	Qinghai						
宁 夏	Ningxia						
新 疆	Xinjiang						

2-20 续表 7 continued 7

地 区	Region	海水捕捞蟹 Marine fishing crab		海水捕捞蟹 Marine fishing crab			
				梭子蟹 Swimming crab		青蟹 Green crab	
		2011	2012	2011	2012	2011	2012
全 国	**National**	**113.62**	**106.11**	**111.84**	**105.41**	**106.08**	**101.62**
北 京	Beijing						
天 津	Tianjin						
河 北	Hebei						
山 西	Shanxi						
内蒙古	Inner Mongolia						
辽 宁	Liaoning						
吉 林	Jilin						
黑龙江	Heilongjiang						
上 海	Shanghai	107.37	125.51	104.41	123.80		
江 苏	Jiangsu	110.88	108.82	113.84		108.14	102.86
浙 江	Zhejiang	115.66	109.42	114.30	109.61		
安 徽	Anhui						
福 建	Fujian	110.41	105.24	110.41	105.24	112.43	105.43
江 西	Jiangxi						
山 东	Shandong	116.51	95.20	116.51	95.20	103.88	
河 南	Henan						
湖 北	Hubei						
湖 南	Hunan						
广 东	Guangdong	121.40	102.31				
广 西	Guangxi	104.56	103.27	106.04		104.56	103.27
海 南	Hainan	114.59	114.74	113.74	120.97	114.59	114.72
重 庆	Chongqing						
四 川	Sichuan						
贵 州	Guizhou						
云 南	Yunnan						
陕 西	Shaanxi						
甘 肃	Gansu						
青 海	Qinghai						
宁 夏	Ningxia						
新 疆	Xinjiang						

2-20 续表 8 continued 8

地　区	Region	养殖淡水鱼 Freshwater aquacultural fish		淡水养殖虾 Freshwater aquacultural shrimp	
		2011	2012	2011	2012
全　国	**National**	**108.56**	**106.68**	**112.27**	**108.75**
北　京	Beijing	107.94	112.57		
天　津	Tianjin	104.26	105.32	103.04	86.79
河　北	Hebei	117.51	104.87		
山　西	Shanxi	102.72	96.77		
内蒙古	Inner Mongolia	144.98	106.70		
辽　宁	Liaoning	103.79	104.03		
吉　林	Jilin	115.50	110.45		
黑龙江	Heilongjiang	104.07	100.15		
上　海	Shanghai	104.92	104.20	113.32	102.09
江　苏	Jiangsu	110.84	107.90	112.71	105.54
浙　江	Zhejiang	108.41	107.24	111.58	111.60
安　徽	Anhui	113.54	111.85	113.40	110.74
福　建	Fujian	115.27	102.01	104.57	107.29
江　西	Jiangxi	104.19	112.38	103.81	111.75
山　东	Shandong	107.59	107.36		
河　南	Henan	105.66	111.49		86.08
湖　北	Hubei	107.33	107.70	133.98	95.10
湖　南	Hunan	108.00	104.74		
广　东	Guangdong	104.68	100.33	119.26	102.73
广　西	Guangxi	112.24	94.42		
海　南	Hainan	107.76	99.43		
重　庆	Chongqing	108.55	108.24	100.00	117.67
四　川	Sichuan	106.82	105.32		
贵　州	Guizhou	114.94	108.28		
云　南	Yunnan	107.24	100.72		
陕　西	Shaanxi	98.97	113.68		
甘　肃	Gansu	119.84	108.58		
青　海	Qinghai				
宁　夏	Ningxia	110.22	112.13		
新　疆	Xinjiang		104.07		

2-20 续表 9 continued 9

地 区	Region	淡水养殖蟹 Freshwater aquacultural crab		淡水养殖贝类 Freshwater aquacultural shellfish	
		2011	2012	2011	2012
全 国	**National**	**106.21**	**101.34**	**112.68**	**93.53**
北 京	Beijing				
天 津	Tianjin				
河 北	Hebei				
山 西	Shanxi				
内 蒙 古	Inner Mongolia				
辽 宁	Liaoning	108.46	185.00		
吉 林	Jilin				
黑 龙 江	Heilongjiang				
上 海	Shanghai	111.96	102.33		
江 苏	Jiangsu	109.13	107.78		
浙 江	Zhejiang	107.23	101.65	103.82	119.42
安 徽	Anhui	102.82	104.86	110.30	
福 建	Fujian			100.99	104.45
江 西	Jiangxi	114.74	103.59	111.87	102.45
山 东	Shandong				
河 南	Henan				
湖 北	Hubei	105.48	97.66		
湖 南	Hunan				111.11
广 东	Guangdong	105.41	103.83	112.01	120.43
广 西	Guangxi				
海 南	Hainan				
重 庆	Chongqing	107.66	111.46		
四 川	Sichuan			104.78	96.02
贵 州	Guizhou				
云 南	Yunnan				
陕 西	Shaanxi				
甘 肃	Gansu				
青 海	Qinghai				
宁 夏	Ningxia				
新 疆	Xinjiang				

2-20 续表 10 continued 10

地 区	Region	养殖淡水鱼 Freshwater aquacultural fish		养殖淡水鱼 Freshwater aquacultural fish			
				养殖淡水鲤鱼 Carp		养殖淡水草鱼 Grass carp	
		2011	2012	2011	2012	2011	2012
全 国	**National**	**108.56**	**106.68**	**111.32**	**105.14**	**107.31**	**106.62**
北 京	Beijing	107.94	112.57	117.62	115.23	104.58	111.11
天 津	Tianjin	104.26	105.32	103.71	108.06	101.93	105.37
河 北	Hebei	117.51	104.87	117.99	103.88	119.43	108.70
山 西	Shanxi	102.72	96.77			100.00	113.64
内 蒙 古	Inner Mongolia	144.98	106.70	117.82	108.83	135.64	
辽 宁	Liaoning	103.79	104.03	107.73	108.20	101.56	104.67
吉 林	Jilin	115.50	110.45	124.26	109.35	113.57	103.50
黑 龙 江	Heilongjiang	104.07	100.15	102.71	100.30	106.37	130.30
上 海	Shanghai	104.92	104.20			104.70	104.42
江 苏	Jiangsu	110.84	107.90	111.66		111.27	103.68
浙 江	Zhejiang	108.41	107.24	112.25	116.96	107.40	102.55
安 徽	Anhui	113.54	111.85	109.36	108.30	115.64	109.13
福 建	Fujian	115.27	102.01	113.81	98.58	105.70	104.05
江 西	Jiangxi	104.19	112.38	102.98	115.92	106.59	110.69
山 东	Shandong	107.59	107.36	108.81	104.48	101.45	103.67
河 南	Henan	105.66	111.49	111.26	117.53	101.82	104.51
湖 北	Hubei	107.33	107.70	106.58	100.49	105.68	102.86
湖 南	Hunan	108.00	104.74	107.43	104.42	108.65	105.00
广 东	Guangdong	104.68	100.33	100.00	102.56	107.44	98.04
广 西	Guangxi	112.24	94.42	107.31	93.37	111.63	100.64
海 南	Hainan	107.76	99.43				
重 庆	Chongqing	108.55	108.24	108.22	115.84	108.24	108.95
四 川	Sichuan	106.82	105.32	108.74	103.70	105.44	105.72
贵 州	Guizhou	114.94	108.28	114.60	108.47	115.03	106.87
云 南	Yunnan	107.24	100.72	107.35	95.71	103.10	102.67
陕 西	Shaanxi	98.97	113.68	106.02	96.70	95.80	125.41
甘 肃	Gansu	119.84	108.58	104.78	98.78	115.29	100.65
青 海	Qinghai						
宁 夏	Ningxia	110.22	112.13	110.04	119.43	110.14	105.79
新 疆	Xinjiang		104.07	102.59	103.94	105.67	106.56

2-20 续表 11 continued 11

地区	Region	养殖淡水鱼 Freshwater aquacultural fish					
		养殖淡水罗非鱼 Tilapia		养殖淡水鲢鱼 Silver carp		养殖淡水鲫鱼 Crucian carp	
		2011	2012	2011	2012	2011	2012
全 国	**National**	**111.34**	**96.99**	**108.65**	**107.24**	**108.75**	**108.81**
北 京	Beijing			106.30	130.45		
天 津	Tianjin			103.33	90.45	102.63	112.31
河 北	Hebei			114.29	128.15	100.00	103.26
山 西	Shanxi	110.72	96.15	114.44	98.99		
内蒙古	Inner Mongolia	120.75	101.56	184.55	104.13	164.52	
辽 宁	Liaoning			102.51	97.69	104.52	108.64
吉 林	Jilin			107.13	101.59	105.69	99.25
黑龙江	Heilongjiang			108.34	100.00	110.98	
上 海	Shanghai			105.63	103.19	105.04	106.64
江 苏	Jiangsu			110.01	111.59	110.28	110.06
浙 江	Zhejiang			111.56	107.23	108.16	109.47
安 徽	Anhui			111.76	108.13	115.47	115.61
福 建	Fujian	114.72	92.61	111.05	99.56	106.89	97.31
江 西	Jiangxi			100.41	114.31	102.04	112.58
山 东	Shandong	23.94		107.86	109.04	116.40	119.89
河 南	Henan			101.08	107.36	115.91	116.20
湖 北	Hubei			110.56	109.07	103.58	108.90
湖 南	Hunan			104.41	104.67	116.17	102.90
广 东	Guangdong	100.71	96.80	102.18	105.58	100.26	101.16
广 西	Guangxi	115.70	79.15	113.14	95.23	112.18	
海 南	Hainan	107.82	98.62				
重 庆	Chongqing			109.40	108.53	106.14	107.95
四 川	Sichuan			108.92	106.75	104.19	106.91
贵 州	Guizhou	121.44	95.48	122.80	111.33	107.69	
云 南	Yunnan	103.73	105.67	111.05	92.58	120.76	105.14
陕 西	Shaanxi			72.88	109.44		
甘 肃	Gansu			105.83	123.54	133.94	109.77
青 海	Qinghai						
宁 夏	Ningxia			111.31	97.75		
新 疆	Xinjiang	111.50	104.29	102.77	101.83	93.07	104.56

2-20 续表 12 continued 12

地区	Region	养殖淡水鱼 Freshwater aquacultural fish 养殖淡水鲶鱼 Oriental sheatfish 2011	2012	捕捞淡水鱼 Freshwater fishing fish 2011	2012
全国	**National**	**107.47**	**108.75**	**104.14**	**107.17**
北京	Beijing				
天津	Tianjin				
河北	Hebei				
山西	Shanxi				
内蒙古	Inner Mongolia	150.80		114.94	108.58
辽宁	Liaoning	102.17			
吉林	Jilin		100.00		
黑龙江	Heilongjiang				
上海	Shanghai			110.00	
江苏	Jiangsu	129.28		105.49	107.30
浙江	Zhejiang	113.39	111.11	109.38	
安徽	Anhui	100.42	111.97		
福建	Fujian	105.57	103.56		
江西	Jiangxi	107.53	110.49		
山东	Shandong	75.00			
河南	Henan				
湖北	Hubei	100.00	114.29		
湖南	Hunan		107.25		
广东	Guangdong		102.93	106.03	108.65
广西	Guangxi	110.28			99.78
海南	Hainan				
重庆	Chongqing			110.49	104.06
四川	Sichuan	98.53	99.61		
贵州	Guizhou	105.05	102.96		
云南	Yunnan	109.52	108.76		
陕西	Shaanxi				
甘肃	Gansu				
青海	Qinghai				
宁夏	Ningxia				
新疆	Xinjiang			106.52	

农产品集贸市场价格

Prices of Agricultural Products at the Rural Market Fairs

3-1 全国农产品集贸市场年度价格及走势
Annual RMF Prices of Agricultural Products

品 种	Categories	2000	2005	2009	2010	2011	2012
一、价格	Price						
(元/公斤)	(yuan/ kg)						
籼 稻	Long grained nonglutinous rice	1.01	1.50	1.93	2.13	2.51	2.73
粳 稻	Round- grained rice	1.27	1.78	2.15	2.57	2.99	3.07
小 麦	Wheat	1.02	1.51	1.92	2.07	2.26	2.34
玉 米	Corn	0.88	1.30	1.74	2.05	2.27	2.39
大 豆	Soybeans	2.53	3.59	4.84	5.19	5.59	5.85
籼 米	Polished long-grained nonglutinous rice		2.51	3.18	3.48	4.16	4.58
粳 米	Polished round-grained rice		2.94	3.63	4.24	4.81	5.07
面 粉	Wheat flour		2.36	2.88	3.13	3.45	3.59
二、价格走势	Index						
(上年=100)	(preceding year=100)						
籼 稻	Long grained-nonglutinous rice	82.44	99.48	101.99	109.85	118.03	108.63
粳 稻	Round-grained rice	91.39	103.80	106.46	119.53	116.21	102.76
小 麦	Wheat	82.02	99.55	108.67	107.86	109.12	103.44
玉 米	Corn	81.99	93.30	100.73	117.80	111.24	105.03
大 豆	Soybeans	93.23	92.61	87.87	107.17	107.83	104.59
籼 米	Polished long-grained nonglutinous rice		101.00	102.83	109.33	119.56	110.07
粳 米	Polished round-grained rice		103.46	107.51	116.65	113.53	105.43
面 粉	Wheat flour		100.20	104.99	108.50	110.23	104.18

注：RMF为抽中的农村集贸市场。
NOTE: RMF refers to the selected Rural Market Faires.

3-1 续表 1 continued 1

品 种	Categories	2000	2005	2009	2010	2011	2012
一、价格	Price						
(元/公斤)	(yuan/ kg)						
棉花(籽棉)	Cotton (unginned cotton)	3.33	5.09	5.55	7.66	9.67	7.96
花生仁	Peanut kernel		6.59	7.83	10.02	12.89	14.34
油菜籽	Rapeseeds		2.67	4.08	4.20	4.76	5.10
花生油	Peanut oil	8.49	10.80	14.77	16.62	20.14	22.80
菜籽油	Rape oil	6.73	7.43	11.02	11.73	13.55	14.40
豆 油	Soybean oil	6.37	6.93	8.73	9.46	11.22	11.48
大白菜	Chinese cabbage		1.19	1.63	2.16	1.88	2.19
黄 瓜	Cucumber		2.31	3.36	3.73	3.93	4.66
西红柿	Tomato		2.39	3.57	4.08	4.27	5.15
菜 椒	Green bell		2.88	4.43	4.50	5.15	6.12
四季豆	Kidney Beans		3.10	4.76	5.51	6.30	7.14
红富士苹果	Hongfushi Apple		3.49	5.78	6.72	8.23	8.44
香 蕉	Banana		3.29	4.32	4.73	5.55	5.18
橙 子	Orange		3.27	4.30	5.09	6.82	6.30
二、价格走势	Index						
(上年=100)	(preceding year=100)						
棉花(籽棉)	Cotton (unginned cotton)		91.02	102.95	138.16	126.27	82.28
花生仁	Peanut kernel		97.66	77.84	127.90	128.66	111.24
油菜籽	Rapeseeds		93.57	85.64	102.93	113.52	107.23
花生油	Peanut oil		96.86	80.44	112.50	121.21	113.20
菜籽油	Rape oil		92.90	79.32	106.43	115.49	106.33
豆 油	Soybean oil		89.78	73.63	108.36	118.51	102.38
大白菜	Chinese cabbage		119.40	115.37	132.77	86.85	116.67
黄 瓜	Cucumber		113.82	133.69	110.95	105.31	118.52
西红柿	Tomato		109.75	121.01	114.33	104.53	120.56
菜 椒	Green bell		110.84	120.40	101.77	114.29	118.98
四季豆	Kidney Beans		110.78	125.53	115.57	114.40	113.42
红富士苹果	Hongfushi Apple		100.52	114.43	116.18	122.59	102.53
香 蕉	Banana		94.16	107.27	109.39	117.32	93.26
橙 子	Orange		92.02	97.61	118.30	134.09	92.42

3-1 续表 2 continued 2

品 种	Categories	2000	2005	2009	2010	2011	2012
一、价格	Price						
(元/公斤)	(yuan/ kg)						
草 鱼	Grass carp	7.25	9.43	12.28	12.96	14.19	15.26
鲤 鱼	Carp	7.73	8.67172	10.49	11.03	13.05	13.73
鲢 鱼	Silver carp		7.36	8.91	9.23	10.32	10.79
带 鱼	Hairtail		10.50	13.19	15.33	18.17	20.56
活 猪	Hog	5.51	8.05	11.28	11.49	16.71	15.23
仔 猪	Piglet	7.16	12.35	16.62	15.43	26.83	27.54
猪 肉	Pork	9.68	13.39	18.56	18.93	26.42	24.39
牛 肉	Beef	12.53	17.35	32.05	33.17	36.74	45.60
羊 肉	Mutton	14.55	18.17	33.28	36.26	44.55	53.39
活 鸡	Live chicken		10.46	13.08	13.80	16.20	16.71
鸡 蛋	Eggs	4.98	6.61	7.81	8.61	10.16	9.49
二、价格走势	Index						
(上年=100)	(preceding year=100)						
草 鱼	Grass carp		103.60	105.19	105.54	109.44	107.54
鲤 鱼	Carp		97.44	94.79	105.18	118.36	105.20
鲢 鱼	Silver carp		104.71	96.74	103.61	111.80	104.52
带 鱼	Hairtail		103.67	104.62	116.18	118.52	113.17
活 猪	Hog		95.36	76.34	101.86	145.50	91.12
仔 猪	Piglet		101.68	62.92	92.84	173.85	102.65
猪 肉	Pork		95.85	78.89	101.97	139.61	92.31
牛 肉	Beef		107.06	103.45	103.50	110.75	124.11
羊 肉	Mutton		107.04	102.86	108.94	122.86	119.86
活 鸡	Live chicken		103.65	94.16	105.51	117.42	103.16
鸡 蛋	Eggs		103.26	97.53	110.14	118.02	93.44

3-2 全国农产品集贸市场季度价格及走势
Quarterly RMF Prices of Agricultural Products

(第一季度) (1st quarter)

品种	Categories	2000	2005	2009	2010	2011	2012
一、价格	Price						
(元/公斤)	(yuan/ kg)						
籼稻	Long-grained nonglutinous rice	1.06	1.56	1.90	1.99	2.38	2.69
粳稻	Round-grained rice	1.31	1.76	2.06	2.38	2.89	3.03
小麦	Wheat	1.09	1.57	1.89	2.02	2.22	2.30
玉米	Corn	0.85	1.31	1.59	1.90	2.13	2.29
大豆	Soybeans	2.43	3.72	4.86	5.01	5.53	5.67
籼米	Polished long-grained nonglutinous rice		2.55	3.15	3.29	3.93	4.44
粳米	Polished round-grained rice		2.93	3.45	3.96	4.66	4.96
面粉	Wheat flour		2.40	2.83	3.04	3.35	3.56
棉花	Cotton (unginned cotton)	2.96	4.77	4.98	6.48	10.46	7.88
花生仁	Peanut kernel		6.68	7.62	9.66	11.04	14.00
油菜籽	Rapeseeds		2.85	4.43	4.07	4.55	5.03
花生油	Peanut oil	8.70	11.07	14.83	16.18	18.48	22.28
菜籽油	Rape oil	7.31	7.75	11.41	11.43	13.06	14.13
豆油	Soybean oil	6.80	7.19	8.87	9.21	10.99	11.37
活猪	Hog	5.48	8.77	12.48	11.04	14.12	16.82
仔猪	Piglet	6.60	13.53	18.38	15.38	19.03	29.06
猪肉	Pork	9.48	14.23	20.33	18.56	22.61	26.80
牛肉	Beef	12.32	17.36	32.38	33.31	35.30	42.19
羊肉	Mutton	14.72	18.65	33.20	35.37	42.32	51.65
活鸡	Live chicken		10.83	13.42	13.48	15.37	16.95
鸡蛋	Eggs	4.96	6.71	7.59	8.14	9.83	9.13
草鱼	Grass carp	6.93	9.56	12.07	12.71	13.46	14.71
鲤鱼	Carp	7.31	8.99	10.51	10.61	11.80	13.56
鲢鱼	Silver carp		7.35	9.05	9.05	9.82	10.64
带鱼	Hairtail		10.44	12.97	14.72	17.26	20.20
大白菜	Chinese cabbage		0.89	1.26	2.14	1.67	1.65
黄瓜	Cucumber		3.21	4.62	5.23	4.90	6.91
西红柿	Tomato		2.73	4.21	4.87	5.04	6.05
菜椒	Green bell		3.53	6.40	5.36	6.77	9.12
四季豆	Kidney Beans		3.90	6.37	6.81	8.10	9.79
红富士苹果	Hongfushi Apple		3.29	4.86	5.97	8.27	8.23
香蕉	Banana		3.31	3.96	4.10	5.62	5.95
橙子	Orange		3.22	3.83	4.48	6.10	6.09

3-2 续表 continued

品　种 Categories		2000	2005	2009	2010	2011	2012
二、价格走势	Index						
(上季度=100)	(preceding quarter=100)						
籼　稻	Long-grained nonglutinous rice	98.32	100.88	105.19	104.93	119.68	112.66
粳　稻	Round-grained rice	103.06	100.70	106.96	115.54	121.28	105.12
小　麦	Wheat	96.34	100.20	109.56	107.05	110.09	103.70
玉　米	Corn	89.59	95.28	93.92	119.38	111.89	107.56
大　豆	Soybeans	95.28	97.29	92.15	103.07	110.43	102.60
籼　米	Polished long-grained nonglutinous rice		100.84	105.73	104.50	119.36	112.98
粳　米	Polished round-grained rice		100.30	104.17	114.89	117.77	106.39
面　粉	Wheat flour		99.54	103.38	107.38	110.40	106.13
棉　花	Cotton (unginned cotton)		100.08	78.83	130.23	161.42	75.39
花生仁	Peanut kernel		98.55	74.16	126.82	114.31	126.76
油菜籽	Rapeseeds		98.94	95.13	91.80	111.84	110.59
花生油	Peanut oil		99.51	80.97	109.13	114.17	120.61
菜籽油	Rape oil		99.40	82.85	100.17	114.29	108.20
豆　油	Soybean oil		97.57	69.39	103.81	119.25	103.51
活　猪	Hog		97.50	77.31	88.49	127.88	119.06
仔　猪	Piglet		97.62	65.40	83.65	123.79	152.70
猪　肉	Pork		96.83	79.01	91.30	121.84	118.50
牛　肉	Beef		104.78	108.39	102.85	106.00	119.50
羊　肉	Mutton		108.01	104.27	106.55	119.65	122.04
活　鸡	Live chicken		102.08	95.24	100.51	113.95	110.29
鸡　蛋	Eggs		99.21	95.86	107.29	120.73	92.89
草　鱼	Grass carp		104.30	109.67	105.31	105.92	109.31
鲤　鱼	Carp		103.68	100.45	100.90	111.27	114.87
鲢　鱼	Silver carp		104.35	103.02	99.96	108.55	108.34
带　鱼	Hairtail		101.42	106.95	113.42	117.29	117.02
大白菜	Chinese cabbage		117.38	94.15	170.50	77.76	98.66
黄　瓜	Cucumber		157.18	107.73	113.22	93.70	141.03
西红柿	Tomato		130.75	101.20	115.65	103.32	120.16
菜　椒	Green bell		146.64	111.49	83.73	126.39	134.68
四季豆	Kidney Beans		150.05	106.57	106.89	118.95	120.90
红富士苹果	Hongfushi Apple		101.95	93.74	122.74	138.56	99.49
香　蕉	Banana		103.70	98.43	103.62	136.96	105.91
橙　子	Orange		94.23	90.42	117.00	136.20	99.72

3-3 全国农产品集贸市场季度价格及走势
Quarterly RMF Prices of Agricultural Products

(第二季度) (2nd quarter)

品　种	Categories	2000	2005	2009	2010	2011	2012
一、价格	Price						
(元/公斤)	(yuan/ kg)						
籼　稻	Long-grained nonglutinous rice	1.01	1.53	1.95	2.10	2.49	2.74
粳　稻	Round-grained rice	1.23	1.80	2.16	2.56	2.98	3.05
小　麦	Wheat	1.01	1.54	1.91	2.05	2.26	2.33
玉　米	Corn	0.84	1.32	1.69	2.05	2.26	2.40
大　豆	Soybeans	2.61	3.64	4.79	5.13	5.60	5.80
籼　米	Polished long-grained nonglutinous rice		2.54	3.17	3.43	4.14	4.56
粳　米	Polished round-grained rice		2.93	3.59	4.17	4.76	5.00
面　粉	Wheat flour		2.37	2.87	3.09	3.42	3.56
棉　花	Cotton (unginned cotton)	3.37	4.89	5.42	6.75	10.17	7.87
花生仁	Peanut kernel		6.59	7.45	9.80	12.35	14.67
油菜籽	Rapeseeds		2.73	4.09	4.17	4.68	5.09
花生油	Peanut oil	8.53	10.78	14.48	16.21	19.33	22.59
菜籽油	Rape oil	6.80	7.56	11.02	11.42	13.36	14.23
豆　油	Soybean oil	6.55	6.98	8.63	9.11	11.09	11.53
活　猪	Hog	5.27	8.28	9.80	9.70	15.95	14.45
仔　猪	Piglet	7.08	13.53	15.25	13.81	25.89	28.70
猪　肉	Pork	9.22	13.60	16.69	16.51	25.01	23.38
牛　肉	Beef	12.51	17.18	31.46	32.55	35.45	43.72
羊　肉	Mutton	14.45	17.92	32.75	35.42	42.97	51.93
活　鸡	Live chicken		10.74	12.98	13.13	15.73	16.30
鸡　蛋	Eggs	4.82	6.53	7.68	7.89	9.79	8.56
草　鱼	Grass carp	7.35	9.57	12.45	12.82	13.90	15.71
鲤　鱼	Carp	8.06	8.75	10.70	10.72	12.95	14.54
鲢　鱼	Silver carp		7.44	8.93	9.12	10.09	10.94
带　鱼	Hairtail		10.44	13.15	14.95	17.73	20.59
大白菜	Chinese cabbage		1.27	1.86	2.29	1.82	2.65
黄　瓜	Cucumber		1.95	2.81	3.20	3.23	3.77
西红柿	Tomato		2.30	3.43	3.90	4.18	5.22
菜　椒	Green bell		2.98	4.31	4.89	4.84	6.42
四季豆	Kidney Beans		3.02	4.55	5.52	5.81	6.71
红富士苹果	Hongfushi Apple		3.31	6.06	6.59	8.60	8.48
香　蕉	Banana		3.14	4.85	5.13	6.15	5.29
橙　子	Orange		3.24	4.34	5.03	6.78	5.91

3-3 续表 continued

品 种	Categories	2000	2005	2009	2010	2011	2012
二、价格走势	Index						
(上季度=100)	(preceding quarter=100)						
籼 稻	Long-grained nonglutinous rice	95.27	98.51	103.54	107.93	118.61	109.75
粳 稻	Round-grained rice	93.88	102.15	108.59	118.25	116.56	102.32
小 麦	Wheat	93.25	97.96	110.36	107.45	109.97	103.18
玉 米	Corn	99.61	100.48	95.44	121.38	110.48	106.10
大 豆	Soybeans	107.69	97.82	80.19	107.09	109.13	103.66
籼 米	Polished long-grained nonglutinous rice		99.52	102.44	108.00	120.77	110.34
粳 米	Polished round-grained rice		100.13	107.10	116.22	114.00	105.09
面 粉	Wheat flour		98.93	104.67	107.59	110.79	104.03
棉 花	Cotton (unginned cotton)	113.84	102.46	85.59	124.52	150.54	77.36
花生仁	Peanut kernel		98.71	69.49	131.59	125.98	118.79
油菜籽	Rapeseeds		95.72	82.07	101.92	112.17	108.88
花生油	Peanut oil	98.05	97.35	74.67	111.93	119.29	116.86
菜籽油	Rape oil	92.98	97.53	73.37	103.67	117.01	106.50
豆 油	Soybean oil	96.42	97.08	66.00	105.61	121.76	103.93
活 猪	Hog	96.17	94.39	62.17	99.01	164.44	90.58
仔 猪	Piglet	107.33	100.05	49.04	90.56	187.46	110.86
猪 肉	Pork	97.33	95.56	67.06	98.88	151.51	93.51
牛 肉	Beef	101.54	98.94	101.78	103.44	108.92	123.33
羊 肉	Mutton	98.14	96.08	101.21	108.15	121.32	120.86
活 鸡	Live chicken		99.23	92.22	101.17	119.82	103.62
鸡 蛋	Eggs	97.11	97.37	96.99	102.81	124.03	87.50
草 鱼	Grass carp	106.06	100.16	97.78	103.01	108.36	113.06
鲤 鱼	Carp	110.21	97.42	89.54	100.17	120.79	112.29
鲢 鱼	Silver carp		101.32	91.98	102.15	110.53	108.46
带 鱼	Hairtail		100.00	104.20	113.73	118.58	116.11
大白菜	Chinese cabbage		143.56	121.33	123.06	79.19	145.84
黄 瓜	Cucumber		60.78	114.87	113.65	100.96	116.70
西红柿	Tomato		84.34	105.74	113.56	107.26	124.85
菜 椒	Green bell		84.61	110.53	113.45	98.91	132.67
四季豆	Kidney Beans		77.37	108.66	121.31	105.40	115.39
红富士苹果	Hongfushi Apple		100.64	109.21	108.81	130.40	98.64
香 蕉	Banana		94.76	116.51	105.89	119.85	85.96
橙 子	Orange		100.89	96.60	115.79	134.81	87.15

3-4 全国农产品集贸市场季度价格及走势
Quarterly RMF Prices of Agricultural Products

(第三季度) (3rd quarter)

品 种	Categories	2000	2005	2009	2010	2011	2012
一、价格	Price						
(元/公斤)	(yuan/ kg)						
籼 稻	Long-grained nonglutinous rice	0.96	1.47	1.95	2.14	2.55	2.73
粳 稻	Round-grained rice	1.28	1.79	2.20	2.62	3.05	3.10
小 麦	Wheat	0.96	1.47	1.92	2.08	2.27	2.32
玉 米	Corn	0.89	1.31	1.84	2.12	2.38	2.49
大 豆	Soybeans	2.60	3.54	4.84	5.20	5.62	5.89
籼 米	Polished long-grained nonglutinous rice		2.47	3.19	3.51	4.25	4.64
粳 米	Polished round-grained rice		2.93	3.72	4.31	4.89	5.11
面 粉	Wheat flour		2.34	2.89	3.12	3.49	3.58
棉 花	Cotton (unginned cotton)	3.43	5.17	5.59	7.13	9.67	7.94
花生仁	Peanut kernel		6.57	7.64	9.95	14.32	14.60
油菜籽	Rapeseeds		2.52	3.86	4.18	4.85	5.11
花生油	Peanut oil	8.46	10.71	14.47	16.48	20.97	23.13
菜籽油	Rape oil	6.43	7.24	10.80	11.56	13.73	14.54
豆 油	Soybean oil	6.18	6.85	8.63	9.17	11.39	11.54
活 猪	Hog	5.51	7.92	11.15	11.89	19.03	14.42
仔 猪	Piglet	7.43	12.48	16.40	15.81	32.99	27.16
猪 肉	Pork	9.76	13.28	18.20	19.27	29.85	23.18
牛 肉	Beef	12.59	17.27	31.84	32.83	37.35	46.22
羊 肉	Mutton	14.52	17.83	33.24	36.06	44.89	53.65
活 鸡	Live chicken		10.61	12.96	13.84	16.87	16.48
鸡 蛋	Eggs	5.06	6.78	7.98	8.86	10.70	10.00
草 鱼	Grass carp	7.43	9.40	12.44	13.06	14.92	15.63
鲤 鱼	Carp	7.97	8.60	10.52	11.25	14.22	13.81
鲢 鱼	Silver carp		7.40	8.89	9.24	10.84	10.85
带 鱼	Hairtail		10.62	13.27	15.60	18.63	20.72
大白菜	Chinese cabbage		1.47	1.85	2.24	2.40	2.70
黄 瓜	Cucumber		1.61	2.31	2.71	3.06	3.45
西红柿	Tomato		1.92	2.85	3.09	3.62	4.45
菜 椒	Green bell		2.08	2.94	3.44	3.82	4.22
四季豆	Kidney Beans		2.41	3.42	4.30	4.99	5.32
红富士苹果	Hongfushi Apple		3.78	6.68	7.16	8.29	8.85
香 蕉	Banana		3.26	4.65	4.99	4.66	4.77
橙 子	Orange		3.30	4.65	5.20	7.34	6.40

3-4 续表 continued

品 种 Categories		2000	2005	2009	2010	2011	2012
二、价格走势	Index						
(上季度=100)	(preceding quarter=100)						
籼 稻	Long-grained nonglutinous rice	95.36	95.67	100.89	109.70	119.18	107.35
粳 稻	Round-grained rice	104.08	99.07	105.88	118.79	116.51	101.76
小 麦	Wheat	95.07	95.57	108.24	108.12	109.42	102.29
玉 米	Corn	105.53	99.65	101.83	115.57	112.40	104.25
大 豆	Soybeans	99.49	97.34	79.48	107.44	108.08	104.86
籼 米	Polished long-grained nonglutinous rice		97.41	100.73	109.84	121.13	109.27
粳 米	Polished round-grained rice		99.91	107.73	115.85	113.35	104.67
面 粉	Wheat flour		98.52	104.77	108.05	111.76	102.44
棉 花	Cotton (unginned cotton)	101.69	105.76	88.84	127.40	135.62	82.15
花生仁	Peanut kernel		99.64	71.52	130.30	143.84	101.96
油菜籽	Rapeseeds		92.44	75.78	108.38	116.13	105.19
花生油	Peanut oil	99.26	99.42	76.74	113.83	127.28	110.32
菜籽油	Rape oil	94.61	95.71	74.80	107.07	118.79	105.89
豆 油	Soybean oil	94.25	98.06	71.98	106.33	124.16	101.33
活 猪	Hog	104.55	95.68	77.45	106.60	160.07	75.79
仔 猪	Piglet	104.94	92.23	60.27	96.42	208.58	82.33
猪 肉	Pork	105.82	97.65	78.57	105.90	154.87	77.65
牛 肉	Beef	100.61	100.55	101.77	103.10	113.76	123.77
羊 肉	Mutton	100.53	99.49	102.32	108.47	124.50	119.52
活 鸡	Live chicken		98.77	93.97	106.81	121.85	97.71
鸡 蛋	Eggs	104.91	103.82	96.02	111.09	120.71	93.47
草 鱼	Grass carp	101.04	98.20	95.14	104.95	114.26	104.75
鲤 鱼	Carp	98.88	98.26	87.25	107.01	126.35	97.16
鲢 鱼	Silver carp		99.44	89.79	103.83	117.38	100.06
带 鱼	Hairtail		101.75	103.05	117.57	119.44	111.18
大白菜	Chinese cabbage		115.32	107.09	120.88	107.15	112.46
黄 瓜	Cucumber		82.71	117.88	117.29	112.60	112.77
西红柿	Tomato		83.45	133.71	108.13	117.32	123.01
菜 椒	Green bell		69.57	124.12	117.00	111.00	110.50
四季豆	Kidney Beans		79.90	112.82	125.98	116.02	106.50
红富士苹果	Hongfushi Apple		114.02	119.35	107.13	115.81	106.73
香 蕉	Banana		103.78	119.98	107.35	93.23	102.38
橙 子	Orange		101.59	103.61	111.82	141.15	87.20

3-5 全国农产品集贸市场季度价格及走势
Quarterly RMF Prices of Agricultural Products

(第四季度) (4th quarter)

品种	Categories	2000	2005	2009	2010	2011	2012
一、价格	Price						
(元/公斤)	(yuan/ kg)						
籼稻	Long-grained nonglutinous rice	1.00	1.46	1.95	2.27	2.61	2.74
粳稻	Round-grained rice	1.28	1.77	2.18	2.74	3.04	3.10
小麦	Wheat	1.03	1.46	1.98	2.15	2.30	2.41
玉米	Corn	0.93	1.27	1.83	2.11	2.32	2.38
大豆	Soybeans	2.46	3.47	4.88	5.42	5.63	6.04
籼米	Polished long-grained nonglutinous rice		2.47	3.22	3.70	4.33	4.67
粳米	Polished round-grained rice		2.96	3.77	4.51	4.94	5.21
面粉	Wheat flour		2.33	2.95	3.27	3.53	3.68
棉花	Cotton (unginned cotton)	3.56	5.54	6.19	10.28	8.40	8.14
花生仁	Peanut kernel		6.53	8.63	10.66	13.86	14.10
油菜籽	Rapeseeds		2.59	3.96	4.40	4.95	5.19
花生油	Peanut oil	8.26	10.63	15.30	17.60	21.79	23.19
菜籽油	Rape oil	6.36	7.16	10.86	12.51	14.03	14.71
豆油	Soybean oil	5.94	6.67	8.81	10.36	11.40	11.49
活猪	Hog	5.77	7.22	11.68	13.32	17.75	15.23
仔猪	Piglet	7.52	9.85	16.46	16.73	29.41	25.23
猪肉	Pork	10.24	12.44	19.02	21.36	28.22	24.20
牛肉	Beef	12.71	17.60	32.53	34.02	38.87	50.27
羊肉	Mutton	14.53	18.29	33.94	38.19	48.01	56.34
活鸡	Live chicken		9.66	12.95	14.73	16.83	17.12
鸡蛋	Eggs	5.09	6.41	8.01	9.53	10.31	10.27
草鱼	Grass carp	7.28	9.19	12.17	13.27	14.47	14.98
鲤鱼	Carp	7.57	8.35	10.21	11.54	13.24	13.02
鲢鱼	Silver carp		7.24	8.75	9.51	10.53	10.72
带鱼	Hairtail		10.49	13.38	16.05	19.04	20.74
大白菜	Chinese cabbage		1.14	1.53	1.96	1.62	1.76
黄瓜	Cucumber		2.46	3.71	3.78	4.53	4.50
西红柿	Tomato		2.62	3.79	4.48	4.25	4.87
菜椒	Green bell		2.95	4.05	4.32	5.15	4.73
四季豆	Kidney Beans		3.09	4.73	5.40	6.29	6.76
红富士苹果	Hongfushi Apple		3.59	5.52	7.14	7.77	8.20
香蕉	Banana		3.45	3.84	4.69	5.77	4.69
橙子	Orange		3.32	4.37	5.64	7.06	6.82

3-5 续表 continued

品 种 Categories		2000	2005	2009	2010	2011	2012
二、价格走势	Index						
(上季度=100)	(preceding quarter=100)						
籼 稻	Long-grained nonglutinous rice	103.86	99.43	102.36	116.71	114.99	105.12
粳 稻	Round-grained rice	99.97	99.37	106.94	125.31	111.18	101.94
小 麦	Wheat	106.46	99.55	109.55	108.77	107.10	104.57
玉 米	Corn	104.39	96.79	108.38	115.36	110.21	102.48
大 豆	Soybeans	94.64	97.94	91.83	111.07	103.97	107.20
籼 米	Polished long-grained nonglutinous rice		99.96	102.59	114.87	117.13	107.93
粳 米	Polished round-grained rice		100.99	110.96	119.45	109.53	105.61
面 粉	Wheat flour		99.80	107.13	110.90	108.08	104.18
棉 花	Cotton (unginned cotton)	103.80	107.06	116.19	166.25	81.69	96.94
花生仁	Peanut kernel		99.33	92.76	123.54	129.99	101.73
油菜籽	Rapeseeds		102.63	86.77	111.11	112.42	104.88
花生油	Peanut oil	97.61	99.23	90.63	115.04	123.77	106.44
菜籽油	Rape oil	98.89	98.90	87.89	115.19	112.13	104.85
豆 油	Soybean oil	96.25	97.44	91.71	117.63	110.00	100.82
活 猪	Hog	104.77	91.14	92.68	114.03	133.30	85.79
仔 猪	Piglet	101.17	78.92	85.46	101.64	175.81	85.81
猪 肉	Pork	104.94	93.69	93.60	112.35	132.07	85.76
牛 肉	Beef	100.93	101.87	102.08	104.59	114.26	129.33
羊 肉	Mutton	100.05	102.58	103.66	112.52	125.72	117.35
活 鸡	Live chicken		91.06	95.61	113.73	114.30	101.70
鸡 蛋	Eggs	100.69	94.47	100.82	118.93	108.24	99.55
草 鱼	Grass carp	97.99	97.76	100.47	108.96	109.11	103.49
鲤 鱼	Carp	94.99	97.06	94.59	112.96	114.81	98.29
鲢 鱼	Silver carp		97.83	95.46	108.66	110.70	101.78
带 鱼	Hairtail		98.78	104.66	119.89	118.68	108.89
大白菜	Chinese cabbage		77.73	117.70	127.97	82.57	108.68
黄 瓜	Cucumber		152.90	120.30	102.10	119.79	99.35
西红柿	Tomato		136.54	126.70	118.22	94.66	114.74
菜 椒	Green bell		142.03	115.88	106.74	119.32	91.77
四季豆	Kidney Beans		128.41	113.45	114.22	116.59	107.45
红富士苹果	Hongfushi Apple		95.15	111.21	129.44	108.81	105.57
香 蕉	Banana		105.99	95.48	122.24	123.01	81.36
橙 子	Orange		100.88	104.49	128.80	125.27	96.60

3-6 全国农产品集贸市场月度价格及走势
Monthly RMF Prices of Agricultural Products

(1月份) (Jan.)

品 种	Categories	2000	2005	2009	2010	2011	2012
一、价格	Price						
(元/公斤)	(yuan/ kg)						
籼 稻	Long-grained nonglutinous rice	1.10	1.55	1.88	1.98	2.34	2.66
粳 稻	Round-grained rice	1.32	1.75	2.02	2.28	2.83	3.05
小 麦	Wheat	1.12	1.56	1.85	2.01	2.21	2.32
玉 米	Corn	0.85	1.31	1.58	1.88	2.10	2.28
大 豆	Soybeans	2.37	3.74	4.91	5.00	5.51	5.66
籼 米	Polished long-grained nonglutinous rice		2.53	3.14	3.27	3.86	4.39
粳 米	Polished round-grained rice		2.89	3.41	3.90	4.62	4.98
面 粉	Wheat flour		2.39	2.78	3.01	3.33	3.56
棉 花	Cotton (unginned cotton)	2.89	4.66	4.84	6.40	10.20	7.97
花生仁	Peanut kernel		6.69	7.81	9.55	10.95	13.72
油菜籽	Rapeseeds		2.85	4.38	4.05	4.48	5.02
花生油	Peanut oil	8.70	11.04	15.22	16.12	18.36	22.26
菜籽油	Rape oil	7.34	7.74	11.55	11.40	12.91	14.14
豆 油	Soybean oil	6.80	7.20	9.14	9.23	10.90	11.40
活 猪	Hog	5.51	8.80	13.33	11.93	13.73	17.76
仔 猪	Piglet	6.37	13.29	18.49	16.18	16.85	27.93
猪 肉	Pork	9.30	14.33	21.32	19.49	22.06	28.12
牛 肉	Beef	11.37	16.95	32.89	33.21	35.18	42.20
羊 肉	Mutton	14.20	18.40	33.64	34.85	41.96	51.79
活 鸡	Live chicken		10.51	13.72	13.38	15.33	17.42
鸡 蛋	Eggs	4.57	6.78	7.74	8.17	10.11	9.85
草 鱼	Grass carp	6.96	9.31	12.03	12.35	13.47	14.75
鲤 鱼	Carp	7.23	8.80	10.70	10.30	11.73	13.44
鲢 鱼	Silver carp		7.12	9.11	8.85	9.80	10.81
带 鱼	Hairtail		10.24	12.99	14.20	17.00	20.39
大白菜	Chinese cabbage		0.72	1.17	1.86	1.76	1.44
黄 瓜	Cucumber		2.65	4.73	4.63	4.95	8.17
西红柿	Tomato		2.49	4.33	4.62	5.02	5.82
菜 椒	Green bell		3.11	7.04	5.10	5.69	9.84
四季豆	Kidney Beans		3.42	6.51	6.00	7.24	9.95
红富士苹果	Hongfushi Apple		3.24	4.85	5.72	8.06	8.27
香 蕉	Banana		3.24	4.02	3.79	5.20	6.06
橙 子	Orange		3.14	3.83	4.18	5.80	6.32

3-6 续表 continued

品 种	Categories	2000	2005	2009	2010	2011	2012
二、价格走势	Index						
(上月=100)	(preceding month=100)						
籼 稻	Long-grained nonglutinous rice	103.62	101.06	104.75	105.45	118.26	113.50
粳 稻	Round-grained rice	104.26	100.66	105.50	112.80	124.15	107.89
小 麦	Wheat	101.34	100.23	107.07	108.88	109.72	105.36
玉 米	Corn	91.12	98.17	92.44	118.98	111.92	108.17
大 豆	Soybeans	92.43	99.31	98.66	101.92	110.01	102.78
籼 米	Polished long-grained nonglutinous rice		100.91	106.14	103.99	118.07	113.80
粳 米	Polished round-grained rice		100.26	103.11	114.40	118.51	107.74
面 粉	Wheat flour		99.33	101.68	108.46	110.39	106.99
棉 花	Cotton (unginned cotton)		99.92	76.99	132.09	159.43	78.15
花 生 仁	Peanut kernel		99.48	77.54	122.34	114.64	125.26
油 菜 籽	Rapeseeds		99.13	102.01	92.37	110.72	111.94
花 生 油	Peanut oil		99.50	86.48	105.94	113.88	121.21
菜 籽 油	Rape oil		100.27	90.30	98.67	113.26	109.55
豆 油	Soybean oil		98.56	78.32	101.05	118.05	104.56
活 猪	Hog		99.62	84.01	89.51	115.01	129.43
仔 猪	Piglet		98.56	71.30	87.49	104.20	165.74
猪 肉	Pork		99.57	84.09	91.41	113.21	127.47
牛 肉	Beef		102.48	114.84	100.98	105.92	119.95
羊 肉	Mutton		104.99	109.50	103.60	120.40	123.42
活 鸡	Live chicken		100.32	97.69	97.48	114.60	113.65
鸡 蛋	Eggs		100.58	96.70	105.59	123.73	97.47
草 鱼	Grass carp		102.71	113.58	102.66	109.07	109.49
鲤 鱼	Carp		101.86	106.50	96.24	113.97	114.56
鲢 鱼	Silver carp		102.25	107.02	97.14	110.70	110.29
带 鱼	Hairtail		100.41	109.99	109.35	119.66	119.95
大 白 菜	Chinese cabbage		111.15	95.12	158.02	94.86	81.81
黄 瓜	Cucumber		111.99	121.88	97.71	107.05	164.91
西 红 柿	Tomato		115.70	112.78	106.85	108.60	115.81
菜 椒	Green bell		116.45	145.90	72.42	111.57	172.93
四 季 豆	Kidney Beans		112.92	133.32	92.14	120.67	137.35
红富士苹果	Hongfushi Apple		102.15	96.14	118.14	140.85	102.54
香 蕉	Banana		101.28	104.17	94.37	137.02	116.65
橙 子	Orange		96.10	94.38	109.13	138.90	108.91

3-7 全国农产品集贸市场月度价格及走势
Monthly RMF Prices of Agricultural Products

(2月份) (Feb.)

品 种	Categories	2000	2005	2009	2010	2011	2012
一、价格	Price						
(元/公斤)	(yuan/ kg)						
籼 稻	Long-grained nonglutinous rice	1.08	1.55	1.90	1.98	2.37	2.69
粳 稻	Round-grained rice	1.31	1.76	2.06	2.40	2.89	3.02
小 麦	Wheat	1.09	1.57	1.90	2.01	2.23	2.29
玉 米	Corn	0.85	1.31	1.58	1.90	2.12	2.28
大 豆	Soybeans	2.44	3.71	4.84	5.00	5.53	5.68
籼 米	Polished long-grained nonglutinous rice		2.55	3.15	3.29	3.91	4.44
粳 米	Polished round-grained rice		2.93	3.43	3.96	4.65	4.95
面 粉	Wheat flour		2.41	2.83	3.04	3.35	3.56
棉 花	Cotton (unginned cotton)	2.99	4.75	4.95	6.52	10.46	7.85
花生仁	Peanut kernel		6.71	7.66	9.72	11.05	13.96
油菜籽	Rapeseeds		2.84	4.52	4.12	4.55	5.04
花生油	Peanut oil	8.64	11.11	14.77	16.24	18.35	22.19
菜籽油	Rape oil	7.32	7.79	11.46	11.53	13.09	14.13
豆 油	Soybean oil	6.79	7.22	8.87	9.26	11.02	11.34
活 猪	Hog	5.46	8.80	12.46	11.22	14.14	16.83
仔 猪	Piglet	6.43	13.39	18.52	15.49	18.76	29.37
猪 肉	Pork	9.66	14.33	20.39	18.87	22.73	26.76
牛 肉	Beef	12.84	17.76	32.34	33.90	35.53	42.18
羊 肉	Mutton	15.08	19.16	33.18	35.85	42.66	51.77
活 鸡	Live chicken		11.03	13.25	13.67	15.39	16.76
鸡 蛋	Eggs	5.32	6.86	7.50	8.28	9.97	8.85
草 鱼	Grass carp	6.92	9.78	12.02	13.04	13.49	14.47
鲤 鱼	Carp	7.29	9.23	10.34	10.97	11.88	13.35
鲢 鱼	Silver carp		7.46	9.05	9.28	9.88	10.46
带 鱼	Hairtail		10.77	12.93	15.08	17.39	20.11
大白菜	Chinese cabbage		0.98	1.16	2.21	1.71	1.50
黄 瓜	Cucumber		3.71	4.61	6.05	5.07	6.35
西红柿	Tomato		2.99	4.14	5.24	5.10	5.92
菜 椒	Green bell		3.81	6.17	5.68	6.65	7.95
四季豆	Kidney Beans		4.14	6.28	7.13	8.25	9.30
红富士苹果	Hongfushi Apple		3.34	4.85	6.07	8.35	8.19
香 蕉	Banana		3.40	3.91	4.21	5.70	5.93
橙 子	Orange		3.26	3.82	4.57	6.25	6.02

3-7 续表 continued

品 种 Categories		2000	2005	2009	2010	2011	2012
二、价格走势	Index						
(上月=100)	(preceding month=100)						
籼 稻	Long-grained nonglutinous rice	98.18	99.97	105.62	104.30	119.75	113.37
粳 稻	Round-grained rice	99.24	100.79	107.22	116.61	120.29	104.55
小 麦	Wheat	97.32	100.79	110.60	106.29	110.55	102.94
玉 米	Corn	100.00	100.22	93.66	120.35	111.60	107.31
大 豆	Soybeans	102.95	99.15	94.71	103.25	110.68	102.60
籼 米	Polished long-grained nonglutinous rice		100.75	105.77	104.33	119.03	113.46
粳 米	Polished round-grained rice		101.19	103.71	115.46	117.44	106.40
面 粉	Wheat flour		100.81	103.50	107.47	110.20	106.13
棉 花	Cotton (unginned cotton)	103.42	101.97	77.75	131.86	160.47	75.06
花生仁	Peanut kernel		100.28	74.85	126.82	113.74	126.30
油菜籽	Rapeseeds		99.84	97.13	91.11	110.52	110.72
花生油	Peanut oil	99.31	100.63	82.33	109.91	113.04	120.91
菜籽油	Rape oil	99.73	100.65	86.95	100.58	113.54	107.92
豆 油	Soybean oil	99.85	100.37	73.07	104.45	119.00	102.85
活 猪	Hog	99.09	99.94	77.27	90.06	126.02	119.07
仔 猪	Piglet	100.94	100.73	68.64	83.67	121.12	156.51
猪 肉	Pork	103.87	99.97	78.59	92.57	120.43	117.75
牛 肉	Beef	112.93	104.76	106.41	104.81	104.80	118.73
羊 肉	Mutton	106.20	104.15	102.60	108.05	119.00	121.35
活 鸡	Live chicken		104.96	93.65	103.17	112.58	108.86
鸡 蛋	Eggs	116.41	101.22	93.64	110.46	120.33	88.78
草 鱼	Grass carp	99.43	105.05	107.39	108.46	103.48	107.26
鲤 鱼	Carp	100.83	104.85	97.00	106.12	108.33	112.38
鲢 鱼	Silver carp		104.85	101.36	102.55	106.55	105.88
带 鱼	Hairtail		105.09	105.82	116.56	115.33	115.66
大白菜	Chinese cabbage		137.31	79.73	189.76	77.33	87.66
黄 瓜	Cucumber		140.21	97.39	131.26	83.76	125.37
西红柿	Tomato		120.18	92.72	126.75	97.28	116.03
菜 椒	Green bell		122.46	97.51	92.06	117.18	119.57
四季豆	Kidney Beans		120.84	98.70	113.50	115.76	112.69
红富士苹果	Hongfushi Apple		103.08	92.03	125.12	137.48	98.03
香 蕉	Banana		105.03	94.53	107.59	135.35	104.01
橙 子	Orange		103.86	88.94	119.65	136.80	96.30

3-8 全国农产品集贸市场月度价格及走势
Monthly RMF Prices of Agricultural Products

(3月份) (Mar.)

品 种	Categories	2000	2005	2009	2010	2011	2012
一、价格	Price						
(元/公斤)	(yuan/ kg)						
籼 稻	Long-grained nonglutinous rice	0.99	1.56	1.92	2.02	2.44	2.71
粳 稻	Round-grained rice	1.29	1.78	2.10	2.46	2.94	3.03
小 麦	Wheat	1.05	1.57	1.92	2.03	2.23	2.30
玉 米	Corn	0.84	1.32	1.62	1.93	2.17	2.32
大 豆	Soybeans	2.47	3.71	4.83	5.02	5.55	5.69
籼 米	Polished long-grained nonglutinous rice		2.57	3.17	3.33	4.03	4.50
粳 米	Polished round-grained rice		2.95	3.50	4.01	4.71	4.95
面 粉	Wheat flour		2.39	2.87	3.05	3.38	3.56
棉 花	Cotton (unginned cotton)	3.00	4.91	5.14	6.52	10.71	7.83
花生仁	Peanut kernel		6.65	7.38	9.71	11.12	14.31
油菜籽	Rapeseeds		2.86	4.39	4.04	4.62	5.04
花生油	Peanut oil	8.75	11.06	14.49	16.19	18.71	22.40
菜籽油	Rape oil	7.28	7.74	11.22	11.36	13.19	14.13
豆 油	Soybean oil	6.80	7.17	8.62	9.14	11.04	11.38
活 猪	Hog	5.47	8.71	11.66	9.98	14.51	15.85
仔 猪	Piglet	6.99	13.90	18.14	14.46	21.48	29.89
猪 肉	Pork	9.47	14.03	19.29	17.32	23.06	25.51
牛 肉	Beef	12.76	17.37	31.91	32.80	35.20	42.17
羊 肉	Mutton	14.88	18.39	32.78	35.42	42.35	51.40
活 鸡	Live chicken		10.95	13.28	13.40	15.37	16.66
鸡 蛋	Eggs	5.00	6.49	7.53	7.97	9.41	8.69
草 鱼	Grass carp	6.92	9.58	12.15	12.74	13.42	14.92
鲤 鱼	Carp	7.42	8.93	10.50	10.56	11.79	13.88
鲢 鱼	Silver carp		7.46	9.00	9.02	9.79	10.66
带 鱼	Hairtail		10.31	13.00	14.87	17.40	20.10
大白菜	Chinese cabbage		0.95	1.43	2.37	1.53	2.00
黄 瓜	Cucumber		3.26	4.51	5.01	4.68	6.21
西红柿	Tomato		2.71	4.18	4.76	4.99	6.42
菜 椒	Green bell		3.66	5.99	5.30	7.97	9.57
四季豆	Kidney Beans		4.13	6.31	7.29	8.80	10.12
红富士苹果	Hongfushi Apple		3.29	4.89	6.11	8.40	8.24
香 蕉	Banana		3.29	3.95	4.31	5.97	5.87
橙 子	Orange		3.25	3.84	4.70	6.26	5.92

3-8 续表 continued

品 种	Categories	2000	2005	2009	2010	2011	2012
二、价格走势	Index						
(上月=100)	(preceding month=100)						
籼 稻	Long-grained nonglutinous rice	91.67	100.56	105.18	105.03	121.00	111.15
粳 稻	Round-grained rice	98.47	100.86	108.13	117.13	119.58	103.00
小 麦	Wheat	96.33	99.83	111.02	106.04	110.01	102.82
玉 米	Corn	98.82	100.35	95.67	118.82	112.17	107.21
大 豆	Soybeans	101.23	100.12	84.22	104.05	110.59	102.40
籼 米	Polished long-grained nonglutinous rice		100.70	105.29	105.18	120.97	111.74
粳 米	Polished round-grained rice		100.88	105.67	114.80	117.37	105.07
面 粉	Wheat flour		99.41	104.96	106.25	110.61	105.28
棉 花	Cotton (unginned cotton)	100.40	103.35	81.77	126.90	164.33	73.08
花 生 仁	Peanut kernel		99.15	70.25	131.55	114.54	128.69
油 菜 籽	Rapeseeds		100.48	87.38	91.95	114.30	109.15
花 生 油	Peanut oil	101.27	99.58	74.72	111.68	115.59	119.73
菜 籽 油	Rape oil	99.45	99.35	73.12	101.28	116.10	107.14
豆 油	Soybean oil	100.15	99.19	59.17	106.09	120.73	103.14
活 猪	Hog	100.18	98.98	70.89	85.64	145.34	109.23
仔 猪	Piglet	108.71	103.83	57.74	79.71	148.57	139.13
猪 肉	Pork	98.03	97.93	74.44	89.83	133.08	110.64
牛 肉	Beef	99.38	97.82	104.33	102.80	107.31	119.81
羊 肉	Mutton	98.67	96.00	100.99	108.06	119.56	121.38
活 鸡	Live chicken		99.26	94.41	100.98	114.69	108.38
鸡 蛋	Eggs	93.98	94.63	97.30	105.89	118.08	92.31
草 鱼	Grass carp	100.00	97.92	108.25	104.82	105.37	111.18
鲤 鱼	Carp	101.78	96.81	98.21	100.51	111.69	117.70
鲢 鱼	Silver carp		99.98	100.86	100.20	108.48	108.88
带 鱼	Hairtail		95.78	105.16	114.36	117.02	115.52
大 白 菜	Chinese cabbage		96.90	109.28	165.10	64.76	130.25
黄 瓜	Cucumber		87.89	106.31	111.07	93.38	132.71
西 红 柿	Tomato		90.38	99.60	113.77	104.85	128.76
菜 椒	Green bell		96.12	98.69	88.47	150.53	120.00
四 季 豆	Kidney Beans		99.89	94.50	115.53	120.64	115.07
红富士苹果	Hongfushi Apple		98.59	93.16	124.93	137.49	98.00
香 蕉	Banana		96.68	96.96	109.11	138.49	98.36
橙 子	Orange		99.77	88.20	122.21	133.21	94.61

3-9 全国农产品集贸市场月度价格及走势
Monthly RMF Prices of Agricultural Products

(4月份) (Apr.)

品 种	Categories	2000	2005	2009	2010	2011	2012
一、价格	Price						
(元/公斤)	(yuan/ kg)						
籼 稻	Long-grained nonglutinous rice	1.02	1.56	1.93	2.07	2.46	2.73
粳 稻	Round-grained rice	1.22	1.81	2.14	2.50	2.97	3.04
小 麦	Wheat	1.04	1.58	1.91	2.05	2.26	2.35
玉 米	Corn	0.82	1.33	1.66	1.99	2.21	2.37
大 豆	Soybeans	2.57	3.67	4.78	5.07	5.58	5.75
籼 米	Polished long-grained nonglutinous rice		2.56	3.16	3.37	4.10	4.53
粳 米	Polished round-grained rice		2.93	3.52	4.10	4.74	4.97
面 粉	Wheat flour		2.39	2.87	3.08	3.40	3.56
棉 花	Cotton (unginned cotton)	3.28	4.75	5.32	6.62	10.50	7.94
花生仁	Peanut kernel		6.64	7.36	9.78	11.51	14.58
油菜籽	Rapeseeds		2.85	4.31	4.12	4.67	5.09
花生油	Peanut oil	8.59	10.85	14.52	16.18	18.71	22.55
菜籽油	Rape oil	6.94	7.77	11.14	11.37	13.30	14.25
豆 油	Soybean oil	6.60	7.06	8.48	9.15	11.04	11.60
活 猪	Hog	5.38	8.48	10.47	9.68	14.76	14.94
仔 猪	Piglet	7.00	13.66	16.65	13.88	22.86	29.64
猪 肉	Pork	9.22	13.76	17.69	16.64	23.22	24.08
牛 肉	Beef	12.58	17.08	31.53	32.52	35.07	42.91
羊 肉	Mutton	14.55	17.91	32.55	35.24	42.38	51.12
活 鸡	Live chicken		10.70	13.08	13.15	15.33	16.40
鸡 蛋	Eggs	4.87	6.28	7.63	7.83	9.33	8.34
草 鱼	Grass carp	7.19	9.59	12.30	12.68	13.45	15.36
鲤 鱼	Carp	7.76	8.78	10.54	10.60	11.94	14.34
鲢 鱼	Silver carp		7.36	8.89	9.06	9.70	10.78
带 鱼	Hairtail		10.33	13.02	14.71	17.46	20.10
大白菜	Chinese cabbage		1.19	1.94	2.79	1.54	2.61
黄 瓜	Cucumber		2.66	3.54	4.24	3.77	5.04
西红柿	Tomato		2.85	4.10	4.89	4.78	6.69
菜 椒	Green bell		3.95	5.45	5.97	5.88	7.96
四季豆	Kidney Beans		3.86	5.62	6.73	6.93	9.20
红富士苹果	Hongfushi Apple		3.23	5.26	6.28	8.52	8.28
香 蕉	Banana		3.22	4.37	4.91	6.91	5.57
橙 子	Orange		3.23	4.10	4.85	6.62	5.86

3-9 续表 continued

品 种	Categories	2000	2005	2009	2010	2011	2012
二、价格走势	Index						
(上月=100)	(preceding month=100)						
籼 稻	Long-grained nonglutinous rice	103.03	100.10	104.98	106.92	119.14	110.76
粳 稻	Round-grained rice	94.57	101.63	111.98	116.79	118.84	102.29
小 麦	Wheat	99.05	100.40	110.27	107.24	110.23	103.97
玉 米	Corn	97.62	100.93	96.20	119.61	110.92	107.52
大 豆	Soybeans	104.05	98.93	81.53	106.15	110.09	102.94
籼 米	Polished long-grained nonglutinous rice		99.79	104.29	106.62	121.56	110.44
粳 米	Polished round-grained rice		99.22	107.12	116.47	115.62	104.95
面 粉	Wheat flour		99.66	104.84	107.39	110.31	104.87
棉 花	Cotton (unginned cotton)	109.09	96.63	83.88	124.36	158.50	75.67
花生仁	Peanut kernel		99.91	68.95	132.90	117.70	126.67
油菜籽	Rapeseeds		99.76	87.12	95.62	113.35	109.07
花生油	Peanut oil	98.17	98.09	74.53	111.44	115.64	120.48
菜籽油	Rape oil	95.33	100.38	72.76	102.06	117.00	107.18
豆 油	Soybean oil	97.06	98.54	63.33	107.87	120.70	105.09
活 猪	Hog	98.35	97.40	64.11	92.48	152.40	101.23
仔 猪	Piglet	100.14	98.25	51.76	83.37	164.65	129.67
猪 肉	Pork	97.36	98.08	69.02	94.02	139.56	103.73
牛 肉	Beef	98.59	98.34	102.25	103.11	107.85	122.34
羊 肉	Mutton	97.78	97.39	100.56	108.28	120.25	120.61
活 鸡	Live chicken		97.72	93.09	100.59	116.53	106.95
鸡 蛋	Eggs	97.40	96.75	98.82	102.64	119.13	89.44
草 鱼	Grass carp	103.90	100.12	100.18	103.06	106.10	114.18
鲤 鱼	Carp	104.58	98.36	91.48	100.66	112.64	120.03
鲢 鱼	Silver carp		98.66	94.04	101.95	107.09	111.12
带 鱼	Hairtail		100.18	104.02	112.98	118.70	115.13
大白菜	Chinese cabbage		124.77	124.27	143.28	55.13	169.70
黄 瓜	Cucumber		81.68	105.79	119.83	88.73	133.77
西红柿	Tomato		105.25	100.79	119.09	97.89	139.90
菜 椒	Green bell		108.01	104.95	109.62	98.44	135.37
四季豆	Kidney Beans		93.32	102.46	119.85	102.92	132.72
红富士苹果	Hongfushi Apple		98.15	96.99	119.33	135.73	97.20
香 蕉	Banana		97.89	102.07	112.40	140.51	80.66
橙 子	Orange		99.33	93.17	118.06	136.54	88.64

3-10 全国农产品集贸市场月度价格及走势
Monthly RMF Prices of Agricultural Products

(5月份) (May)

品 种	Categories	2000	2005	2009	2010	2011	2012
一、价格	Price						
(元/公斤)	(yuan/ kg)						
籼 稻	Long-grained nonglutinous rice	1.00	1.55	1.95	2.11	2.49	2.73
粳 稻	Round-grained rice	1.23	1.80	2.17	2.58	2.97	3.05
小 麦	Wheat	1.00	1.55	1.91	2.06	2.27	2.34
玉 米	Corn	0.84	1.32	1.68	2.05	2.27	2.41
大 豆	Soybeans	2.63	3.64	4.78	5.15	5.58	5.82
籼 米	Polished long-grained nonglutinous rice		2.54	3.17	3.44	4.13	4.57
粳 米	Polished round-grained rice		2.93	3.61	4.19	4.75	5.01
面 粉	Wheat flour		2.38	2.87	3.09	3.41	3.56
棉 花	Cotton (unginned cotton)	3.40	4.91	5.49	6.79	9.99	7.88
花生仁	Peanut kernel		6.58	7.47	9.80	12.17	14.69
油菜籽	Rapeseeds		2.78	4.08	4.25	4.67	5.08
花生油	Peanut oil	8.53	10.75	14.43	16.21	19.31	22.62
菜籽油	Rape oil	6.83	7.54	11.00	11.45	13.34	14.20
豆 油	Soybean oil	6.54	6.96	8.64	9.10	11.12	11.55
活 猪	Hog	5.27	8.27	9.44	9.69	15.54	14.29
仔 猪	Piglet	7.04	13.66	14.68	13.83	25.14	28.38
猪 肉	Pork	9.20	13.58	16.16	16.41	24.32	23.19
牛 肉	Beef	12.57	17.19	31.46	32.65	35.24	43.64
羊 肉	Mutton	14.52	17.97	32.78	35.61	42.88	52.06
活 鸡	Live chicken		10.78	12.99	13.11	15.64	16.26
鸡 蛋	Eggs	4.85	6.62	7.75	7.83	9.91	8.29
草 鱼	Grass carp	7.40	9.61	12.46	12.82	13.85	15.77
鲤 鱼	Carp	8.22	8.76	10.73	10.69	12.90	14.59
鲢 鱼	Silver carp		7.51	8.93	9.13	10.05	11.03
带 鱼	Hairtail		10.37	13.15	14.87	17.66	20.91
大白菜	Chinese cabbage		1.31	1.93	2.27	1.74	2.82
黄 瓜	Cucumber		1.89	2.88	3.13	3.30	3.56
西红柿	Tomato		2.42	3.54	4.00	4.24	5.17
菜 椒	Green bell		2.97	4.33	4.94	4.74	6.56
四季豆	Kidney Beans		3.24	4.87	5.99	5.95	6.29
红富士苹果	Hongfushi Apple		3.27	6.05	6.53	8.61	8.29
香 蕉	Banana		3.14	5.12	5.20	6.30	5.28
橙 子	Orange		3.23	4.39	5.05	6.82	5.85

3-10 续表 continued

品　种	Categories	2000	2005	2009	2010	2011	2012
二、价格走势	Index						
(上月=100)	(preceding month=100)						
籼　稻	Long-grained nonglutinous rice	98.04	98.96	103.05	108.46	117.99	109.63
粳　稻	Round-grained rice	100.82	99.60	107.41	119.08	115.22	102.76
小　麦	Wheat	96.15	98.36	110.36	107.65	110.02	103.24
玉　米	Corn	102.44	99.10	94.83	122.11	110.31	106.21
大　豆	Soybeans	102.33	99.09	79.80	107.91	108.29	104.29
籼　米	Polished long-grained nonglutinous rice		99.03	101.72	108.78	119.83	110.77
粳　米	Polished round-grained rice		100.00	107.13	116.29	113.39	105.49
面　粉	Wheat flour		99.69	104.60	107.67	110.54	104.16
棉　花	Cotton (unginned cotton)	103.75	103.44	86.77	123.73	147.15	78.85
花生仁	Peanut kernel		99.00	69.63	131.19	124.21	120.73
油菜籽	Rapeseeds		97.45	82.57	104.16	110.05	108.65
花生油	Peanut oil	99.30	99.09	74.59	112.34	119.17	117.15
菜籽油	Rape oil	98.41	97.04	73.96	104.16	116.47	106.43
豆　油	Soybean oil	99.09	98.55	66.71	105.32	122.09	103.89
活　猪	Hog	97.96	97.47	60.23	102.74	160.30	91.96
仔　猪	Piglet	100.57	100.01	47.43	94.20	181.78	112.89
猪　肉	Pork	99.78	98.70	65.27	101.57	148.17	95.37
牛　肉	Beef	99.92	100.63	102.19	103.78	107.92	123.85
羊　肉	Mutton	99.79	100.31	101.32	108.64	120.41	121.41
活　鸡	Live chicken		100.79	92.09	100.90	119.29	104.00
鸡　蛋	Eggs	99.59	105.39	97.19	101.04	126.65	83.67
草　鱼	Grass carp	102.92	100.20	97.52	102.88	107.99	113.90
鲤　鱼	Carp	105.93	99.75	88.97	99.69	120.67	113.09
鲢　鱼	Silver carp		102.03	92.14	102.16	110.14	109.77
带　鱼	Hairtail		100.40	104.15	113.03	118.77	118.44
大白菜	Chinese cabbage		110.14	127.53	118.01	76.73	161.78
黄　瓜	Cucumber		70.80	128.36	108.65	105.40	107.94
西红柿	Tomato		85.13	106.31	113.00	106.07	121.97
菜　椒	Green bell		75.04	114.63	114.01	95.82	138.52
四季豆	Kidney Beans		83.92	116.85	122.98	99.28	105.81
红富士苹果	Hongfushi Apple		101.24	110.22	107.90	131.82	96.29
香　蕉	Banana		97.50	122.36	101.45	121.31	83.73
橙　子	Orange		99.97	97.53	114.98	135.13	85.78

3-11 全国农产品集贸市场月度价格及走势
Monthly RMF Prices of Agricultural Products

(6月份) (June)

品 种 Categories		2000	2005	2009	2010	2011	2012
一、价格	Price						
(元/公斤)	(yuan/ kg)						
籼 稻	Long-grained nonglutinous rice	1.00	1.49	1.96	2.13	2.52	2.75
粳 稻	Round-grained rice	1.23	1.80	2.19	2.60	3.01	3.07
小 麦	Wheat	1.00	1.48	1.90	2.04	2.24	2.29
玉 米	Corn	0.87	1.31	1.72	2.10	2.32	2.42
大 豆	Soybeans	2.64	3.60	4.81	5.16	5.62	5.84
籼 米	Polished long-grained nonglutinous rice		2.51	3.18	3.46	4.18	4.59
粳 米	Polished round-grained rice		2.93	3.65	4.23	4.79	5.02
面 粉	Wheat flour		2.35	2.87	3.09	3.44	3.55
棉 花	Cotton (unginned cotton)	3.44	5.02	5.46	6.85	10.02	7.78
花 生 仁	Peanut kernel		6.56	7.52	9.83	13.36	14.73
油 菜 籽	Rapeseeds		2.55	3.89	4.14	4.69	5.11
花 生 油	Peanut oil	8.46	10.73	14.49	16.23	19.98	22.61
菜 籽 油	Rape oil	6.63	7.38	10.91	11.44	13.45	14.24
豆 油	Soybean oil	6.52	6.94	8.76	9.08	11.13	11.44
活 猪	Hog	5.16	8.08	9.49	9.73	17.57	14.13
仔 猪	Piglet	7.20	13.28	14.43	13.73	29.68	28.09
猪 肉	Pork	9.25	13.45	16.23	16.47	27.49	22.88
牛 肉	Beef	12.39	17.26	31.40	32.47	36.05	44.62
羊 肉	Mutton	14.27	17.87	32.92	35.40	43.65	52.62
活 鸡	Live chicken		10.76	12.87	13.13	16.23	16.25
鸡 蛋	Eggs	4.74	6.70	7.65	8.02	10.12	9.06
草 鱼	Grass carp	7.47	9.52	12.59	12.97	14.39	16.01
鲤 鱼	Carp	8.20	8.71	10.85	10.87	14.01	14.70
鲢 鱼	Silver carp		7.46	8.98	9.19	10.50	11.00
带 鱼	Hairtail		10.62	13.27	15.28	18.08	20.75
大 白 菜	Chinese cabbage		1.31	1.72	1.82	2.17	2.52
黄 瓜	Cucumber		1.30	2.02	2.22	2.62	2.71
西 红 柿	Tomato		1.64	2.65	2.80	3.51	3.78
菜 椒	Green bell		2.03	3.16	3.77	3.91	4.75
四 季 豆	Kidney Beans		1.95	3.15	3.83	4.57	4.64
红富士苹果	Hongfushi Apple		3.43	6.86	6.97	8.66	8.87
香 蕉	Banana		3.05	5.05	5.29	5.25	5.02
橙 子	Orange		3.27	4.53	5.19	6.89	6.00

3-11 续表 continued

品　种 Categories		2000	2005	2009	2010	2011	2012
二、价格走势	Index						
(上月=100)	(preceding month=100)						
籼　稻	Long-grained nonglutinous rice	100.00	96.20	102.62	108.40	118.71	108.88
粳　稻	Round-grained rice	100.00	99.83	106.61	118.84	115.72	101.90
小　麦	Wheat	100.00	95.49	110.44	107.46	109.64	102.31
玉　米	Corn	103.57	99.55	95.33	122.38	110.23	104.63
大　豆	Soybeans	100.38	99.06	79.27	107.20	109.02	103.76
籼　米	Polished long-grained nonglutinous rice		99.01	101.36	108.58	120.93	109.81
粳　米	Polished round-grained rice		99.84	107.04	115.92	113.05	104.84
面　粉	Wheat flour		98.80	104.56	107.70	111.52	103.09
棉　花	Cotton (unginned cotton)	101.24	102.31	86.13	125.46	146.20	77.65
花生仁	Peanut kernel		99.80	69.90	130.70	135.99	110.24
油菜籽	Rapeseeds		91.98	76.66	106.56	113.17	108.92
花生油	Peanut oil	99.18	99.75	74.88	112.02	123.05	113.20
菜籽油	Rape oil	97.07	97.98	73.39	104.82	117.57	105.89
豆　油	Soybean oil	99.69	99.68	68.07	103.71	122.50	102.83
活　猪	Hog	97.91	97.79	62.09	102.49	180.56	80.42
仔　猪	Piglet	102.27	97.28	47.77	95.16	216.24	94.64
猪　肉	Pork	100.54	99.04	66.81	101.50	166.90	83.23
牛　肉	Beef	98.57	100.39	100.91	103.43	111.00	123.79
羊　肉	Mutton	98.28	99.47	101.75	107.54	123.29	120.54
活　鸡	Live chicken		99.76	91.48	102.01	123.64	100.11
鸡　蛋	Eggs	97.73	101.24	95.03	104.77	126.26	89.47
草　鱼	Grass carp	100.95	99.09	95.79	103.08	110.94	111.21
鲤　鱼	Carp	99.76	99.43	88.28	100.17	128.87	104.94
鲢　鱼	Silver carp		99.36	89.88	102.34	114.32	104.74
带　鱼	Hairtail		102.37	104.42	115.16	118.28	114.79
大白菜	Chinese cabbage		99.98	112.24	105.88	118.99	116.14
黄　瓜	Cucumber		68.74	114.92	109.97	118.05	103.20
西红柿	Tomato		67.48	113.58	105.75	125.29	107.81
菜　椒	Green bell		68.41	115.46	119.30	103.71	121.53
四季豆	Kidney Beans		60.35	108.60	121.31	119.35	101.56
红富士苹果	Hongfushi Apple		104.88	119.82	101.55	124.28	102.40
香　蕉	Banana		97.20	125.81	104.77	99.22	95.62
橙　子	Orange		101.44	99.00	114.52	132.88	87.09

3-12 全国农产品集贸市场月度价格及走势
Monthly RMF Prices of Agricultural Products

(7月份) (July)

品　种	Categories	2000	2005	2009	2010	2011	2012
一、价格	Price						
(元/公斤)	(yuan/ kg)						
籼　稻	Long-grained nonglutinous rice	0.95	1.48	1.95	2.14	2.53	2.73
粳　稻	Round-grained rice	1.27	1.79	2.22	2.61	3.03	3.07
小　麦	Wheat	0.94	1.46	1.91	2.06	2.26	2.28
玉　米	Corn	0.88	1.31	1.78	2.12	2.35	2.48
大　豆	Soybeans	2.65	3.56	4.81	5.14	5.64	5.83
籼　米	Polished long-grained nonglutinous rice		2.48	3.20	3.47	4.20	4.62
粳　米	Polished round-grained rice		2.92	3.68	4.25	4.84	5.03
面　粉	Wheat flour		2.34	2.88	3.10	3.47	3.54
棉　花	Cotton (unginned cotton)	3.45	5.14	5.58	6.90	10.06	7.82
花生仁	Peanut kernel		6.54	7.55	9.84	14.05	14.70
油菜籽	Rapeseeds		2.50	3.89	4.12	4.77	5.05
花生油	Peanut oil	8.51	10.72	14.61	16.21	20.43	22.82
菜籽油	Rape oil	6.60	7.30	10.90	11.46	13.53	14.46
豆　油	Soybean oil	6.21	6.91	8.66	9.03	11.27	11.40
活　猪	Hog	5.38	7.97	10.17	11.18	18.71	13.98
仔　猪	Piglet	7.32	12.79	15.21	14.87	32.12	27.53
猪　肉	Pork	9.48	13.33	16.96	18.24	29.53	22.57
牛　肉	Beef	12.30	17.15	31.46	32.55	36.87	45.31
羊　肉	Mutton	14.45	17.75	32.93	35.67	44.32	53.12
活　鸡	Live chicken		10.57	12.73	13.40	16.60	16.22
鸡　蛋	Eggs	4.71	6.61	7.48	8.26	10.26	9.16
草　鱼	Grass carp	7.60	9.42	12.53	13.02	14.86	15.84
鲤　鱼	Carp	8.28	8.67	10.66	11.02	14.60	14.17
鲢　鱼	Silver carp		7.43	8.90	9.15	10.82	10.92
带　鱼	Hairtail		10.57	13.24	15.49	18.60	20.78
大白菜	Chinese cabbage		1.50	1.71	2.16	2.52	2.48
黄　瓜	Cucumber		1.49	2.01	2.30	2.65	3.11
西红柿	Tomato		1.74	2.49	2.56	3.63	3.75
菜　椒	Green bell		1.98	2.80	3.28	3.84	4.25
四季豆	Kidney Beans		2.25	3.04	3.87	4.63	4.78
红富士苹果	Hongfushi Apple		3.71	7.28	7.18	8.63	9.04
香　蕉	Banana		3.07	4.88	5.08	4.43	4.82
橙　子	Orange		3.30	4.57	5.14	7.16	6.11

3-12 续表 continued

品 种	Categories	2000	2005	2009	2010	2011	2012
二、价格走势	Index						
(上月=100)	(preceding month=100)						
籼 稻	Long-grained nonglutinous rice	95.00	99.44	101.91	109.48	118.38	107.89
粳 稻	Round-grained rice	103.25	99.50	107.58	117.39	116.32	101.38
小 麦	Wheat	94.00	98.84	109.04	108.12	109.56	101.07
玉 米	Corn	101.15	99.97	98.38	118.74	111.14	105.53
大 豆	Soybeans	100.38	98.73	78.80	106.87	109.72	103.34
籼 米	Polished long-grained nonglutinous rice		98.75	101.41	108.69	120.84	110.06
粳 米	Polished round-grained rice		99.62	106.83	115.77	113.70	103.93
面 粉	Wheat flour		99.57	104.43	107.57	112.01	102.15
棉 花	Cotton (unginned cotton)	100.26	102.34	86.85	123.59	145.89	77.66
花 生 仁	Peanut kernel		99.64	69.84	130.28	142.82	104.66
油 菜 籽	Rapeseeds		97.87	75.01	106.02	115.66	105.94
花 生 油	Peanut oil	100.59	99.95	76.09	110.91	126.02	111.70
菜 籽 油	Rape oil	99.55	98.93	73.30	105.21	118.05	106.85
豆 油	Soybean oil	95.25	99.61	67.84	104.25	124.81	101.10
活 猪	Hog	104.26	98.64	68.42	109.92	167.27	74.71
仔 猪	Piglet	101.67	96.27	52.17	97.82	215.94	85.70
猪 肉	Pork	102.49	99.08	71.39	107.50	161.93	76.45
牛 肉	Beef	99.27	99.38	101.47	103.45	113.28	122.88
羊 肉	Mutton	101.26	99.29	101.85	108.31	124.24	119.85
活 鸡	Live chicken		98.25	92.36	105.22	123.90	97.71
鸡 蛋	Eggs	99.37	98.70	93.56	110.35	124.29	89.25
草 鱼	Grass carp	101.74	98.93	94.45	103.87	114.14	106.62
鲤 鱼	Carp	100.98	99.50	85.10	103.40	132.55	97.02
鲢 鱼	Silver carp		99.63	86.77	102.72	118.35	100.87
带 鱼	Hairtail		99.59	103.29	117.01	120.04	111.72
大 白 菜	Chinese cabbage		114.26	99.78	126.05	116.56	98.37
黄 瓜	Cucumber		114.83	115.23	114.85	114.87	117.74
西 红 柿	Tomato		106.31	122.33	102.61	142.01	103.27
菜 椒	Green bell		97.56	118.76	117.04	117.20	110.75
四 季 豆	Kidney Beans		115.06	109.01	127.34	119.55	103.20
红富士苹果	Hongfushi Apple		108.03	125.53	98.56	120.21	104.84
香 蕉	Banana		100.60	130.02	103.99	87.13	108.87
橙 子	Orange		100.80	98.41	112.44	139.38	85.26

3-13 全国农产品集贸市场月度价格及走势
Monthly RMF Prices of Agricultural Products

(8月份) (Aug.)

品 种	Categories	2000	2005	2009	2010	2011	2012
一、价格	Price						
(元/公斤)	(yuan/ kg)						
籼稻	Long-grained nonglutinous rice	0.97	1.46	1.95	2.12	2.54	2.73
粳稻	Round-grained rice	1.30	1.78	2.19	2.62	3.06	3.10
小麦	Wheat	0.98	1.47	1.92	2.07	2.27	2.33
玉米	Corn	0.89	1.31	1.84	2.11	2.38	2.49
大豆	Soybeans	2.64	3.56	4.85	5.22	5.61	5.88
籼米	Polished long-grained nonglutinous rice		2.46	3.19	3.50	4.24	4.64
粳米	Polished round-grained rice		2.93	3.73	4.31	4.90	5.12
面粉	Wheat flour		2.34	2.88	3.12	3.49	3.58
棉花	Cotton (unginned cotton)	3.50	5.10	5.58	6.96	9.89	7.89
花生仁	Peanut kernel		6.58	7.59	9.89	14.42	14.63
油菜籽	Rapeseeds		2.52	3.82	4.25	4.88	5.11
花生油	Peanut oil	8.48	10.76	14.31	16.45	21.02	23.18
菜籽油	Rape oil	6.36	7.22	10.80	11.58	13.76	14.57
豆油	Soybean oil	6.23	6.85	8.63	9.18	11.41	11.56
活猪	Hog	5.57	7.92	11.47	12.07	19.00	14.46
仔猪	Piglet	7.43	12.50	16.80	16.19	33.04	27.20
猪肉	Pork	9.82	13.28	18.58	19.51	29.79	23.29
牛肉	Beef	12.66	17.22	32.04	32.77	37.32	46.12
羊肉	Mutton	14.58	17.88	33.31	36.04	44.60	53.51
活鸡	Live chicken		10.70	13.01	13.87	16.98	16.48
鸡蛋	Eggs	5.17	6.77	8.07	8.97	10.77	10.26
草鱼	Grass carp	7.34	9.39	12.47	13.03	14.93	15.67
鲤鱼	Carp	7.89	8.55	10.57	11.28	14.21	13.82
鲢鱼	Silver carp		7.35	8.93	9.23	10.80	10.82
带鱼	Hairtail		10.66	13.33	15.55	18.59	20.62
大白菜	Chinese cabbage		1.49	1.87	2.37	2.31	3.05
黄瓜	Cucumber		1.64	2.26	2.89	3.06	3.80
西红柿	Tomato		1.94	2.89	3.19	3.47	4.61
菜椒	Green bell		2.03	2.79	3.43	3.61	4.16
四季豆	Kidney Beans		2.42	3.32	4.42	4.90	5.60
红富士苹果	Hongfushi Apple		3.83	6.70	7.29	8.24	8.92
香蕉	Banana		3.20	4.74	5.00	4.50	4.75
橙子	Orange		3.25	4.68	5.18	7.21	6.45

3-13 续表 continued

品 种 Categories		2000	2005	2009	2010	2011	2012
二、价格走势	Index						
(上月=100)	(preceding month=100)						
籼稻	Long-grained nonglutinous rice	102.11	98.83	100.75	109.08	119.73	107.39
粳稻	Round-grained rice	102.36	99.41	104.93	119.77	116.68	101.35
小麦	Wheat	104.26	100.64	107.41	107.91	109.96	102.51
玉米	Corn	101.14	100.28	102.08	114.55	112.75	104.76
大豆	Soybeans	99.62	100.04	79.63	107.52	107.56	104.86
籼米	Polished long-grained nonglutinous rice		99.14	100.36	109.74	121.11	109.37
粳米	Polished round-grained rice		100.33	107.61	115.61	113.83	104.39
面粉	Wheat flour		99.96	104.41	108.19	112.01	102.50
棉花	Cotton (unginned cotton)	101.39	99.28	87.21	124.71	142.15	79.81
花生仁	Peanut kernel		100.68	70.73	130.42	145.72	101.45
油菜籽	Rapeseeds		100.73	74.73	111.29	114.82	104.67
花生油	Peanut oil	99.65	100.38	75.81	114.97	127.76	110.27
菜籽油	Rape oil	96.36	98.88	74.55	107.18	118.89	105.82
豆油	Soybean oil	100.32	99.22	72.95	106.46	124.18	101.35
活猪	Hog	103.53	99.29	78.96	105.22	157.36	76.10
仔猪	Piglet	101.50	97.71	60.72	96.36	204.07	82.35
猪肉	Pork	103.59	99.63	79.67	105.03	152.70	78.17
牛肉	Beef	102.93	100.42	102.89	102.29	113.88	123.57
羊肉	Mutton	100.90	100.74	102.78	108.20	123.75	119.97
活鸡	Live chicken		101.23	95.13	106.61	122.39	97.02
鸡蛋	Eggs	109.77	102.37	97.71	111.12	120.14	95.25
草鱼	Grass carp	96.58	99.74	95.18	104.55	114.53	104.95
鲤鱼	Carp	95.29	98.58	88.21	106.75	125.93	97.26
鲢鱼	Silver carp		98.92	90.91	103.30	117.09	100.14
带鱼	Hairtail		100.83	103.52	116.66	119.53	110.93
大白菜	Chinese cabbage		99.48	106.90	126.64	97.53	131.95
黄瓜	Cucumber		110.03	114.88	128.07	106.00	123.94
西红柿	Tomato		111.72	139.60	110.34	108.67	132.77
菜椒	Green bell		102.59	121.14	122.61	105.21	115.36
四季豆	Kidney Beans		107.66	108.03	132.99	111.02	114.11
红富士苹果	Hongfushi Apple		103.33	119.90	108.75	113.07	108.34
香蕉	Banana		104.16	122.98	105.46	90.06	105.58
橙子	Orange		98.41	104.73	110.72	139.10	89.45

3-14 全国农产品集贸市场月度价格及走势
Monthly RMF Prices of Agricultural Products

(9月份) (Sep.)

品　种	Categories	2000	2005	2009	2010	2011	2012
一、价格	Price						
(元/公斤)	(yuan/ kg)						
籼　稻	Long-grained nonglutinous rice	0.96	1.46	1.94	2.15	2.56	2.74
粳　稻	Round-grained rice	1.26	1.79	2.20	2.63	3.06	3.14
小　麦	Wheat	0.97	1.47	1.94	2.10	2.28	2.35
玉　米	Corn	0.90	1.32	1.88	2.14	2.42	2.48
大　豆	Soybeans	2.51	3.51	4.85	5.23	5.60	5.96
籼　米	Polished long-grained nonglutinous rice		2.47	3.19	3.55	4.31	4.67
粳　米	Polished round-grained rice		2.94	3.76	4.37	4.92	5.20
面　粉	Wheat flour		2.33	2.92	3.16	3.52	3.61
棉　花	Cotton (unginned cotton)	3.34	5.28	5.62	7.53	9.05	8.12
花生仁	Peanut kernel		6.59	7.78	10.14	14.49	14.47
油菜籽	Rapeseeds		2.54	3.86	4.17	4.91	5.16
花生油	Peanut oil	8.40	10.66	14.49	16.76	21.46	23.41
菜籽油	Rape oil	6.34	7.18	10.69	11.64	13.90	14.60
豆　油	Soybean oil	6.09	6.78	8.59	9.30	11.49	11.67
活　猪	Hog	5.58	7.87	11.80	12.40	19.37	14.82
仔　猪	Piglet	7.54	12.16	17.20	16.38	33.80	26.74
猪　肉	Pork	9.98	13.23	19.06	20.08	30.23	23.67
牛　肉	Beef	12.81	17.44	32.03	33.17	37.85	47.25
羊　肉	Mutton	14.54	17.86	33.48	36.45	45.74	54.32
活　鸡	Live chicken		10.57	13.14	14.26	17.03	16.76
鸡　蛋	Eggs	5.29	6.96	8.38	9.36	11.05	10.57
草　鱼	Grass carp	7.35	9.39	12.32	13.12	14.97	15.37
鲤　鱼	Carp	7.74	8.59	10.33	11.46	13.85	13.46
鲢　鱼	Silver carp		7.42	8.85	9.33	10.89	10.80
带　鱼	Hairtail		10.63	13.24	15.76	18.71	20.75
大白菜	Chinese cabbage		1.41	1.97	2.19	2.37	2.57
黄　瓜	Cucumber		1.71	2.68	2.95	3.46	3.43
西红柿	Tomato		2.08	3.18	3.51	3.76	5.00
菜　椒	Green bell		2.21	3.23	3.63	4.02	4.26
四季豆	Kidney Beans		2.56	3.88	4.62	5.44	5.58
红富士苹果	Hongfushi Apple		3.79	6.07	7.01	8.01	8.58
香　蕉	Banana		3.50	4.33	4.91	5.04	4.73
橙　子	Orange		3.34	4.70	5.28	7.65	6.64

3-14 续表 continued

品　种 Categories		2000	2005	2009	2010	2011	2012
二、价格走势	Index						
(上月=100)	(preceding month=100)						
籼　稻	Long-grained nonglutinous rice	98.97	99.60	100.01	110.55	119.42	106.77
粳　稻	Round-grained rice	96.92	100.62	105.16	119.24	116.52	102.55
小　麦	Wheat	98.98	99.62	108.29	108.32	108.76	103.27
玉　米	Corn	101.12	100.29	105.06	113.57	113.31	102.49
大　豆	Soybeans	95.08	98.49	80.00	107.92	106.99	106.40
籼　米	Polished long-grained nonglutinous rice		100.60	100.42	111.09	121.41	108.41
粳　米	Polished round-grained rice		100.54	108.74	116.16	112.53	105.69
面　粉	Wheat flour		99.63	105.46	108.40	111.27	102.67
棉　花	Cotton (unginned cotton)	95.45	103.47	92.68	133.87	120.17	89.70
花生仁	Peanut kernel		100.06	74.07	130.21	143.00	99.85
油菜籽	Rapeseeds		101.02	77.66	107.87	117.92	104.97
花生油	Peanut oil	99.06	99.09	78.36	115.66	128.04	109.05
菜籽油	Rape oil	99.69	99.47	76.66	108.87	119.41	105.02
豆　油	Soybean oil	97.75	98.98	75.62	108.29	123.52	101.54
活　猪	Hog	100.18	99.36	85.61	105.08	156.23	76.52
仔　猪	Piglet	101.48	97.30	69.26	95.25	206.35	79.12
猪　肉	Pork	101.63	99.63	85.03	105.32	150.58	78.29
牛　肉	Beef	101.18	101.26	100.97	103.55	114.11	124.84
羊　肉	Mutton	99.73	99.89	102.31	108.90	125.48	118.74
活　鸡	Live chicken		98.83	94.43	108.56	119.41	98.39
鸡　蛋	Eggs	102.32	102.86	96.67	111.71	118.09	95.65
草　鱼	Grass carp	100.14	99.93	95.81	106.45	114.12	102.69
鲤　鱼	Carp	98.10	100.48	88.58	111.00	120.81	97.20
鲢　鱼	Silver carp		100.87	91.86	105.49	116.72	99.16
带　鱼	Hairtail		99.72	102.34	119.04	118.76	110.88
大白菜	Chinese cabbage		94.54	114.57	110.92	108.31	108.41
黄　瓜	Cucumber		104.33	122.68	110.04	117.32	99.07
西红柿	Tomato		107.14	138.49	110.45	107.19	133.07
菜　椒	Green bell		109.03	132.09	112.13	110.87	105.90
四季豆	Kidney Beans		105.87	120.70	118.92	117.85	102.44
红富士苹果	Hongfushi Apple		98.97	112.17	115.62	114.15	107.12
香　蕉	Banana		109.42	107.73	113.20	102.77	93.81
橙　子	Orange		102.75	108.00	112.31	144.90	86.88

3-15 全国农产品集贸市场月度价格及走势
Monthly RMF Prices of Agricultural Products

(10月份) (Oct.)

品　种	Categories	2000	2005	2009	2010	2011	2012
一、价格	Price						
(元/公斤)	(yuan/ kg)						
籼　稻	Long-grained nonglutinous rice	0.98	1.45	1.94	2.18	2.60	2.74
粳　稻	Round-grained rice	1.29	1.77	2.17	2.64	3.05	3.12
小　麦	Wheat	1.00	1.45	1.95	2.11	2.30	2.37
玉　米	Corn	0.90	1.29	1.82	2.10	2.39	2.42
大　豆	Soybeans	2.47	3.48	4.81	5.31	5.62	5.97
籼　米	Polished long-grained nonglutinous rice		2.47	3.20	3.60	4.32	4.67
粳　米	Polished round-grained rice		2.95	3.74	4.40	4.94	5.22
面　粉	Wheat flour		2.33	2.92	3.20	3.54	3.63
棉　花	Cotton (unginned cotton)	3.50	5.51	5.88	9.37	8.86	8.09
花生仁	Peanut kernel		6.53	8.01	10.37	14.17	14.20
油菜籽	Rapeseeds		2.57	3.88	4.21	4.92	5.17
花生油	Peanut oil	8.32	10.61	14.69	17.17	21.75	23.24
菜籽油	Rape oil	6.63	7.17	10.67	11.94	13.99	14.69
豆　油	Soybean oil	6.01	6.70	8.57	9.69	11.47	11.59
活　猪	Hog	5.65	7.31	11.52	12.74	18.58	14.72
仔　猪	Piglet	7.44	10.55	16.71	16.49	32.09	25.55
猪　肉	Pork	10.16	12.72	18.81	20.47	29.51	23.63
牛　肉	Beef	12.77	17.49	32.16	33.43	38.37	48.68
羊　肉	Mutton	14.37	18.06	33.43	36.67	46.86	55.24
活　鸡	Live chicken		10.44	12.97	14.37	16.89	16.88
鸡　蛋	Eggs	5.09	6.66	8.09	9.13	10.69	10.10
草　鱼	Grass carp	7.31	9.29	12.19	13.16	14.53	15.03
鲤　鱼	Carp	7.65	8.47	10.22	11.45	13.39	13.11
鲢　鱼	Silver carp		7.35	8.75	9.33	10.71	10.73
带　鱼	Hairtail		10.52	13.20	15.85	18.75	20.65
大白菜	Chinese cabbage		1.27	1.58	2.17	2.05	1.81
黄　瓜	Cucumber		2.19	2.73	3.61	3.42	3.44
西红柿	Tomato		2.39	3.25	4.43	4.01	4.41
菜　椒	Green bell		2.50	3.43	4.20	4.62	4.13
四季豆	Kidney Beans		2.78	3.83	5.18	5.42	5.19
红富士苹果	Hongfushi Apple		3.56	5.59	6.82	7.79	8.39
香　蕉	Banana		3.48	4.06	4.59	5.56	4.85
橙　子	Orange		3.28	4.59	5.54	7.54	7.17

3-15 续表 continued

品 种	Categories	2000	2005	2009	2010	2011	2012
二、价格走势	Index						
(上月=100)	(preceding month=100)						
籼 稻	Long-grained nonglutinous rice	102.33	99.61	100.96	112.47	119.37	105.58
粳 稻	Round-grained rice	102.59	99.00	104.53	121.81	115.55	102.27
小 麦	Wheat	103.01	98.99	108.97	108.33	108.65	103.24
玉 米	Corn	99.92	97.87	103.05	115.44	113.84	101.35
大 豆	Soybeans	98.31	99.27	84.83	110.40	106.00	106.21
籼 米	Polished long-grained nonglutinous rice		99.90	101.31	112.44	120.23	108.04
粳 米	Polished round-grained rice		100.25	108.39	117.78	112.23	105.69
面 粉	Wheat flour		100.11	106.15	109.45	110.66	102.51
棉 花	Cotton (unginned cotton)	104.82	104.28	98.42	159.50	94.58	91.31
花生仁	Peanut kernel		99.16	79.37	129.48	136.64	100.20
油菜籽	Rapeseeds		100.94	81.38	108.47	116.92	105.03
花生油	Peanut oil	99.10	99.54	81.42	116.89	126.69	106.88
菜籽油	Rape oil	104.57	99.75	81.17	111.87	117.12	105.05
豆 油	Soybean oil	98.73	98.69	83.16	113.13	118.33	101.07
活 猪	Hog	101.21	92.94	91.12	110.58	145.84	79.24
仔 猪	Piglet	98.65	86.80	79.54	98.67	194.58	79.63
猪 肉	Pork	101.83	96.10	90.85	108.84	144.14	80.08
牛 肉	Beef	99.66	100.25	101.67	103.94	114.78	126.90
羊 肉	Mutton	98.86	101.11	101.72	109.70	127.76	117.90
活 鸡	Live chicken		98.79	94.41	110.78	117.53	99.91
鸡 蛋	Eggs	96.16	95.71	97.71	112.79	117.08	94.53
草 鱼	Grass carp	99.52	98.95	98.03	107.97	110.41	103.47
鲤 鱼	Carp	98.79	98.59	91.40	111.96	117.00	97.92
鲢 鱼	Silver carp		99.06	93.22	106.61	114.86	100.19
带 鱼	Hairtail		98.98	103.03	120.10	118.23	110.17
大白菜	Chinese cabbage		90.14	102.94	137.17	94.48	88.37
黄 瓜	Cucumber		127.96	106.40	132.06	94.68	100.67
西红柿	Tomato		114.78	118.86	136.15	90.48	109.93
菜 椒	Green bell		112.72	122.85	122.33	110.00	89.35
四季豆	Kidney Beans		108.47	108.42	135.53	104.47	95.89
红富士苹果	Hongfushi Apple		93.94	107.45	121.92	114.17	107.77
香 蕉	Banana		99.44	102.30	113.08	121.23	87.23
橙 子	Orange		98.14	105.41	120.74	136.02	95.06

3-16 全国农产品集贸市场月度价格及走势
Monthly RMF Prices of Agricultural Products

(11月份) (Nov.)

品 种	Categories	2000	2005	2009	2010	2011	2012
一、价格	Price						
(元/公斤)	(yuan/ kg)						
籼 稻	Long-grained nonglutinous rice	1.00	1.45	1.94	2.30	2.61	2.74
粳 稻	Round-grained rice	1.26	1.76	2.16	2.77	3.04	3.09
小 麦	Wheat	1.02	1.46	1.97	2.16	2.30	2.40
玉 米	Corn	0.92	1.26	1.81	2.12	2.31	2.36
大 豆	Soybeans	2.46	3.46	4.87	5.47	5.64	6.06
籼 米	Polished long-grained nonglutinous rice		2.46	3.21	3.72	4.31	4.66
粳 米	Polished round-grained rice		2.95	3.75	4.54	4.93	5.21
面 粉	Wheat flour		2.33	2.94	3.31	3.53	3.67
棉 花	Cotton (unginned cotton)	3.57	5.48	6.25	11.10	8.25	8.17
花 生 仁	Peanut kernel		6.53	8.64	10.75	13.86	14.03
油 菜 籽	Rapeseeds		2.58	3.92	4.41	4.90	5.19
花 生 油	Peanut oil	8.16	10.64	15.39	17.69	21.85	23.16
菜 籽 油	Rape oil	6.24	7.16	10.72	12.72	13.98	14.67
豆 油	Soybean oil	5.94	6.65	8.70	10.66	11.40	11.44
活 猪	Hog	5.79	7.09	11.45	13.58	17.41	14.93
仔 猪	Piglet	7.56	9.57	16.33	16.97	28.76	24.97
猪 肉	Pork	10.35	12.27	18.78	21.77	27.79	23.82
牛 肉	Beef	12.62	17.54	32.48	34.12	38.74	50.12
羊 肉	Mutton	14.63	18.18	33.97	38.40	47.93	56.27
活 鸡	Live chicken		9.37	12.91	14.83	16.73	17.11
鸡 蛋	Eggs	5.09	6.34	7.94	9.68	10.25	10.20
草 鱼	Grass carp	7.25	9.12	12.15	13.31	14.43	14.89
鲤 鱼	Carp	7.50	8.30	10.16	11.58	13.20	13.00
鲢 鱼	Silver carp		7.21	8.75	9.60	10.42	10.66
带 鱼	Hairtail		10.48	13.33	15.99	18.98	20.64
大 白 菜	Chinese cabbage		1.04	1.50	1.99	1.49	1.61
黄 瓜	Cucumber		2.48	3.82	3.96	4.16	4.38
西 红 柿	Tomato		2.55	3.74	4.71	4.11	4.75
菜 椒	Green bell		3.03	3.96	4.53	4.74	4.39
四 季 豆	Kidney Beans		3.02	4.84	5.60	5.68	6.96
红富士苹果	Hongfushi Apple		3.56	5.47	7.18	7.65	8.14
香 蕉	Banana		3.46	3.80	4.63	5.89	4.64
橙 子	Orange		3.32	4.32	5.71	7.08	6.90

3-16 续表 continued

品 种	Categories	2000	2005	2009	2010	2011	2012
二、价格走势	Index						
(上月=100)	(preceding month=100)						
籼 稻	Long-grained nonglutinous rice	102.11	100.21	102.28	118.41	113.65	104.96
粳 稻	Round-grained rice	97.83	99.54	105.47	128.10	109.70	101.84
小 麦	Wheat	101.82	100.78	109.58	109.48	106.34	104.56
玉 米	Corn	102.64	97.91	106.91	117.27	108.92	102.10
大 豆	Soybeans	99.60	99.43	92.29	112.42	102.99	107.41
籼 米	Polished long-grained nonglutinous rice		99.63	102.19	116.01	115.82	108.18
粳 米	Polished round-grained rice		100.15	110.66	121.06	108.56	105.55
面 粉	Wheat flour		99.98	107.47	112.28	106.94	103.94
棉 花	Cotton (unginned cotton)	102.14	99.56	123.08	177.63	74.35	98.94
花 生 仁	Peanut kernel		100.01	92.36	124.49	128.87	101.28
油 菜 籽	Rapeseeds		100.63	86.76	112.26	111.34	105.89
花 生 油	Peanut oil	97.99	100.29	92.50	114.95	123.52	105.99
菜 籽 油	Rape oil	94.17	99.88	87.77	118.65	109.89	104.91
豆 油	Soybean oil	98.73	99.35	92.11	122.43	107.00	100.33
活 猪	Hog	102.60	96.94	95.20	118.57	128.18	85.75
仔 猪	Piglet	101.57	90.73	88.84	103.92	169.50	86.82
猪 肉	Pork	101.86	96.51	96.76	115.88	127.68	85.70
牛 肉	Beef	98.82	100.28	102.37	105.04	113.54	129.37
羊 肉	Mutton	101.79	100.67	104.67	113.05	124.82	117.40
活 鸡	Live chicken		89.69	95.26	114.94	112.81	102.25
鸡 蛋	Eggs	100.04	95.20	101.22	121.93	105.82	99.54
草 鱼	Grass carp	99.14	98.20	100.30	109.57	108.43	103.16
鲤 鱼	Carp	98.11	97.99	94.88	113.96	114.03	98.45
鲢 鱼	Silver carp		98.16	96.64	109.72	108.56	102.28
带 鱼	Hairtail		99.55	104.43	119.99	118.70	108.71
大 白 菜	Chinese cabbage		81.73	121.54	133.17	74.86	107.75
黄 瓜	Cucumber		113.54	123.99	103.72	105.14	105.26
西 红 柿	Tomato		106.58	124.76	125.85	87.29	115.59
菜 椒	Green bell		121.24	118.77	114.43	104.43	92.76
四 季 豆	Kidney Beans		108.62	116.50	115.88	101.38	122.46
红富士苹果	Hongfushi Apple		100.07	111.56	131.17	106.58	106.39
香 蕉	Banana		99.28	92.56	121.92	127.07	78.82
橙 子	Orange		101.45	100.76	132.10	123.93	97.47

3-17 全国农产品集贸市场月度价格及走势
Monthly RMF Prices of Agricultural Products

(12月份) (Dec.)

品 种	Categories	2000	2005	2009	2010	2011	2012
一、价格	Price						
(上月=100)	(yuan/ kg)						
籼 稻	Long-grained nonglutinous rice	1.01	1.47	1.96	2.34	2.62	2.75
粳 稻	Round-grained rice	1.27	1.79	2.22	2.80	3.04	3.09
小 麦	Wheat	1.06	1.47	2.00	2.17	2.31	2.45
玉 米	Corn	0.97	1.26	1.86	2.10	2.27	2.36
大 豆	Soybeans	2.46	3.46	4.96	5.48	5.64	6.09
籼 米	Polished long-grained nonglutinous rice		2.48	3.24	3.77	4.35	4.68
粳 米	Polished round-grained rice		2.97	3.83	4.58	4.94	5.21
面 粉	Wheat flour		2.33	2.98	3.31	3.53	3.74
棉 花	Cotton (unginned cotton)	3.60	5.63	6.43	10.38	8.09	8.17
花生仁	Peanut kernel		6.51	9.24	10.86	13.55	14.06
油菜籽	Rapeseeds		2.61	4.07	4.58	5.01	5.20
花生油	Peanut oil	8.30	10.64	15.83	17.95	21.76	23.17
菜籽油	Rape oil	6.21	7.15	11.18	12.87	14.11	14.76
豆 油	Soybean oil	5.89	6.67	9.15	10.73	11.32	11.44
活 猪	Hog	5.88	7.25	12.06	13.63	17.27	16.04
仔 猪	Piglet	7.56	9.42	16.33	16.72	27.37	25.18
猪 肉	Pork	10.21	12.34	19.46	21.86	27.35	25.15
牛 肉	Beef	12.74	17.77	32.94	34.50	39.50	52.00
羊 肉	Mutton	14.58	18.63	34.43	39.50	49.26	57.51
活 鸡	Live chicken		9.18	12.97	14.98	16.87	17.37
鸡 蛋	Eggs	5.10	6.21	8.00	9.77	10.01	10.50
草 鱼	Grass carp	7.28	9.16	12.19	13.33	14.46	15.02
鲤 鱼	Carp	7.56	8.28	10.25	11.58	13.13	12.94
鲢 鱼	Silver carp		7.16	8.77	9.61	10.46	10.76
带 鱼	Hairtail		10.48	13.62	16.29	19.40	20.92
大白菜	Chinese cabbage		1.11	1.51	1.71	1.31	1.85
黄 瓜	Cucumber		2.72	4.57	3.78	6.02	5.69
西红柿	Tomato		2.93	4.38	4.31	4.62	5.46
菜 椒	Green bell		3.32	4.75	4.23	6.11	5.67
四季豆	Kidney Beans		3.49	5.51	5.40	7.78	8.13
红富士苹果	Hongfushi Apple		3.65	5.49	7.43	7.88	8.09
香 蕉	Banana		3.42	3.65	4.85	5.86	4.59
橙 子	Orange		3.38	4.21	5.65	6.56	6.39

3-17 续表 continued

品 种 Categories		2000	2005	2009	2010	2011	2012
二、价格走势	Index						
(上月=100)	(preceding month=100)						
籼 稻	Long-grained nonglutinous rice	100.26	101.04	103.87	119.22	112.21	104.83
粳 稻	Round-grained rice	100.58	101.36	110.93	126.00	108.54	101.72
小 麦	Wheat	104.23	100.24	110.09	108.49	106.34	105.89
玉 米	Corn	104.55	100.04	115.81	113.42	107.89	104.05
大 豆	Soybeans	99.95	100.11	99.28	110.40	102.98	107.97
籼 米	Polished long-grained nonglutinous rice		100.59	104.29	116.14	115.48	107.57
粳 米	Polished round-grained rice		100.50	113.91	119.50	107.90	105.57
面 粉	Wheat flour		99.91	107.76	110.96	106.71	106.09
棉 花	Cotton (unginned cotton)	100.79	102.72	130.63	161.35	77.90	101.06
花生仁	Peanut kernel		99.67	109.15	117.51	124.74	103.78
油菜籽	Rapeseeds		100.96	92.64	112.51	109.31	103.76
花生油	Peanut oil	101.78	99.92	99.09	113.41	121.21	106.46
菜籽油	Rape oil	99.52	99.84	95.56	115.04	109.70	104.58
豆 油	Soybean oil	99.15	100.33	101.00	117.27	105.45	101.05
活 猪	Hog	101.43	102.34	91.88	113.02	126.68	92.89
仔 猪	Piglet	100.04	98.40	88.84	102.39	163.70	91.98
猪 肉	Pork	98.65	100.54	93.40	112.32	125.13	91.95
牛 肉	Beef	100.98	101.32	102.19	104.76	114.48	131.64
羊 肉	Mutton	99.68	102.50	104.61	114.72	124.70	116.77
活 鸡	Live chicken		97.97	97.21	115.48	112.67	102.93
鸡 蛋	Eggs	100.21	97.88	103.77	122.16	102.38	104.93
草 鱼	Grass carp	100.34	100.41	103.21	109.35	108.50	103.84
鲤 鱼	Carp	100.82	99.82	97.70	112.95	113.43	98.52
鲢 鱼	Silver carp		99.32	96.61	109.65	108.80	102.90
带 鱼	Hairtail		100.03	106.51	119.57	119.09	107.83
大白菜	Chinese cabbage		106.91	133.52	113.22	76.45	141.49
黄 瓜	Cucumber		109.72	127.06	82.82	159.09	94.52
西红柿	Tomato		115.21	135.09	98.41	107.00	118.16
菜 椒	Green bell		109.69	109.19	89.05	144.55	92.84
四季豆	Kidney Beans		115.51	114.50	97.97	143.99	104.54
红富士苹果	Hongfushi Apple		102.54	114.94	135.36	106.05	102.60
香 蕉	Banana		98.95	91.70	132.73	120.82	78.35
橙 子	Orange		101.58	107.54	134.21	116.08	97.43

3-18 全国农产品集贸市场月度价格及走势(2012年1月)
Monthly RMF Prices of Agricultural Products(Jan.2012)

品　种 Categories		价格(元/公斤) Price (yuan/ kg)	价格走势 Increase rate		
			本月比上月上涨 Increase rate over the last month (%)	本月比上年同月上涨 Increase rate over the same month of the preceding year (%)	1-1月比上年同期上涨 Jan.-Jan.increase rate over the same periodof the preceding year (%)
籼稻	Long-grained nonglutinous rice	2.66	1.32	13.50	13.50
粳稻	Round-grained rice	3.05	0.45	7.89	7.89
小麦	Wheat	2.32	0.67	5.36	5.36
玉米	Corn	2.28	0.27	8.17	8.17
大豆	Soybeans	5.66	0.30	2.78	2.78
籼米	Polished long-grained nonglutinous rice	4.39	0.89	13.80	13.80
粳米	Polished round-grained rice	4.98	0.85	7.74	7.74
面粉	Wheat flour	3.56	0.95	6.99	6.99
棉花(籽棉)	Cotton (unginned cotton)	7.97	-1.41	-21.85	-21.85
花生仁	Peanut kernel	13.72	1.29	25.26	25.26
油菜籽	Rapeseeds	5.02	0.16	11.94	11.94
花生油	Peanut oil	22.26	2.27	21.21	21.21
菜籽油	Rape oil	14.14	0.22	9.55	9.55
豆油	Soybean oil	11.40	0.68	4.56	4.56
活猪	Hog	17.76	2.87	29.43	29.43
仔猪	Piglet	27.93	2.05	65.74	65.74
猪肉	Pork	28.12	2.82	27.47	27.47
牛肉	Beef	42.20	6.83	19.95	19.95
羊肉	Mutton	51.79	5.13	23.42	23.42
活鸡	Live chicken	17.42	3.24	13.65	13.65
鸡蛋	Eggs	9.85	-1.53	-2.53	-2.53
草鱼	Grass carp	14.75	2.00	9.49	9.49
鲤鱼	Carp	13.44	2.34	14.56	14.56
鲢鱼	Silver carp	10.81	3.33	10.29	10.29
带鱼	Hairtail	20.39	5.09	19.95	19.95
大白菜	Chinese cabbage	1.44	9.97	-18.19	-18.19
黄瓜	Cucumber	8.17	35.75	64.91	64.91
西红柿	Tomato	5.82	25.97	15.81	15.81
菜椒	Green bell	9.84	60.96	72.93	72.93
四季豆	Kidney Beans	9.95	27.90	37.35	37.35
红富士苹果	Hongfushi Apple	8.27	4.88	2.54	2.54
香蕉	Banana	6.06	3.49	16.65	16.65
橙子	Orange	6.32	-3.71	8.91	8.91

3-19 全国农产品集贸市场月度价格及走势(2012年2月)
Monthly RMF Prices of Agricultural Products(Feb.2012)

品种 Categories		价格(元/公斤) Price (yuan/ kg)	价格走势 Increase rate		
			本月比上月上涨 Increase rate over the last month (%)	本月比上年同月上涨 Increase rate over the same month of the preceding year (%)	1-2月比上年同期上涨 Jan.-Feb.increase rate over the same periodof the preceding year (%)
籼稻	Long-grained nonglutinous rice	2.69	1.27	13.37	13.44
粳稻	Round-grained rice	3.02	-0.91	4.55	6.20
小麦	Wheat	2.29	-1.37	2.94	4.14
玉米	Corn	2.28	0.01	7.31	7.74
大豆	Soybeans	5.68	0.33	2.60	2.69
籼米	Polished long-grained nonglutinous rice	4.44	1.10	13.46	13.63
粳米	Polished round-grained rice	4.95	-0.68	6.40	7.07
面粉	Wheat flour	3.56	-0.05	6.13	6.56
棉花(籽棉)	Cotton (unginned cotton)	7.85	-1.47	-24.94	-23.41
花生仁	Peanut kernel	13.96	1.75	26.30	25.78
油菜籽	Rapeseeds	5.04	0.40	10.72	11.33
花生油	Peanut oil	22.19	-0.28	20.91	21.06
菜籽油	Rape oil	14.13	-0.12	7.92	8.73
豆油	Soybean oil	11.34	-0.50	2.85	3.70
活猪	Hog	16.83	-5.24	19.07	24.17
仔猪	Piglet	29.37	5.14	56.51	60.87
猪肉	Pork	26.76	-4.84	17.75	22.54
牛肉	Beef	42.18	-0.03	18.73	19.34
羊肉	Mutton	51.77	-0.02	21.35	22.38
活鸡	Live chicken	16.76	-3.80	8.86	11.25
鸡蛋	Eggs	8.85	-10.19	-11.22	-6.84
草鱼	Grass carp	14.47	-1.90	7.26	8.38
鲤鱼	Carp	13.35	-0.66	12.38	13.46
鲢鱼	Silver carp	10.46	-3.15	5.88	8.18
带鱼	Hairtail	20.11	-1.36	15.66	17.78
大白菜	Chinese cabbage	1.50	3.95	-12.34	-15.31
黄瓜	Cucumber	6.35	-22.24	25.37	44.92
西红柿	Tomato	5.92	1.73	16.03	15.92
菜椒	Green bell	7.95	-19.14	19.57	44.17
四季豆	Kidney Beans	9.30	-6.52	12.69	24.22
红富士苹果	Hongfushi Apple	8.19	-0.99	-1.97	0.25
香蕉	Banana	5.93	-2.21	4.01	10.04
橙子	Orange	6.02	-4.79	-3.70	2.37

3-20 全国农产品集贸市场月度价格及走势(2012年3月)
Monthly RMF Prices of Agricultural Products(Mar.2012)

品 种	Categories	价格(元/公斤) Price (yuan/ kg)	价格走势 Increase rate		
			本月比上月上涨 Increase rate over the last month (%)	本月比上年同月上涨 Increase rate over the same month of the preceding year (%)	1-3月比上年同期上涨 Jan.-Mar.increase rate over the same periodof the preceding year (%)
籼 稻	Long-grained nonglutinous rice	2.71	0.91	11.15	12.66
粳 稻	Round-grained rice	3.03	0.10	3.00	5.12
小 麦	Wheat	2.30	0.23	2.82	3.70
玉 米	Corn	2.32	1.98	7.21	7.56
大 豆	Soybeans	5.69	0.19	2.40	2.60
籼 米	Polished long-grained nonglutinous rice	4.50	1.40	11.74	12.98
粳 米	Polished round-grained rice	4.95	0.02	5.07	6.39
面 粉	Wheat flour	3.56	-0.09	5.28	6.13
棉花(籽棉)	Cotton (unginned cotton)	7.83	-0.32	-26.92	-24.61
花生仁	Peanut kernel	14.31	2.52	28.69	26.76
油菜籽	Rapeseeds	5.04	0.05	9.15	10.59
花生油	Peanut oil	22.40	0.94	19.73	20.61
菜籽油	Rape oil	14.13	0.02	7.14	8.20
豆 油	Soybean oil	11.38	0.39	3.14	3.51
活 猪	Hog	15.85	-5.86	9.23	19.06
仔 猪	Piglet	29.89	1.77	39.13	52.70
猪 肉	Pork	25.51	-4.68	10.64	18.50
牛 肉	Beef	42.17	-0.02	19.81	19.50
羊 肉	Mutton	51.40	-0.72	21.38	22.04
活 鸡	Live chicken	16.66	-0.57	8.38	10.29
鸡 蛋	Eggs	8.69	-1.82	-7.69	-7.11
草 鱼	Grass carp	14.92	3.11	11.18	9.31
鲤 鱼	Carp	13.88	3.92	17.70	14.87
鲢 鱼	Silver carp	10.66	1.82	8.88	8.34
带 鱼	Hairtail	20.10	-0.05	15.52	17.02
大白菜	Chinese cabbage	2.00	33.44	30.25	-1.34
黄 瓜	Cucumber	6.21	-2.18	32.71	41.03
西红柿	Tomato	6.42	8.53	28.76	20.16
菜 椒	Green bell	9.57	20.30	20.00	34.68
四季豆	Kidney Beans	10.12	8.83	15.07	20.90
红富士苹果	Hongfushi Apple	8.24	0.62	-2.00	-0.51
香 蕉	Banana	5.87	-0.97	-1.64	5.91
橙 子	Orange	5.92	-1.61	-5.39	-0.28

3-21 全国农产品集贸市场月度价格及走势(2012年4月)
Monthly RMF Prices of Agricultural Products(Apr.2012)

品　种 Categories		价格(元/公斤) Price (yuan/ kg)	价格走势 Increase rate		
			本月比上月上涨 Increase rate over the last month (%)	本月比上年同月上涨 Increase rate over the same month of the preceding year (%)	1-4月比上年同期上涨 Jan.-Apr.increase rate over the same periodof the preceding year (%)
籼　稻	Long-grained nonglutinous rice	2.73	0.57	10.76	12.17
粳　稻	Round-grained rice	3.04	0.34	2.29	4.40
小　麦	Wheat	2.35	2.33	3.97	3.77
玉　米	Corn	2.37	2.17	7.52	7.55
大　豆	Soybeans	5.75	1.01	2.94	2.68
籼　米	Polished long-grained nonglutinous rice	4.53	0.66	10.44	12.33
粳　米	Polished round-grained rice	4.97	0.49	4.95	6.03
面　粉	Wheat flour	3.56	0.22	4.87	5.81
棉花(籽棉)	Cotton (unginned cotton)	7.94	1.44	-24.33	-24.54
花生仁	Peanut kernel	14.58	1.86	26.67	26.74
油菜籽	Rapeseeds	5.09	1.05	9.07	10.20
花生油	Peanut oil	22.55	0.65	20.48	20.58
菜籽油	Rape oil	14.25	0.86	7.18	7.94
豆　油	Soybean oil	11.60	1.92	5.09	3.91
活　猪	Hog	14.94	-5.74	1.23	14.45
仔　猪	Piglet	29.64	-0.83	29.67	46.11
猪　肉	Pork	24.08	-5.60	3.73	14.73
牛　肉	Beef	42.91	1.73	22.34	20.20
羊　肉	Mutton	51.12	-0.55	20.61	21.69
活　鸡	Live chicken	16.40	-1.61	6.95	9.46
鸡　蛋	Eggs	8.34	-3.97	-10.56	-7.94
草　鱼	Grass carp	15.36	2.93	14.18	10.53
鲤　鱼	Carp	14.34	3.32	20.03	16.18
鲢　鱼	Silver carp	10.78	1.18	11.12	9.03
带　鱼	Hairtail	20.10	-0.01	15.13	16.54
大白菜	Chinese cabbage	2.61	30.49	69.70	15.35
黄　瓜	Cucumber	5.04	-18.92	33.77	39.55
西红柿	Tomato	6.69	4.24	39.90	24.91
菜　椒	Green bell	7.96	-16.81	35.37	34.83
四季豆	Kidney Beans	9.20	-9.14	32.72	23.53
红富士苹果	Hongfushi Apple	8.28	0.59	-2.80	-1.10
香　蕉	Banana	5.57	-5.12	-19.34	-1.43
橙　子	Orange	5.86	-0.93	-11.36	-3.22

3-22 全国农产品集贸市场月度价格及走势(2012年5月)
Monthly RMF Prices of Agricultural Products (May 2012)

品 种	Categories	价格(元/公斤) Price (yuan/ kg)	价格走势 Increase rate		
			本月比上月上涨 Increase rate over the last month (%)	本月比上年同月上涨 Increase rate over the same month of the preceding year (%)	1-5月比上年同期上涨 Jan.-May.increase rate over the same periodof the preceding year (%)
籼稻	Long-grained nonglutinous rice	2.73	0.20	9.63	11.65
粳稻	Round-grained rice	3.05	0.63	2.76	4.06
小麦	Wheat	2.34	-0.46	3.24	3.66
玉米	Corn	2.41	1.48	6.21	7.27
大豆	Soybeans	5.82	1.32	4.29	3.01
籼米	Polished long-grained nonglutinous rice	4.57	0.91	10.77	12.01
粳米	Polished round-grained rice	5.01	0.84	5.49	5.92
面粉	Wheat flour	3.56	-0.17	4.16	5.48
棉花(籽棉)	Cotton (unginned cotton)	7.88	-0.81	-21.15	-23.89
花生仁	Peanut kernel	14.69	0.79	20.73	25.45
油菜籽	Rapeseeds	5.08	-0.29	8.65	9.89
花生油	Peanut oil	22.62	0.35	17.15	19.87
菜籽油	Rape oil	14.20	-0.37	6.43	7.63
豆油	Soybean oil	11.55	-0.47	3.89	3.91
活猪	Hog	14.29	-4.33	-8.04	9.64
仔猪	Piglet	28.38	-4.25	12.89	38.17
猪肉	Pork	23.19	-3.70	-4.63	10.65
牛肉	Beef	43.64	1.71	23.85	20.93
羊肉	Mutton	52.06	1.83	21.41	21.63
活鸡	Live chicken	16.26	-0.82	4.00	8.35
鸡蛋	Eggs	8.29	-0.61	-16.33	-9.65
草鱼	Grass carp	15.77	2.69	13.90	11.22
鲤鱼	Carp	14.59	1.78	13.09	15.52
鲢鱼	Silver carp	11.03	2.34	9.77	9.18
带鱼	Hairtail	20.91	4.05	18.44	16.93
大白菜	Chinese cabbage	2.82	8.26	61.78	25.13
黄瓜	Cucumber	3.56	-29.26	7.94	34.75
西红柿	Tomato	5.17	-22.73	21.97	24.39
菜椒	Green bell	6.56	-17.58	38.52	35.40
四季豆	Kidney Beans	6.29	-31.55	5.81	20.69
红富士苹果	Hongfushi Apple	8.29	0.05	-3.71	-1.63
香蕉	Banana	5.28	-5.26	-16.27	-4.54
橙子	Orange	5.85	-0.24	-14.22	-5.59

3-23 全国农产品集贸市场月度价格及走势(2012年6月)
Monthly RMF Prices of Agricultural Products(June 2012)

品　种 Categories		价格(元/公斤) Price (yuan/ kg)	价格走势 Increase rate		
			本月比上月上涨 Increase rate over the last month (%)	本月比上年同月上涨 Increase rate over the same month of the preceding year (%)	1-6月比上年同期上涨 Jan.-Jun.increase rate over the same periodof the preceding year (%)
籼　稻	Long-grained nonglutinous rice	2.75	0.49	8.88	11.17
粳　稻	Round-grained rice	3.07	0.39	1.90	3.69
小　麦	Wheat	2.29	-2.12	2.31	3.44
玉　米	Corn	2.42	0.73	4.63	6.81
大　豆	Soybeans	5.84	0.23	3.76	3.13
籼　米	Polished long-grained nonglutinous rice	4.59	0.42	9.81	11.63
粳　米	Polished round-grained rice	5.02	0.05	4.84	5.74
面　粉	Wheat flour	3.55	-0.19	3.09	5.07
棉花(籽棉)	Cotton (unginned cotton)	7.78	-1.26	-22.35	-23.64
花生仁	Peanut kernel	14.73	0.26	10.24	22.55
油菜籽	Rapeseeds	5.11	0.58	8.92	9.72
花生油	Peanut oil	22.61	-0.04	13.20	18.69
菜籽油	Rape oil	14.24	0.29	5.89	7.34
豆　油	Soybean oil	11.44	-0.89	2.83	3.73
活　猪	Hog	14.13	-1.15	-19.58	3.95
仔　猪	Piglet	28.09	-1.01	-5.36	28.58
猪　肉	Pork	22.88	-1.35	-16.77	5.37
牛　肉	Beef	44.62	2.25	23.79	21.42
羊　肉	Mutton	52.62	1.08	20.54	21.44
活　鸡	Live chicken	16.25	-0.06	0.11	6.92
鸡　蛋	Eggs	9.06	9.20	-10.53	-9.80
草　鱼	Grass carp	16.01	1.50	11.21	11.21
鲤　鱼	Carp	14.70	0.71	4.94	13.52
鲢　鱼	Silver carp	11.00	-0.31	4.74	8.40
带　鱼	Hairtail	20.75	-0.77	14.79	16.56
大白菜	Chinese cabbage	2.52	-10.66	16.14	23.27
黄　瓜	Cucumber	2.71	-24.01	3.20	31.36
西红柿	Tomato	3.78	-26.84	7.81	22.29
菜　椒	Green bell	4.75	-27.57	21.53	33.84
四季豆	Kidney Beans	4.64	-26.33	1.56	18.60
红富士苹果	Hongfushi Apple	8.87	6.98	2.40	-0.94
香　蕉	Banana	5.02	-4.86	-4.38	-4.51
橙　子	Orange	6.00	2.60	-12.91	-6.89

3-24 全国农产品集贸市场月度价格及走势(2012年7月)
Monthly RMF Prices of Agricultural Products (July 2012)

品种 Categories		价格(元/公斤) Price (yuan/ kg)	价格走势 Increase rate		
			本月比上月上涨 Increase rate over the last month (%)	本月比上年同月上涨 Increase rate over the same month of the preceding year (%)	1-7月比上年同期上涨 Jan.-Jul.increase rate over the same periodof the preceding year (%)
籼稻	Long-grained nonglutinous rice	2.73	-0.62	7.89	10.69
粳稻	Round-grained rice	3.07	0.24	1.38	3.35
小麦	Wheat	2.28	-0.28	1.07	3.10
玉米	Corn	2.48	2.32	5.53	6.61
大豆	Soybeans	5.83	-0.04	3.34	3.16
籼米	Polished long-grained nonglutinous rice	4.62	0.62	10.06	11.40
粳米	Polished round-grained rice	5.03	0.21	3.93	5.47
面粉	Wheat flour	3.54	-0.25	2.15	4.65
棉花(籽棉)	Cotton (unginned cotton)	7.82	0.48	-22.34	-23.46
花生仁	Peanut kernel	14.70	-0.19	4.66	19.57
油菜籽	Rapeseeds	5.05	-1.14	5.94	9.17
花生油	Peanut oil	22.82	0.89	11.70	17.63
菜籽油	Rape oil	14.46	1.53	6.85	7.27
豆油	Soybean oil	11.40	-0.41	1.10	3.34
活猪	Hog	13.98	-1.07	-25.29	-1.07
仔猪	Piglet	27.53	-2.02	-14.30	20.33
猪肉	Pork	22.57	-1.33	-23.55	0.42
牛肉	Beef	45.31	1.54	22.88	21.63
羊肉	Mutton	53.12	0.95	19.85	21.21
活鸡	Live chicken	16.22	-0.22	-2.29	5.53
鸡蛋	Eggs	9.16	1.16	-10.75	-9.94
草鱼	Grass carp	15.84	-1.01	6.62	10.51
鲤鱼	Carp	14.17	-3.60	-2.98	10.81
鲢鱼	Silver carp	10.92	-0.75	0.87	7.25
带鱼	Hairtail	20.78	0.13	11.72	15.83
大白菜	Chinese cabbage	2.48	-1.79	-1.63	18.43
黄瓜	Cucumber	3.11	15.04	17.74	30.03
西红柿	Tomato	3.75	-0.86	3.27	20.08
菜椒	Green bell	4.25	-10.45	10.75	31.55
四季豆	Kidney Beans	4.78	3.08	3.20	17.06
红富士苹果	Hongfushi Apple	9.04	1.99	4.84	-0.10
香蕉	Banana	4.82	-4.03	8.87	-3.02
橙子	Orange	6.11	1.73	-14.74	-8.12

3-25 全国农产品集贸市场月度价格及走势(2012年8月)
Monthly RMF Prices of Agricultural Products(Aug.2012)

品 种 Categories		价格(元/公斤) Price (yuan/ kg)	价格走势 Increase rate		
			本月比上月上涨 Increase rate over the last month (%)	本月比上年同月上涨 Increase rate over the same month of the preceding year (%)	1-8月比上年同期上涨 Jan.-Aug.increase rate over the same periodof the preceding year (%)
籼稻	Long-grained nonglutinous rice	2.73	-0.02	7.39	10.26
粳稻	Round-grained rice	3.10	0.75	1.35	3.09
小麦	Wheat	2.33	2.03	2.51	3.02
玉米	Corn	2.49	0.54	4.76	6.37
大豆	Soybeans	5.88	0.84	4.86	3.38
籼米	Polished long-grained nonglutinous rice	4.64	0.34	9.37	11.13
粳米	Polished round-grained rice	5.12	1.80	4.39	5.33
面粉	Wheat flour	3.58	1.12	2.50	4.37
棉花(籽棉)	Cotton (unginned cotton)	7.89	0.98	-20.19	-23.06
花生仁	Peanut kernel	14.63	-0.53	1.45	16.92
油菜籽	Rapeseeds	5.11	1.20	4.67	8.58
花生油	Peanut oil	23.18	1.60	10.27	16.63
菜籽油	Rape oil	14.57	0.73	5.82	7.08
豆油	Soybean oil	11.56	1.42	1.35	3.09
活猪	Hog	14.46	3.44	-23.90	-4.46
仔猪	Piglet	27.20	-1.17	-17.65	14.05
猪肉	Pork	23.29	3.17	-21.83	-2.86
牛肉	Beef	46.12	1.78	23.57	21.89
羊肉	Mutton	53.51	0.75	19.97	21.05
活鸡	Live chicken	16.48	1.60	-2.98	4.39
鸡蛋	Eggs	10.26	12.01	-4.75	-9.24
草鱼	Grass carp	15.67	-1.13	4.95	9.77
鲤鱼	Carp	13.82	-2.48	-2.74	8.94
鲢鱼	Silver carp	10.82	-0.92	0.14	6.30
带鱼	Hairtail	20.62	-0.75	10.93	15.19
大白菜	Chinese cabbage	3.05	23.25	31.95	20.48
黄瓜	Cucumber	3.80	21.91	23.94	29.41
西红柿	Tomato	4.61	22.79	32.77	21.35
菜椒	Green bell	4.16	-2.24	15.36	30.17
四季豆	Kidney Beans	5.60	17.08	14.11	16.78
红富士苹果	Hongfushi Apple	8.92	-1.32	8.34	0.93
香蕉	Banana	4.75	-1.34	5.58	-2.15
橙子	Orange	6.45	5.59	-10.55	-8.45

3-26 全国农产品集贸市场月度价格及走势(2012年9月)
Monthly RMF Prices of Agricultural Products(Sep.2012)

品 种 Categories		价格(元/公斤) Price (yuan/ kg)	价格走势 Increase rate		
			本月比上月上涨 Increase rate over the last month (%)	本月比上年同月上涨 Increase rate over the same month of the preceding year (%)	1-9月比上年同期上涨 Jan.-Sep.increase rate over the same periodof the preceding year (%)
籼稻	Long-grained nonglutinous rice	2.74	0.27	6.77	9.86
粳稻	Round-grained rice	3.14	1.37	2.55	3.03
小麦	Wheat	2.35	1.01	3.27	3.05
玉米	Corn	2.48	-0.46	2.49	5.91
大豆	Soybeans	5.96	1.28	6.40	3.71
籼米	Polished long-grained nonglutinous rice	4.67	0.78	8.41	10.82
粳米	Polished round-grained rice	5.20	1.51	5.69	5.37
面粉	Wheat flour	3.61	0.81	2.67	4.18
棉花(籽棉)	Cotton (unginned cotton)	8.12	2.82	-10.30	-21.79
花生仁	Peanut kernel	14.47	-1.04	-0.15	14.73
油菜籽	Rapeseeds	5.16	0.94	4.97	8.16
花生油	Peanut oil	23.41	0.97	9.05	15.71
菜籽油	Rape oil	14.60	0.22	5.02	6.84
豆油	Soybean oil	11.67	0.92	1.54	2.91
活猪	Hog	14.82	2.54	-23.48	-6.96
仔猪	Piglet	26.74	-1.70	-20.88	9.00
猪肉	Pork	23.67	1.63	-21.71	-5.31
牛肉	Beef	47.25	2.46	24.84	22.23
羊肉	Mutton	54.32	1.50	18.74	20.78
活鸡	Live chicken	16.76	1.72	-1.61	3.68
鸡蛋	Eggs	10.57	3.05	-4.35	-8.65
草鱼	Grass carp	15.37	-1.86	2.69	8.93
鲤鱼	Carp	13.46	-2.58	-2.80	7.55
鲢鱼	Silver carp	10.80	-0.14	-0.84	5.46
带鱼	Hairtail	20.75	0.62	10.88	14.69
大白菜	Chinese cabbage	2.57	-15.90	8.41	18.86
黄瓜	Cucumber	3.43	-9.80	-0.93	26.28
西红柿	Tomato	5.00	8.62	33.07	22.49
菜椒	Green bell	4.26	2.38	5.90	28.06
四季豆	Kidney Beans	5.58	-0.35	2.44	15.40
红富士苹果	Hongfushi Apple	8.58	-3.91	7.12	1.59
香蕉	Banana	4.73	-0.51	-6.19	-2.56
橙子	Orange	6.64	3.02	-13.12	-9.04

3-27 全国农产品集贸市场月度价格及走势(2012年10月)
Monthly RMF Prices of Agricultural Products(Oct.2012)

品种 Categories		价格(元/公斤) Price (yuan/ kg)	价格走势 Increase rate		
			本月比上月上涨 Increase rate over the last month (%)	本月比上年同月上涨 Increase rate over the same month of the preceding year (%)	1-10月比上年同期上涨 Jan.-Oct.increase rate over the same periodof the preceding year (%)
籼稻	Long-grained nonglutinous rice	2.74	0.24	5.58	9.41
粳稻	Round-grained rice	3.12	-0.66	2.27	2.95
小麦	Wheat	2.37	0.76	3.24	3.07
玉米	Corn	2.42	-2.60	1.35	5.43
大豆	Soybeans	5.97	0.28	6.21	3.96
籼米	Polished long-grained nonglutinous rice	4.67	0.02	8.04	10.53
粳米	Polished round-grained rice	5.22	0.55	5.69	5.41
面粉	Wheat flour	3.63	0.59	2.51	4.01
棉花(籽棉)	Cotton (unginned cotton)	8.09	-0.27	-8.69	-20.63
花生仁	Peanut kernel	14.20	-1.92	0.20	13.12
油菜籽	Rapeseeds	5.17	0.27	5.03	7.83
花生油	Peanut oil	23.24	-0.69	6.88	14.74
菜籽油	Rape oil	14.69	0.66	5.05	6.66
豆油	Soybean oil	11.59	-0.62	1.07	2.72
活猪	Hog	14.72	-0.72	-20.76	-8.51
仔猪	Piglet	25.55	-4.45	-20.37	5.46
猪肉	Pork	23.63	-0.17	-19.92	-6.96
牛肉	Beef	48.68	3.04	26.90	22.72
羊肉	Mutton	55.24	1.70	17.90	20.47
活鸡	Live chicken	16.88	0.71	-0.09	3.28
鸡蛋	Eggs	10.10	-4.46	-5.47	-8.31
草鱼	Grass carp	15.03	-2.23	3.47	8.37
鲤鱼	Carp	13.11	-2.56	-2.08	6.56
鲢鱼	Silver carp	10.73	-0.63	0.19	4.91
带鱼	Hairtail	20.65	-0.47	10.17	14.22
大白菜	Chinese cabbage	1.81	-29.46	-11.63	15.69
黄瓜	Cucumber	3.44	0.40	0.67	23.92
西红柿	Tomato	4.41	-11.91	9.93	21.31
菜椒	Green bell	4.13	-3.08	-10.65	24.55
四季豆	Kidney Beans	5.19	-6.86	-4.11	13.70
红富士苹果	Hongfushi Apple	8.39	-2.16	7.77	2.16
香蕉	Banana	4.85	2.56	-12.77	-3.60
橙子	Orange	7.17	7.86	-4.94	-8.58

3-28 全国农产品集贸市场月度价格及走势(2012年11月)
Monthly RMF Prices of Agricultural Products (Nov.2012)

品种 Categories		价格(元/公斤) Price (yuan/ kg)	价格走势 Increase rate		
			本月比上月上涨 Increase rate over the last month (%)	本月比上年同月上涨 Increase rate over the same month of the preceding year (%)	1-11月比上年同期上涨 Jan.-Nov.increase rate over the same periodof the preceding year (%)
籼稻	Long-grained nonglutinous rice	2.74	-0.01	4.96	8.99
粳稻	Round-grained rice	3.09	-0.79	1.84	2.85
小麦	Wheat	2.40	1.20	4.56	3.21
玉米	Corn	2.36	-2.57	2.10	5.12
大豆	Soybeans	6.06	1.37	7.41	4.28
籼米	Polished long-grained nonglutinous rice	4.66	-0.16	8.18	10.30
粳米	Polished round-grained rice	5.21	-0.36	5.55	5.42
面粉	Wheat flour	3.67	1.18	3.94	4.00
棉花(籽棉)	Cotton (unginned cotton)	8.17	0.88	-1.06	-19.13
花生仁	Peanut kernel	14.03	-1.14	1.28	11.95
油菜籽	Rapeseeds	5.19	0.42	5.89	7.65
花生油	Peanut oil	23.16	-0.38	5.99	13.87
菜籽油	Rape oil	14.67	-0.18	4.91	6.49
豆油	Soybean oil	11.44	-1.32	0.33	2.50
活猪	Hog	14.93	1.41	-14.25	-9.05
仔猪	Piglet	24.97	-2.27	-13.18	3.64
猪肉	Pork	23.82	0.78	-14.30	-7.66
牛肉	Beef	50.12	2.94	29.37	23.37
羊肉	Mutton	56.27	1.87	17.40	20.17
活鸡	Live chicken	17.11	1.38	2.25	3.19
鸡蛋	Eggs	10.20	0.96	-0.46	-7.59
草鱼	Grass carp	14.89	-0.94	3.16	7.89
鲤鱼	Carp	13.00	-0.88	-1.55	5.82
鲢鱼	Silver carp	10.66	-0.72	2.28	4.67
带鱼	Hairtail	20.64	-0.07	8.71	13.69
大白菜	Chinese cabbage	1.61	-11.27	7.75	15.13
黄瓜	Cucumber	4.38	27.41	5.26	22.03
西红柿	Tomato	4.75	7.78	15.59	20.80
菜椒	Green bell	4.39	6.44	-7.24	21.85
四季豆	Kidney Beans	6.96	33.98	22.46	14.44
红富士苹果	Hongfushi Apple	8.14	-3.03	6.39	2.52
香蕉	Banana	4.64	-4.30	-21.18	-5.30
橙子	Orange	6.90	-3.74	-2.53	-8.02

3-29 全国农产品集贸市场月度价格及走势(2012年12月)
Monthly RMF Prices of Agricultural Products(Dec.2012)

品 种 Categories		价格(元/公斤) Price (yuan/ kg)	价格走势 Increase rate		
			本月比上月上涨 Increase rate over the last month (%)	本月比上年同月上涨 Increase rate over the same month of the preceding year (%)	1-12月比上年同期上涨 Jan.-Dec.increase rate over the same periodof the preceding year (%)
籼稻	Long-grained nonglutinous rice	2.75	0.12	4.83	8.63
粳稻	Round-grained rice	3.09	-0.17	1.72	2.76
小麦	Wheat	2.45	1.85	5.89	3.44
玉米	Corn	2.36	0.26	4.05	5.03
大豆	Soybeans	6.09	0.60	7.97	4.59
籼米	Polished long-grained nonglutinous rice	4.68	0.35	7.57	10.07
粳米	Polished round-grained rice	5.21	0.19	5.57	5.43
面粉	Wheat flour	3.74	1.83	6.09	4.18
棉花(籽棉)	Cotton (unginned cotton)	8.17	0.08	1.06	-17.72
花生仁	Peanut kernel	14.06	0.17	3.78	11.24
油菜籽	Rapeseeds	5.20	0.07	3.76	7.31
花生油	Peanut oil	23.17	0.05	6.46	13.20
菜籽油	Rape oil	14.76	0.65	4.58	6.33
豆油	Soybean oil	11.44	-0.03	1.05	2.38
活猪	Hog	16.04	7.46	-7.11	-8.88
仔猪	Piglet	25.18	0.84	-8.02	2.65
猪肉	Pork	25.15	5.60	-8.05	-7.69
牛肉	Beef	52.00	3.75	31.64	24.11
羊肉	Mutton	57.51	2.20	16.77	19.86
活鸡	Live chicken	17.37	1.50	2.93	3.16
鸡蛋	Eggs	10.50	2.95	4.93	-6.56
草鱼	Grass carp	15.02	0.86	3.84	7.54
鲤鱼	Carp	12.94	-0.45	-1.48	5.20
鲢鱼	Silver carp	10.76	0.97	2.90	4.52
带鱼	Hairtail	20.92	1.36	7.83	13.17
大白菜	Chinese cabbage	1.85	15.35	41.49	16.67
黄瓜	Cucumber	5.69	29.80	-5.48	18.52
西红柿	Tomato	5.46	14.84	18.16	20.56
菜椒	Green bell	5.67	29.14	-7.16	18.98
四季豆	Kidney Beans	8.13	16.85	4.54	13.42
红富士苹果	Hongfushi Apple	8.09	-0.60	2.60	2.53
香蕉	Banana	4.59	-1.12	-21.65	-6.74
橙子	Orange	6.39	-7.31	-2.57	-7.58

3-30 2012年各地区农产品集贸市场价格
Annual RMF Prices of Agricultural Products by Region(2012)

单位：元/公斤 Unit: yuan/ kg

地 区	Region	粮 食 Grain				
		籼稻 Long-grained nonglutinous rice	粳稻 Round-grained rice	小麦 Wheat	玉米 Corn	大豆 Soybeans
北 京	Beijing					5.81
天 津	Tianjin		3.70	2.15	2.26	6.45
河 北	Hebei			2.14	2.18	5.67
山 西	Shanxi			2.14	2.18	6.41
内蒙古	Inner Mongolia		3.16	2.44	2.24	5.89
辽 宁	Liaoning		3.02	2.40	2.20	5.50
吉 林	Jilin		3.04		2.11	5.86
黑龙江	Heilongjiang		3.19		1.96	4.48
上 海	Shanghai					8.06
江 苏	Jiangsu	2.61	2.79	2.08	2.34	5.52
浙 江	Zhejiang	2.96	3.15	3.24	3.37	7.21
安 徽	Anhui	2.55	2.79	2.06	2.35	5.37
福 建	Fujian	2.79	2.97	2.97	2.85	5.99
江 西	Jiangxi	2.55	2.50		7.00	6.52
山 东	Shandong		2.77	2.16	2.20	5.30
河 南	Henan	2.52	2.21	2.12	2.18	5.33
湖 北	Hubei	2.75	2.98	2.06	2.41	5.90
湖 南	Hunan	2.67	2.56		2.71	6.55
广 东	Guangdong	2.81	3.06	4.44	3.98	6.60
广 西	Guangxi	2.83		4.95	2.78	6.61
海 南	Hainan	2.75			6.08	6.75
重 庆	Chongqing	2.73	3.45	2.41	2.49	6.53
四 川	Sichuan	2.64	2.82	2.22	2.41	6.02
贵 州	Guizhou	3.07	3.33	2.53	2.54	5.76
云 南	Yunnan	2.71	3.07	2.95	2.53	6.19
陕 西	Shaanxi			2.01	2.06	4.99
甘 肃	Gansu			2.29	2.18	4.38
青 海	Qinghai					
宁 夏	Ningxia		2.77	2.45	2.17	6.77
新 疆	Xinjiang		3.74	2.35	2.12	6.43

3-30 续表 1 continued 1

地 区	Region	粮 食 Grain			油料 Oil-bearing crops	
		籼米 Polished Longgrain nonglutinous rice	粳米 Polished round-grained rice	面粉 Wheat flour	花生仁 Peanut kernel	油菜籽 Rapeseeds
北 京	Beijing		5.12	3.27	14.96	
天 津	Tianjin	5.78	5.00	3.93	14.79	
河 北	Hebei	4.55	5.09	2.88	14.00	
山 西	Shanxi		5.54	2.96	14.90	5.50
内蒙古	Inner Mongolia		5.13	3.42	15.17	4.46
辽 宁	Liaoning		5.07	3.86	14.33	
吉 林	Jilin		4.92	3.80	15.00	
黑龙江	Heilongjiang		5.15	3.54	15.86	
上 海	Shanghai	4.48	5.35	4.77	14.54	
江 苏	Jiangsu	3.82	4.36	3.38	14.21	5.03
浙 江	Zhejiang	4.29	4.73	3.87	14.85	4.97
安 徽	Anhui	4.28	4.91	3.25	13.89	5.22
福 建	Fujian	4.20	4.69	4.01	14.58	
江 西	Jiangxi	4.29		3.74	15.21	5.70
山 东	Shandong		4.92	2.85	12.92	
河 南	Henan	4.60	4.98	2.82	13.46	5.36
湖 北	Hubei	4.73	5.08	3.99	14.12	4.65
湖 南	Hunan	4.71	5.18	4.37	13.95	5.46
广 东	Guangdong	5.09	5.56	4.44	13.43	
广 西	Guangxi	4.74		4.09	14.14	
海 南	Hainan	5.00		5.08	15.54	
重 庆	Chongqing	4.85	6.27	4.44	15.74	5.43
四 川	Sichuan	4.35	5.35	4.04	14.24	5.10
贵 州	Guizhou	4.96	5.62	4.66	15.43	4.70
云 南	Yunnan	4.70	4.97	4.04	14.66	5.11
陕 西	Shaanxi	3.92	5.01	2.84	12.05	
甘 肃	Gansu	6.64	5.76	3.14	15.28	5.11
青 海	Qinghai	4.89	5.76	3.33	15.50	
宁 夏	Ningxia	3.68	5.09	3.56	16.83	
新 疆	Xinjiang		5.34	3.13	15.50	5.05

3-30 续表 2 continued 2

地 区	Region	棉 花 (籽棉) Cotton (unginned cotton)	食用油 Edible oil 花生油 Peanut oil	菜籽油 Rape oil	豆油 Soybean oil
北 京	Beijing				
天 津	Tianjin	11.38	22.83	15.00	13.06
河 北	Hebei	7.44	22.98	13.83	11.38
山 西	Shanxi	7.29	12.96	14.73	10.30
内 蒙 古	Inner Mongolia		17.93	18.43	11.16
辽 宁	Liaoning		30.83		11.08
吉 林	Jilin				11.03
黑 龙 江	Heilongjiang		21.04		10.62
上 海	Shanghai		29.15	12.15	11.50
江 苏	Jiangsu	8.22	21.60	13.47	12.30
浙 江	Zhejiang	8.00	20.95	13.23	11.80
安 徽	Anhui	8.46	21.04	14.85	12.85
福 建	Fujian		17.84	11.41	11.65
江 西	Jiangxi	7.96	21.12	15.94	11.00
山 东	Shandong	8.11	23.62		10.40
河 南	Henan	7.58	22.48	12.88	10.82
湖 北	Hubei	7.58	31.75	12.24	10.81
湖 南	Hunan	8.23	19.18	17.99	11.36
广 东	Guangdong		29.35	13.78	17.65
广 西	Guangxi		27.68	17.85	18.28
海 南	Hainan		28.80	11.84	12.30
重 庆	Chongqing		24.01	14.71	8.58
四 川	Sichuan			16.10	
贵 州	Guizhou		23.32	15.01	15.38
云 南	Yunnan		15.98	14.20	14.35
陕 西	Shaanxi	7.19	15.91	12.60	12.29
甘 肃	Gansu		21.67	14.14	12.76
青 海	Qinghai		28.00	11.61	
宁 夏	Ningxia		25.33	11.73	11.73
新 疆	Xinjiang	7.68		13.04	11.00

3-30 续表 3 continued 3

地 区	Region	畜产品 Livestock products						
		活猪 Hog	仔猪 Piglet	猪肉 Pork	牛肉 Beef	羊肉 Mutton	活鸡 Live chicken	鸡蛋 Eggs
北 京	Beijing	15.29	30.98	23.44	41.08	53.17	14.85	8.60
天 津	Tianjin	15.58	26.80	23.27	41.06	53.29	13.78	8.45
河 北	Hebei	14.92	27.48	23.23	40.52	51.78	11.61	8.22
山 西	Shanxi	14.92	40.25	23.08	40.16	49.10	10.84	8.03
内蒙古	Inner Mongolia	15.93	35.62	22.84	42.00	49.58	14.55	9.20
辽 宁	Liaoning	15.22	33.98	24.54	43.46	60.13	20.18	8.14
吉 林	Jilin	14.46	34.08	20.95	43.64	54.99	23.83	8.25
黑龙江	Heilongjiang	14.93	37.21	23.58	38.99	45.74	13.62	8.10
上 海	Shanghai			28.36	49.72	53.25	19.57	9.41
江 苏	Jiangsu	14.62	18.29	24.42	44.71	49.63	13.38	8.54
浙 江	Zhejiang	15.85	17.95	26.05	55.13	55.24	15.87	9.88
安 徽	Anhui	15.60	25.21	24.97	43.67	50.78	13.86	10.02
福 建	Fujian	14.68	31.27	21.86	58.43	60.63	23.60	10.57
江 西	Jiangxi	15.59	24.59	24.57	59.12	49.11	17.85	11.33
山 东	Shandong	14.64	17.83	23.68	42.25	54.77	11.71	8.09
河 南	Henan	14.91	29.88	23.79	43.60	55.87	13.43	8.01
湖 北	Hubei	15.06	29.40	25.56	47.95	50.59	14.13	9.44
湖 南	Hunan	15.38	26.97	24.16	51.41	52.67	18.10	11.19
广 东	Guangdong	14.53	19.08	24.82	51.05	57.71	22.47	11.26
广 西	Guangxi	14.55	22.63	22.62	50.21	60.57	21.27	11.07
海 南	Hainan	15.18	23.36	32.73	59.94	83.99	24.83	13.18
重 庆	Chongqing	15.49	21.26	24.46	47.07	50.58	28.65	10.31
四 川	Sichuan	14.83	22.01	24.35	42.70	50.25	20.02	10.77
贵 州	Guizhou	16.33	21.54	26.23	45.44	51.01	21.82	14.26
云 南	Yunnan	16.12	30.84	26.37	46.72	57.31	17.84	12.11
陕 西	Shaanxi	15.17	38.62	24.75	38.95	52.23	15.40	8.42
甘 肃	Gansu	16.17	34.43	25.36	42.28	52.62	18.92	8.85
青 海	Qinghai	16.20	61.25	23.77	45.13	46.33	21.38	9.56
宁 夏	Ningxia	14.94	40.73	26.15	45.16	49.67	21.02	8.88
新 疆	Xinjiang	17.21	36.50	27.24	42.03	52.42	16.10	8.45

3-30 续表 4 continued 4

地区	Region	水产品 Aquatic products 草鱼 Grass carp	鲤鱼 Carp	鲢鱼 Silver carp	带鱼 Hairtail	水果 Fruits 红富士苹果 Hongfushi Apple	香蕉 Banana	橙子 Orange
北京	Beijing	14.88	14.29	10.29	21.88	8.12	5.10	6.31
天津	Tianjin	15.71	15.33	8.33	14.79	7.22	5.08	6.90
河北	Hebei	15.76	14.30	8.69	16.73	6.38	4.63	5.83
山西	Shanxi	15.34	15.54	11.50	23.00	6.34	5.23	6.11
内蒙古	Inner Mongolia	19.14	16.16	10.19	19.02	7.81	5.25	7.35
辽宁	Liaoning	16.39	15.47	10.51	20.59	7.11	5.70	7.71
吉林	Jilin	17.01	15.33	10.57	17.83	8.74	6.23	8.91
黑龙江	Heilongjiang	15.13	15.20	11.08	14.98	9.34	6.01	7.75
上海	Shanghai	15.43	14.17	15.53	35.68	10.65	6.66	7.77
江苏	Jiangsu	13.34	10.97	9.44	24.22	7.72	5.22	7.37
浙江	Zhejiang	14.16	12.51	10.72	31.78	9.73	5.27	7.39
安徽	Anhui	13.89	11.35	8.32	17.17	6.92	4.74	6.22
福建	Fujian	15.57	14.32	12.78	27.90	10.31	5.03	5.02
江西	Jiangxi	13.67	9.58	7.68	15.42	8.70	4.86	4.71
山东	Shandong	14.80	14.43	8.65	14.83	5.15	4.03	5.32
河南	Henan	14.00	13.31	8.55	16.52	6.69	4.38	5.36
湖北	Hubei	12.81	9.18	7.51	20.08	10.10	5.89	6.74
湖南	Hunan	14.52	12.00	9.56	24.20	10.20	5.93	6.09
广东	Guangdong	15.54	11.00	9.11	34.74	10.94	4.05	4.45
广西	Guangxi	13.96	12.48	7.54	20.00	9.70	3.82	4.31
海南	Hainan	11.87	11.77	11.54	37.44	12.18	4.41	6.07
重庆	Chongqing	16.31	16.47	11.43	20.78	12.13	6.35	4.75
四川	Sichuan	15.84	15.91	23.04	14.73	10.36	6.19	4.05
贵州	Guizhou	17.03	16.63	19.18	24.92	10.35	5.50	5.54
云南	Yunnan	15.28	14.99	14.06	26.66	8.84	4.11	5.71
陕西	Shaanxi	16.69	15.60	8.46	25.61	6.01	5.69	
甘肃	Gansu	20.64	16.55	15.05	23.30	7.35	5.31	5.52
青海	Qinghai	19.19	17.83	8.88	20.50	8.53	6.84	6.90
宁夏	Ningxia	18.10	16.10	8.30	24.13	7.27	4.90	5.46
新疆	Xinjiang	17.60	14.21	11.45	19.48	9.71	6.21	11.53

3-30 续表 5 continued 5

地 区	Region	蔬 菜 Vegetable				
		大白菜 Chinese cabbage	黄瓜 Cucumber	西红柿 Tomato	菜椒 Green bell	四季豆 Kidney Beans
北 京	Beijing	1.64	4.70	5.13	5.00	6.10
天 津	Tianjin	1.74	4.47	5.02	5.88	6.79
河 北	Hebei	1.50	4.33	4.63	6.04	7.72
山 西	Shanxi	1.53	4.80	4.92	6.72	7.18
内蒙古	Inner Mongolia	1.75	4.68	5.25	6.70	7.96
辽 宁	Liaoning	1.93	5.05	5.26	6.59	7.49
吉 林	Jilin	2.01	5.31	6.51	7.78	9.56
黑龙江	Heilongjiang	1.55	4.54	4.95	5.22	6.71
上 海	Shanghai	2.54	6.03	6.79	9.09	9.51
江 苏	Jiangsu	1.74	4.91	5.20	5.99	7.32
浙 江	Zhejiang	2.84	6.15	6.53	7.87	9.00
安 徽	Anhui	1.92	4.57	5.06	5.25	7.27
福 建	Fujian	3.11	4.75	5.68	6.90	7.58
江 西	Jiangxi	3.05	4.42	5.78	5.70	7.04
山 东	Shandong	1.36	3.96	4.33	5.51	6.89
河 南	Henan	1.75	4.10	4.35	4.86	6.61
湖 北	Hubei	2.63	5.64	5.94	6.07	8.28
湖 南	Hunan	2.76	4.62	6.56	7.24	6.83
广 东	Guangdong	3.39	4.05	5.00	5.88	3.50
广 西	Guangxi	2.89	4.11	4.71	6.20	5.43
海 南	Hainan	4.34	4.28	5.88	5.90	7.01
重 庆	Chongqing	2.71	5.30	5.78	7.31	7.09
四 川	Sichuan	2.75	4.44	5.02	5.49	5.53
贵 州	Guizhou	2.72	4.36	4.75	5.29	5.57
云 南	Yunnan	2.63	4.36	4.54	5.79	4.64
陕 西	Shaanxi	1.55	4.25	4.75	5.46	6.74
甘 肃	Gansu	1.72	4.95	4.43	6.77	7.58
青 海	Qinghai	2.11	5.65	5.23	8.35	8.84
宁 夏	Ningxia	1.96	5.14	4.45	5.63	8.25
新 疆	Xinjiang	2.18	5.07	5.13	7.51	9.88

美国农产品生产价格

The US Prices of Agricultural Products

4-1 月度美国农产品生产价格指数
Index of Prices Received of Agricultural Products by Month

(1990-1992=100)

		总指数 All Farm Products		种植业产品 All Crops		畜牧业产品 Livestock and Products	
		2011	2012	2011	2012	2011	2012
一月	Jan	166	189	189	212	137	156
二月	Feb	171	181	200	206	144	158
三月	Mar	173	184	198	210	152	160
四月	Apr	176	178	200	208	156	152
五月	May	175	178	203	209	152	151
六月	Jun	180	182	209	214	153	152
七月	Jul	181	190	207	228	155	150
八月	Aug	183	193	209	231	158	155
九月	Sep	179	193	203	224	152	156
十月	Oct	184	209	203	237	154	163
十一月	Nov	184	206	206	236	157	168
十二月	Dec	179	201	198	228	157	168

4-2 1月份美国部分农产品生产价格

The US Prices Received of Agricultural Products in Jan.

单位：美元 Unit: Dollar

种植业产品	Field Crops	单位	Unit	2011	2012
大麦	Barley, All	蒲式耳	Bu	3.85	5.40
饲料用	Feed	蒲式耳	Bu	3.43	4.84
制麦芽糖用	Malting	蒲式耳	Bu	3.96	5.49
食用蚕豆	Beans, Dry Edible	英担	Cwt	25.70	42.20
鹰嘴豆	Chickpeas	英担	Cwt	30.60	34.30
玉米	Corn	蒲式耳	Bu	4.94	6.07
棉花	Coton, Upland	磅	Lb	0.82	0.90
棉籽	Cotonseed	吨	Ton	165.00	281.00
亚麻子	Flaxseed	蒲式耳	Bu	13.70	13.60
干草	Hay	吨	Ton	112.00	172.00
紫花苜蓿	Alfalfa	吨	Ton	121.00	192.00
其他	Other	吨	Ton	95.30	127.00
小扁豆	Lentils	英担	Cwt	27.60	27.30
燕麦	Oats	蒲式耳	Bu	3.11	3.56
带壳花生	Peanuts, In-Shell	磅	Lb	0.23	0.34
食用豌豆	Peas, Dry Edible	英担	Cwt	9.97	15.70
马铃薯	Potatoes	英担	Cwt	9.08	9.23
稻谷	Rice, Rough	英担	Cwt	12.90	14.20
谷类高粱	Sorghum Grain	英担	Cwt	9.45	10.80
大豆	Soybeans	蒲式耳	Bu	11.60	11.90
向日葵	Sunflower	英担	Cwt	21.90	28.70
小麦	Wheat, All	蒲式耳	Bu	6.71	7.04
冬小麦	Winter	蒲式耳	Bu	6.37	6.57
硬质小麦	Durum	蒲式耳	Bu	7.07	8.80
其他春小麦	Other Spring	蒲式耳	Bu	7.13	8.12
硬红冬小麦	Hard Red Winter	蒲式耳	Bu	6.51	6.72
软红冬小麦	Soft Red Winter	蒲式耳	Bu	6.32	6.87
硬红春小麦	Hard Red Spring	蒲式耳	Bu	7.21	8.36
白小麦	White	蒲式耳	Bu	6.04	6.15
畜产品	Livestock				
牛排	Calves	英担	Cwt	136.00	169.00
牛肉	Cattle, All Beef	英担	Cwt	107.00	125.00
活猪	Hogs, All	英担	Cwt	55.80	63.50
奶类和家禽	Dairy and poultry				
牛奶	Milk,all	英担	Cwt		19.00
鸡蛋	Egg,all	(一)打	Dozen		0.88

注：1蒲式耳小麦、大豆=27.216公斤，1蒲式耳玉米、高粱=25.401公斤，1蒲式耳大麦=21.772公斤，1蒲式耳燕麦=14.515公斤，1英担=45.359公斤，1磅=0.454公斤。

Notes: 1bu wheat&soybean=27.216kg,1bu corn&Sorghum=25.401kg,1bu barley=21.772kg,1bu oats=14.515kg,1Cwt=45.359kg, 1lb=0.454kg.

4-3 2月份美国部分农产品生产价格
The US Prices Received of Agricultural Products in Feb.

单位：美元 Unit: Dollar

种植业产品	Field Crops	单位	Unit	2011	2012
大麦	Barley, All	蒲式耳	Bu	3.97	5.39
饲料用	Feed	蒲式耳	Bu	3.55	4.75
制麦芽糖用	Malting	蒲式耳	Bu	4.10	5.47
食用蚕豆	Beans, Dry Edible	英担	Cwt	28.60	46.70
鹰嘴豆	Chickpeas	英担	Cwt	30.30	41.30
玉米	Corn	蒲式耳	Bu	5.64	6.28
棉花	Coton, Upland	磅	Lb	0.93	0.92
棉籽	Cotonseed	吨	Ton	172.00	275.00
亚麻子	Flaxseed	蒲式耳	Bu	15.30	13.30
干草	Hay	吨	Ton	116.00	176.00
紫花苜蓿	Alfalfa	吨	Ton	127.00	198.00
其他	Other	吨	Ton	93.90	130.00
小扁豆	Lentils	英担	Cwt	28.90	23.70
燕麦	Oats	蒲式耳	Bu	3.27	3.46
带壳花生	Peanuts, In-Shell	磅	Lb	0.23	0.33
食用豌豆	Peas, Dry Edible	英担	Cwt	11.90	15.10
马铃薯	Potatoes	英担	Cwt	9.26	9.31
稻谷	Rice, Rough	英担	Cwt	13.20	13.80
谷类高粱	Sorghum Grain	英担	Cwt	10.90	10.80
大豆	Soybeans	蒲式耳	Bu	12.70	12.20
向日葵	Sunflower	英担	Cwt	27.40	29.60
小麦	Wheat, All	蒲式耳	Bu	7.43	7.10
冬小麦	Winter	蒲式耳	Bu	7.03	6.67
硬质小麦	Durum	蒲式耳	Bu	8.43	8.95
其他春小麦	Other Spring	蒲式耳	Bu	7.70	8.01
硬红冬小麦	Hard Red Winter	蒲式耳	Bu	7.07	6.73
软红冬小麦	Soft Red Winter	蒲式耳	Bu	7.09	7.13
硬红春小麦	Hard Red Spring	蒲式耳	Bu	7.73	8.21
白小麦	White	蒲式耳	Bu	6.83	6.43
畜产品	Livestock				
牛排	Calves	英担	Cwt	139.00	184.00
牛肉	Cattle, All Beef	英担	Cwt	108.00	127.00
活猪	Hogs, All	英担	Cwt	61.60	65.50
奶类和家禽	Dairy and poultry				
牛奶	Milk,all	英担	Cwt		17.70
鸡蛋	Egg,all	(一)打	Dozen		0.89

注：1蒲式耳小麦、大豆=27.216公斤，1蒲式耳玉米、高粱=25.401公斤，1蒲式耳大麦=21.772公斤，1蒲式耳燕麦=14.515公斤，1英担=45.359公斤，1磅=0.454公斤。

Notes: 1bu wheat&soybean=27.216kg,1bu corn&Sorghum=25.401kg,1bu barley=21.772kg,1bu oats=14.515kg,1Cwt=45.359kg, 1lb=0.454kg.

4-4 3月份美国部分农产品生产价格

The US Prices Received of Agricultural Products in Mar.

单位：美元 Unit: Dollar

种植业产品	Field Crops	单位	Unit	2011	2012
大麦	Barley, All	蒲式耳	Bu	4.31	5.33
饲料用	Feed	蒲式耳	Bu	4.27	4.75
制麦芽糖用	Malting	蒲式耳	Bu	4.32	5.42
食用蚕豆	Beans, Dry Edible	英担	Cwt	30.10	47.10
鹰嘴豆	Chickpeas	英担	Cwt	31.80	43.40
玉米	Corn	蒲式耳	Bu	5.53	6.35
棉花	Coton, Upland	磅	Lb	0.82	0.90
棉籽	Cotonseed	吨	Ton		
亚麻子	Flaxseed	蒲式耳	Bu	14.20	13.80
干草	Hay	吨	Ton	124.00	181.00
紫花苜蓿	Alfalfa	吨	Ton	136.00	201.00
其他	Other	吨	Ton	97.30	139.00
小扁豆	Lentils	英担	Cwt	31.10	22.60
燕麦	Oats	蒲式耳	Bu	3.28	3.79
带壳花生	Peanuts, In-Shell	磅	Lb	0.23	0.35
食用豌豆	Peas, Dry Edible	英担	Cwt	10.50	15.70
马铃薯	Potatoes	英担	Cwt	10.74	9.98
稻谷	Rice, Rough	英担	Cwt	13.00	13.60
谷类高粱	Sorghum Grain	英担	Cwt	10.60	10.90
大豆	Soybeans	蒲式耳	Bu	12.70	13.00
向日葵	Sunflower	英担	Cwt	28.60	28.50
小麦	Wheat, All	蒲式耳	Bu	7.54	7.19
冬小麦	Winter	蒲式耳	Bu	7.02	6.68
硬质小麦	Durum	蒲式耳	Bu	8.15	8.35
其他春小麦	Other Spring	蒲式耳	Bu	8.02	8.04
硬红冬小麦	Hard Red Winter	蒲式耳	Bu	7.10	6.71
软红冬小麦	Soft Red Winter	蒲式耳	Bu	6.70	6.69
硬红春小麦	Hard Red Spring	蒲式耳	Bu	8.06	8.12
白小麦	White	蒲式耳	Bu	6.65	6.58
畜产品	Livestock				
牛排	Calves	英担	Cwt	148.00	184.00
牛肉	Cattle, All Beef	英担	Cwt	115.00	128.00
活猪	Hogs, All	英担	Cwt	63.10	65.20
奶类和家禽	Dairy and poultry				
牛奶	Milk,all	英担	Cwt		17.20
鸡蛋	Egg,all	(一)打	Dozen		1.00

注：1蒲式耳小麦、大豆=27.216公斤，1蒲式耳玉米、高粱=25.401公斤，1蒲式耳大麦=21.772公斤，1蒲式耳燕麦=14.515公斤，1英担=45.359公斤，1磅=0.454公斤。

Notes: 1bu wheat&soybean=27.216kg,1bu corn&Sorghum=25.401kg,1bu barley=21.772kg,1bu oats=14.515kg,1Cwt=45.359kg, 1lb=0.454kg.

4-5 4月份美国部分农产品生产价格
The US Prices Received of Agricultural Products in Apr.

单位：美元 Unit: Dollar

种植业产品	Field Crops	单位	Unit	2011	2012
大麦	Barley, All	蒲式耳	Bu	4.27	5.72
饲料用	Feed	蒲式耳	Bu	4.32	5.15
制麦芽糖用	Malting	蒲式耳	Bu	4.25	5.87
食用蚕豆	Beans, Dry Edible	英担	Cwt	31.70	47.00
鹰嘴豆	Chickpeas	英担	Cwt	36.90	45.80
玉米	Corn	蒲式耳	Bu	6.35	6.34
棉花	Coton, Upland	磅	Lb	0.87	0.91
棉籽	Cotonseed	吨	Ton		
亚麻子	Flaxseed	蒲式耳	Bu	13.50	14.10
干草	Hay	吨	Ton	141.00	190.00
紫花苜蓿	Alfalfa	吨	Ton	155.00	207.00
其他	Other	吨	Ton	103.00	140.00
小扁豆	Lentils	英担	Cwt	28.80	21.50
燕麦	Oats	蒲式耳	Bu	3.53	3.81
带壳花生	Peanuts, In-Shell	磅	Lb	0.23	0.35
食用豌豆	Peas, Dry Edible	英担	Cwt	11.90	16.40
马铃薯	Potatoes	英担	Cwt	11.17	10.75
稻谷	Rice, Rough	英担	Cwt	13.00	13.90
谷类高粱	Sorghum Grain	英担	Cwt	11.70	10.60
大豆	Soybeans	蒲式耳	Bu	13.10	13.70
向日葵	Sunflower	英担	Cwt	28.90	28.50
小麦	Wheat, All	蒲式耳	Bu	8.04	7.11
冬小麦	Winter	蒲式耳	Bu	7.39	6.47
硬质小麦	Durum	蒲式耳	Bu	8.60	9.18
其他春小麦	Other Spring	蒲式耳	Bu	8.67	7.95
硬红冬小麦	Hard Red Winter	蒲式耳	Bu	7.50	6.43
软红冬小麦	Soft Red Winter	蒲式耳	Bu	7.27	6.67
硬红春小麦	Hard Red Spring	蒲式耳	Bu	8.74	8.05
白小麦	White	蒲式耳	Bu	7.06	6.54
畜产品	Livestock				
牛排	Calves	英担	Cwt	147.00	178.00
牛肉	Cattle, All Beef	英担	Cwt	119.00	124.00
活猪	Hogs, All	英担	Cwt	67.70	62.80
奶类和家禽	Dairy and poultry				
牛奶	Milk,all	英担	Cwt		16.80
鸡蛋	Egg,all	(一)打	Dozen		0.86

注：1蒲式耳小麦、大豆=27.216公斤，1蒲式耳玉米、高粱=25.401公斤，1蒲式耳大麦=21.772公斤，1蒲式耳燕麦=14.515公斤，1英担=45.359公斤，1磅=0.454公斤。

Notes: 1bu wheat&soybean=27.216kg,1bu corn&Sorghum=25.401kg,1bu barley=21.772kg,1bu oats=14.515kg,1Cwt=45.359kg, 1lb=0.454kg.

4-6 5月份美国部分农产品生产价格
The US Prices Received of Agricultural Products in May

单位：美元 Unit: Dollar

种植业产品	Field Crops	单位	Unit	2011	2012
大麦	Barley, All	蒲式耳	Bu	4.15	5.72
饲料用	Feed	蒲式耳	Bu	4.61	4.89
制麦芽糖用	Malting	蒲式耳	Bu	4.04	5.84
食用蚕豆	Beans, Dry Edible	英担	Cwt	32.90	43.30
鹰嘴豆	Chickpeas	英担	Cwt	36.00	33.60
玉米	Corn	蒲式耳	Bu	6.30	6.33
棉花	Coton, Upland	磅	Lb	0.81	0.85
棉籽	Cotonseed	吨	Ton		
亚麻子	Flaxseed	蒲式耳	Bu	14.20	14.90
干草	Hay	吨	Ton	169.00	199.00
紫花苜蓿	Alfalfa	吨	Ton	186.00	215.00
其他	Other	吨	Ton	112.00	146.00
小扁豆	Lentils	英担	Cwt	29.40	22.40
燕麦	Oats	蒲式耳	Bu	3.55	4.12
带壳花生	Peanuts, In-Shell	磅	Lb	0.23	0.34
食用豌豆	Peas, Dry Edible	英担	Cwt	12.40	16.40
马铃薯	Potatoes	英担	Cwt	11.17	10.44
稻谷	Rice, Rough	英担	Cwt	12.40	13.80
谷类高粱	Sorghum Grain	英担	Cwt	11.60	10.40
大豆	Soybeans	蒲式耳	Bu	13.20	14.00
向日葵	Sunflower	英担	Cwt	29.70	29.00
小麦	Wheat, All	蒲式耳	Bu	8.16	6.67
冬小麦	Winter	蒲式耳	Bu	7.80	6.42
硬质小麦	Durum	蒲式耳	Bu	7.86	8.95
其他春小麦	Other Spring	蒲式耳	Bu	8.85	7.93
硬红冬小麦	Hard Red Winter	蒲式耳	Bu	8.00	6.35
软红冬小麦	Soft Red Winter	蒲式耳	Bu	7.09	6.75
硬红春小麦	Hard Red Spring	蒲式耳	Bu	8.95	8.01
白小麦	White	蒲式耳	Bu	7.22	6.54
畜产品	Livestock				
牛排	Calves	英担	Cwt	137.00	176.00
牛肉	Cattle, All Beef	英担	Cwt	112.00	122.00
活猪	Hogs, All	英担	Cwt	68.60	62.80
奶类和家禽	Dairy and poultry				
牛奶	Milk,all	英担	Cwt		16.20
鸡蛋	Egg,all	(一)打	Dozen		0.83

注：1蒲式耳小麦、大豆=27.216公斤，1蒲式耳玉米、高粱=25.401公斤，1蒲式耳大麦=21.772公斤，1蒲式耳燕麦=14.515公斤，1英担=45.359公斤，1磅=0.454公斤。

Notes: 1bu wheat&soybean=27.216kg,1bu corn&Sorghum=25.401kg,1bu barley=21.772kg,1bu oats=14.515kg,1Cwt=45.359kg, 1lb=0.454kg.

4-7 6月份美国部分农产品生产价格
The US Prices Received of Agricultural Products in Jun.

单位：美元　　Unit: Dollar

种植业产品	Field Crops	单位	Unit	2011	2012
大麦	Barley, All	蒲式耳	Bu	4.66	5.50
饲料用	Feed	蒲式耳	Bu	4.75	5.38
制麦芽糖用	Malting	蒲式耳	Bu	4.61	5.54
食用蚕豆	Beans, Dry Edible	英担	Cwt	34.00	44.20
鹰嘴豆	Chickpeas	英担	Cwt	36.40	41.10
玉米	Corn	蒲式耳	Bu	6.38	6.37
棉花	Coton, Upland	磅	Lb	0.81	0.77
棉籽	Cotonseed	吨	Ton		
亚麻子	Flaxseed	蒲式耳	Bu	15.40	12.90
干草	Hay	吨	Ton	163.00	183.00
紫花苜蓿	Alfalfa	吨	Ton	180.00	201.00
其他	Other	吨	Ton	113.00	133.00
小扁豆	Lentils	英担	Cwt	26.70	21.10
燕麦	Oats	蒲式耳	Bu	3.41	3.77
带壳花生	Peanuts, In-Shell	磅	Lb	0.23	0.34
食用豌豆	Peas, Dry Edible	英担	Cwt	12.90	16.50
马铃薯	Potatoes	英担	Cwt	11.59	9.93
稻谷	Rice, Rough	英担	Cwt	11.80	14.10
谷类高粱	Sorghum Grain	英担	Cwt	10.50	9.56
大豆	Soybeans	蒲式耳	Bu	13.20	13.90
向日葵	Sunflower	英担	Cwt	29.10	27.30
小麦	Wheat, All	蒲式耳	Bu	7.40	6.70
冬小麦	Winter	蒲式耳	Bu	7.13	6.54
硬质小麦	Durum	蒲式耳	Bu	8.97	8.31
其他春小麦	Other Spring	蒲式耳	Bu	9.26	7.78
硬红冬小麦	Hard Red Winter	蒲式耳	Bu	7.20	6.52
软红冬小麦	Soft Red Winter	蒲式耳	Bu	7.00	6.59
硬红春小麦	Hard Red Spring	蒲式耳	Bu	9.34	7.81
白小麦	White	蒲式耳	Bu	6.94	6.61
畜产品	Livestock				
牛排	Calves	英担	Cwt	133.00	166.00
牛肉	Cattle, All Beef	英担	Cwt	107.00	121.00
活猪	Hogs, All	英担	Cwt	69.70	70.20
奶类和家禽	Dairy and poultry				
牛奶	Milk,all	英担	Cwt		16.20
鸡蛋	Egg,all	(一)打	Dozen		0.91

注：1蒲式耳小麦、大豆=27.216公斤，1蒲式耳玉米、高粱=25.401公斤，1蒲式耳大麦=21.772公斤，1蒲式耳燕麦=14.515公斤，1英担=45.359公斤，1磅=0.454公斤。

Notes: 1bu wheat&soybean=27.216kg,1bu corn&Sorghum=25.401kg,1bu barley=21.772kg,1bu oats=14.515kg,1Cwt=45.359kg, 1lb=0.454kg.

4-8 7月份美国部分农产品生产价格
The US Prices Received of Agricultural Products in Jul.

单位：美元　　Unit: Dollar

种植业产品	Field Crops	单位	Unit	2011	2012
大麦	Barley, All	蒲式耳	Bu	5.07	6.32
饲料用	Feed	蒲式耳	Bu	5.04	5.53
制麦芽糖用	Malting	蒲式耳	Bu	5.08	6.49
食用蚕豆	Beans, Dry Edible	英担	Cwt	34.10	45.80
鹰嘴豆	Chickpeas	英担	Cwt	38.40	45.20
玉米	Corn	蒲式耳	Bu	6.32	7.14
棉花	Coton, Upland	磅	Lb	0.80	0.77
棉籽	Cotonseed	吨	Ton		
亚麻子	Flaxseed	蒲式耳	Bu	15.40	13.30
干草	Hay	吨	Ton	170.00	184.00
紫花苜蓿	Alfalfa	吨	Ton	189.00	198.00
其他	Other	吨	Ton	119.00	143.00
小扁豆	Lentils	英担	Cwt	27.30	18.40
燕麦	Oats	蒲式耳	Bu	3.35	3.70
带壳花生	Peanuts, In-Shell	磅	Lb	0.24	0.35
食用豌豆	Peas, Dry Edible	英担	Cwt	13.30	14.80
马铃薯	Potatoes	英担	Cwt	14.19	9.29
稻谷	Rice, Rough	英担	Cwt	12.70	14.20
谷类高粱	Sorghum Grain	英担	Cwt	10.40	10.70
大豆	Soybeans	蒲式耳	Bu	13.20	15.40
向日葵	Sunflower	英担	Cwt	30.30	27.10
小麦	Wheat, All	蒲式耳	Bu	7.10	7.93
冬小麦	Winter	蒲式耳	Bu	6.77	7.79
硬质小麦	Durum	蒲式耳	Bu	10.20	8.60
其他春小麦	Other Spring	蒲式耳	Bu	8.41	8.53
硬红冬小麦	Hard Red Winter	蒲式耳	Bu	6.97	7.77
软红冬小麦	Soft Red Winter	蒲式耳	Bu	6.50	7.84
硬红春小麦	Hard Red Spring	蒲式耳	Bu	8.45	8.54
白小麦	White	蒲式耳	Bu	6.72	7.76
畜产品	Livestock				
牛排	Calves	英担	Cwt	138.00	144.00
牛肉	Cattle, All Beef	英担	Cwt	111.00	114.00
活猪	Hogs, All	英担	Cwt	71.70	72.10
奶类和家禽	Dairy and poultry				
牛奶	Milk,all	英担	Cwt		16.90
鸡蛋	Egg,all	(一)打	Dozen		0.97

注：1蒲式耳小麦、大豆=27.216公斤，1蒲式耳玉米、高粱=25.401公斤，1蒲式耳大麦=21.772公斤，1蒲式耳燕麦=14.515公斤，1英担=45.359公斤，1磅=0.454公斤。

Notes: 1bu wheat&soybean=27.216kg,1bu corn&Sorghum=25.401kg,1bu barley=21.772kg,1bu oats=14.515kg,1Cwt=45.359kg, 1lb=0.454kg.

4-9 8月份美国部分农产品生产价格
The US Prices Received of Agricultural Products in Aug.

单位：美元 Unit: Dollar

种植业产品	Field Crops	单位	Unit	2011	2012
大麦	Barley, All	蒲式耳	Bu	5.20	6.42
饲料用	Feed	蒲式耳	Bu	4.85	5.62
制麦芽糖用	Malting	蒲式耳	Bu	5.24	6.58
食用蚕豆	Beans, Dry Edible	英担	Cwt	34.00	39.90
鹰嘴豆	Chickpeas	英担	Cwt	35.10	44.40
玉米	Corn	蒲式耳	Bu	6.88	7.63
棉花	Coton, Upland	磅	Lb	0.94	0.71
棉籽	Cotonseed	吨	Ton	213.00	235.00
亚麻子	Flaxseed	蒲式耳	Bu	14.30	13.30
干草	Hay	吨	Ton	172.00	184.00
紫花苜蓿	Alfalfa	吨	Ton	191.00	203.00
其他	Other	吨	Ton	127.00	140.00
小扁豆	Lentils	英担	Cwt	24.30	18.00
燕麦	Oats	蒲式耳	Bu	3.19	3.81
带壳花生	Peanuts, In-Shell	磅	Lb	0.23	0.30
食用豌豆	Peas, Dry Edible	英担	Cwt	14.30	14.20
马铃薯	Potatoes	英担	Cwt	10.47	7.80
稻谷	Rice, Rough	英担	Cwt	13.60	14.40
谷类高粱	Sorghum Grain	英担	Cwt	10.70	11.30
大豆	Soybeans	蒲式耳	Bu	13.40	16.20
向日葵	Sunflower	英担	Cwt	32.20	28.50
小麦	Wheat, All	蒲式耳	Bu	7.61	8.04
冬小麦	Winter	蒲式耳	Bu	7.26	7.92
硬质小麦	Durum	蒲式耳	Bu	10.20	7.70
其他春小麦	Other Spring	蒲式耳	Bu	8.30	8.27
硬红冬小麦	Hard Red Winter	蒲式耳	Bu	7.40	7.95
软红冬小麦	Soft Red Winter	蒲式耳	Bu	7.08	8.32
硬红春小麦	Hard Red Spring	蒲式耳	Bu	8.39	8.32
白小麦	White	蒲式耳	Bu	6.79	7.67
畜产品	Livestock				
牛排	Calves	英担	Cwt	134.00	155.00
牛肉	Cattle, All Beef	英担	Cwt	111.00	117.00
活猪	Hogs, All	英担	Cwt	75.80	66.90
奶类和家禽	Dairy and poultry				
牛奶	Milk,all	英担	Cwt		18.10
鸡蛋	Egg,all	(一)打	Dozen		1.13

注：1蒲式耳小麦、大豆=27.216公斤，1蒲式耳玉米、高粱=25.401公斤，1蒲式耳大麦=21.772公斤，1蒲式耳燕麦=14.515公斤，1英担=45.359公斤，1磅=0.454公斤。

Notes: 1bu wheat&soybean=27.216kg,1bu corn&Sorghum=25.401kg,1bu barley=21.772kg,1bu oats=14.515kg,1Cwt=45.359kg, 1lb=0.454kg.

4-10 9月份美国部分农产品生产价格

The US Prices Received of Agricultural Products in Sep.

单位：美元 Unit: Dollar

种植业产品	Field Crops	单位	Unit	2011	2012
大麦	Barley, All	蒲式耳	Bu	5.46	6.40
饲料用	Feed	蒲式耳	Bu	5.04	5.58
制麦芽糖用	Malting	蒲式耳	Bu	5.59	6.65
食用蚕豆	Beans, Dry Edible	英担	Cwt	40.20	38.20
鹰嘴豆	Chickpeas	英担	Cwt	33.80	38.20
玉米	Corn	蒲式耳	Bu	6.37	6.89
棉花	Coton, Upland	磅	Lb	0.94	0.71
棉籽	Cotonseed	吨	Ton	245.00	254.00
亚麻子	Flaxseed	蒲式耳	Bu	13.50	13.30
干草	Hay	吨	Ton	176.00	187.00
紫花苜蓿	Alfalfa	吨	Ton	196.00	205.00
其他	Other	吨	Ton	128.00	142.00
小扁豆	Lentils	英担	Cwt	29.00	21.10
燕麦	Oats	蒲式耳	Bu	3.67	3.76
带壳花生	Peanuts, In-Shell	磅	Lb	0.23	0.35
食用豌豆	Peas, Dry Edible	英担	Cwt	14.80	14.50
马铃薯	Potatoes	英担	Cwt	8.30	7.20
稻谷	Rice, Rough	英担	Cwt	14.30	14.30
谷类高粱	Sorghum Grain	英担	Cwt	10.50	11.50
大豆	Soybeans	蒲式耳	Bu	12.20	14.30
向日葵	Sunflower	英担	Cwt	32.90	28.80
小麦	Wheat, All	蒲式耳	Bu	7.55	8.27
冬小麦	Winter	蒲式耳	Bu	7.01	8.25
硬质小麦	Durum	蒲式耳	Bu	10.70	7.74
其他春小麦	Other Spring	蒲式耳	Bu	8.05	8.38
硬红冬小麦	Hard Red Winter	蒲式耳	Bu	7.27	8.36
软红冬小麦	Soft Red Winter	蒲式耳	Bu	6.93	8.38
硬红春小麦	Hard Red Spring	蒲式耳	Bu	8.16	8.43
白小麦	White	蒲式耳	Bu	6.59	7.98
畜产品	Livestock				
牛排	Calves	英担	Cwt	132.00	162.00
牛肉	Cattle, All Beef	英担	Cwt	112.00	121.00
活猪	Hogs, All	英担	Cwt	67.10	55.70
奶类和家禽	Dairy and poultry				
牛奶	Milk,all	英担	Cwt		19.60
鸡蛋	Egg,all	(一)打	Dozen		1.23

注：1蒲式耳小麦、大豆=27.216公斤，1蒲式耳玉米、高粱=25.401公斤，1蒲式耳大麦=21.772公斤，1蒲式耳燕麦=14.515公斤，1英担=45.359公斤，1磅=0.454公斤。

Notes: 1bu wheat&soybean=27.216kg,1bu corn&Sorghum=25.401kg,1bu barley=21.772kg,1bu oats=14.515kg,1Cwt=45.359kg,1lb=0.454kg.

4-11 10月份美国部分农产品生产价格

The US Prices Received of Agricultural Products in Oct.

单位：美元 Unit: Dollar

种植业产品	Field Crops	单位	Unit	2011	2012
大麦	Barley, All	蒲式耳	Bu	5.52	6.48
饲料用	Feed	蒲式耳	Bu	4.76	5.72
制麦芽糖用	Malting	蒲式耳	Bu	5.68	6.66
食用蚕豆	Beans, Dry Edible	英担	Cwt	41.60	37.70
鹰嘴豆	Chickpeas	英担	Cwt	33.50	33.50
玉米	Corn	蒲式耳	Bu	5.71	6.77
棉花	Coton, Upland	磅	Lb	0.92	0.69
棉籽	Cotonseed	吨	Ton	245.00	257.00
亚麻子	Flaxseed	蒲式耳	Bu	13.90	13.50
干草	Hay	吨	Ton	181.00	193.00
紫花苜蓿	Alfalfa	吨	Ton	203.00	212.00
其他	Other	吨	Ton	129.00	146.00
小扁豆	Lentils	英担	Cwt	28.60	22.30
燕麦	Oats	蒲式耳	Bu	3.70	3.95
带壳花生	Peanuts, In-Shell	磅	Lb	0.28	0.34
食用豌豆	Peas, Dry Edible	英担	Cwt	16.20	15.30
马铃薯	Potatoes	英担	Cwt	7.33	6.97
稻谷	Rice, Rough	英担	Cwt	14.60	14.30
谷类高粱	Sorghum Grain	英担	Cwt	10.70	12.40
大豆	Soybeans	蒲式耳	Bu	11.70	14.20
向日葵	Sunflower	英担	Cwt	29.60	25.90
小麦	Wheat, All	蒲式耳	Bu	7.29	8.38
冬小麦	Winter	蒲式耳	Bu	6.54	8.33
硬质小麦	Durum	蒲式耳	Bu	9.58	7.61
其他春小麦	Other Spring	蒲式耳	Bu	8.20	8.56
硬红冬小麦	Hard Red Winter	蒲式耳	Bu	6.83	8.43
软红冬小麦	Soft Red Winter	蒲式耳	Bu	6.63	8.35
硬红春小麦	Hard Red Spring	蒲式耳	Bu	8.39	8.59
白小麦	White	蒲式耳	Bu	6.06	8.10
畜产品	Livestock				
牛排	Calves	英担	Cwt	145.00	164.00
牛肉	Cattle, All Beef	英担	Cwt	117.00	123.00
活猪	Hogs, All	英担	Cwt	68.70	62.00
奶类和家禽	Dairy and poultry				
牛奶	Milk,all	英担	Cwt		21.50
鸡蛋	Egg,all	(一)打	Dozen		1.03

注：1蒲式耳小麦、大豆=27.216公斤，1蒲式耳玉米、高粱=25.401公斤，1蒲式耳大麦=21.772公斤，1蒲式耳燕麦=14.515公斤，1英担=45.359公斤，1磅=0.454公斤。

Notes: 1bu wheat&soybean=27.216kg,1bu corn&Sorghum=25.401kg,1bu barley=21.772kg,1bu oats=14.515kg,1Cwt=45.359kg, 1lb=0.454kg.

4-12 11月份美国部分农产品生产价格

The US Prices Received of Agricultural Products in Nov.

单位：美元 Unit: Dollar

种植业产品	Field Crops	单位	Unit	2011	2012
大麦	Barley, All	蒲式耳	Bu	5.39	6.45
饲料用	Feed	蒲式耳	Bu	4.87	5.68
制麦芽糖用	Malting	蒲式耳	Bu	5.50	6.60
食用蚕豆	Beans, Dry Edible	英担	Cwt	39.90	39.20
鹰嘴豆	Chickpeas	英担	Cwt	44.40	38.10
玉米	Corn	蒲式耳	Bu	5.84	7.02
棉花	Coton, Upland	磅	Lb	0.93	0.68
棉籽	Cotonseed	吨	Ton	269.00	257.00
亚麻子	Flaxseed	蒲式耳	Bu	14.00	14.10
干草	Hay	吨	Ton	176.00	193.00
紫花苜蓿	Alfalfa	吨	Ton	198.00	215.00
其他	Other	吨	Ton	122.00	144.00
小扁豆	Lentils	英担	Cwt	24.70	21.20
燕麦	Oats	蒲式耳	Bu	3.36	3.92
带壳花生	Peanuts, In-Shell	磅	Lb	0.33	0.33
食用豌豆	Peas, Dry Edible	英担	Cwt	15.20	16.80
马铃薯	Potatoes	英担	Cwt	8.54	7.39
稻谷	Rice, Rough	英担	Cwt	14.50	14.40
谷类高粱	Sorghum Grain	英担	Cwt	10.70	12.40
大豆	Soybeans	蒲式耳	Bu	11.70	14.30
向日葵	Sunflower	英担	Cwt	29.00	26.30
小麦	Wheat, All	蒲式耳	Bu	7.26	8.46
冬小麦	Winter	蒲式耳	Bu	6.42	8.38
硬质小麦	Durum	蒲式耳	Bu	10.40	8.16
其他春小麦	Other Spring	蒲式耳	Bu	8.46	8.65
硬红冬小麦	Hard Red Winter	蒲式耳	Bu	6.63	8.48
软红冬小麦	Soft Red Winter	蒲式耳	Bu	6.24	8.34
硬红春小麦	Hard Red Spring	蒲式耳	Bu	8.69	8.70
白小麦	White	蒲式耳	Bu	6.07	8.14
畜产品	Livestock				
牛排	Calves	英担	Cwt	153.00	161.00
牛肉	Cattle, All Beef	英担	Cwt	120.00	123.00
活猪	Hogs, All	英担	Cwt	64.40	61.10
奶类和家禽	Dairy and poultry				
牛奶	Milk,all	英担	Cwt		22.00
鸡蛋	Egg,all	(一)打	Dozen		1.19

注：1蒲式耳小麦、大豆=27.216公斤，1蒲式耳玉米、高粱=25.401公斤，1蒲式耳大麦=21.772公斤，1蒲式耳燕麦=14.515公斤，1英担=45.359公斤，1磅=0.454公斤。

Notes: 1bu wheat&soybean=27.216kg,1bu corn&Sorghum=25.401kg,1bu barley=21.772kg,1bu oats=14.515kg,1Cwt=45.359kg,1lb=0.454kg.

4-13 12月份美国部分农产品生产价格

The US Prices Received of Agricultural Products in Dec.

单位：美元 Unit: Dollar

种植业产品	Field Crops	单位	Unit	2011	2012
大麦	Barley, All	蒲式耳	Bu	5.44	6.46
饲料用	Feed	蒲式耳	Bu	4.89	5.59
制麦芽糖用	Malting	蒲式耳	Bu	5.54	6.57
食用蚕豆	Beans, Dry Edible	英担	Cwt	41.80	38.00
鹰嘴豆	Chickpeas	英担	Cwt	38.40	33.90
玉米	Corn	蒲式耳	Bu	5.86	6.87
棉花	Coton, Upland	磅	Lb	0.89	0.71
棉籽	Cotonseed	吨	Ton	264.00	254.00
亚麻子	Flaxseed	蒲式耳	Bu	13.60	13.80
干草	Hay	吨	Ton	177.00	192.00
紫花苜蓿	Alfalfa	吨	Ton	199.00	217.00
其他	Other	吨	Ton	126.00	142.00
小扁豆	Lentils	英担	Cwt	25.00	18.80
燕麦	Oats	蒲式耳	Bu	3.57	3.94
带壳花生	Peanuts, In-Shell	磅	Lb	0.31	0.38
食用豌豆	Peas, Dry Edible	英担	Cwt	15.90	16.60
马铃薯	Potatoes	英担	Cwt	9.08	7.56
稻谷	Rice, Rough	英担	Cwt	14.20	14.60
谷类高粱	Sorghum Grain	英担	Cwt	10.50	12.20
大豆	Soybeans	蒲式耳	Bu	11.50	14.30
向日葵	Sunflower	英担	Cwt	29.60	24.90
小麦	Wheat, All	蒲式耳	Bu	7.19	8.29
冬小麦	Winter	蒲式耳	Bu	6.41	8.15
硬质小麦	Durum	蒲式耳	Bu	10.00	8.31
其他春小麦	Other Spring	蒲式耳	Bu	8.26	8.46
硬红冬小麦	Hard Red Winter	蒲式耳	Bu	6.54	8.21
软红冬小麦	Soft Red Winter	蒲式耳	Bu	6.58	8.19
硬红春小麦	Hard Red Spring	蒲式耳	Bu	8.44	8.48
白小麦	White	蒲式耳	Bu	6.12	7.99
畜产品	Livestock				
牛排	Calves	英担	Cwt	157.00	163.00
牛肉	Cattle, All Beef	英担	Cwt	120.00	124.00
活猪	Hogs, All	英担	Cwt	63.50	62.40
奶类和家禽	Dairy and poultry				
牛奶	Milk,all	英担	Cwt		20.90
鸡蛋	Egg,all	(一)打	Dozen		1.13

注：1蒲式耳小麦、大豆=27.216公斤，1蒲式耳玉米、高粱=25.401公斤，1蒲式耳大麦=21.772公斤，1蒲式耳燕麦=14.515公斤，1英担=45.359公斤，1磅=0.454公斤。

Notes: 1bu wheat&soybean=27.216kg,1bu corn&Sorghum=25.401kg,1bu barley=21.772kg,1bu oats=14.515kg,1Cwt=45.359kg, 1lb=0.454kg.

附录　全国农产品价格调查方案

Appendix　Programmes for the Survey of the Prices of Agricultural Products

农产品生产价格调查与指数编报方案

1.调查目的

农产品生产价格是指农产品生产者第一手(直接)出售其产品时实际获得的单位产品价格。开展农产品生产价格调查是为了全面收集农产品生产价格资料，客观反映全国农产品生产价格水平和结构变动情况，满足农业与国民经济核算需要，为各级政府制定农业保护与农产品流通政策提供决策依据，向社会各界提供优质的农产品价格信息服务。

2.调查对象

抽选的农业生产经营单位。

3.调查方式

农产品生产价格调查采取抽样调查和重点调查相结合的调查方法。抽样调查将有农产品出售的农业生产经营单位列为调查对象，采取随机抽样的调查方法；对一些区域性比较强的农产品则采取在主产区主观选样的方法选择农业生产经营单位作为调查对象

4.调查内容

农产品生产价格调查的内容为被调查单位生产并出售的主要农产品，被调查单位在辅助调查员的指导下将在报告期出售的农产品的名称、出售数量、价格、金额即时记入农产品生产价格调查台帐。

在充分征求部门、地方意见的基础上，根据新的行业分类标准，总队制定了《农产品参考目录》，各地必须执行全国统一的分类标准和代码。

5.调查周期和数据上报

农产品生产价格调查周期为季度，执行日历年度。

《农产品生产价格基层表》数据由县调查队(统计局)根据住户台帐或住户日记帐数据整理、录入、计算、审核并于季度最后月的25日前从网上上报所在省(区、市)调查总队。季报表数据应包括农业生产经营单位在报告期出售的农产品的名称、产品代码、计量单位、出售数量、金额、价格以及相应的基期价格。基期价格由县队直接从相应的基期报表中过录。

《农产品生产价格指数表》综合定期报表由各省(区、市)调查总队上报国家统计局农村司，时间为季(年)度最后月的25日前。

6.农产品生产价格的汇总方法

(1)调查单位每种农产品的平均价格(加权算术平均法)

某调查单位在报告期某产品出售金额之和除以报告期该产品出售数量之和。公式为:

$$p_i=\frac{\sum_{j=1}^{n} p_{ij}q_{ij}}{\sum_{j=1}^{n} q_{ij}}$$

式中，p_i 为第 i 个代表品的平均价格，p_{ij} 为第 i 个代表品第 j 次的出售价格，q_{ij} 为第 i 个代表品第 j 次的出售数量。

(2)全国及省(区、市)产品平均价格(加权算术平均法)

全部被调查单位报告期某产品出售金额之和除以报告期该产品出售数量之和。公式为:

$$P_i=\frac{\sum_{j=1}^{n} p_{ij}q_{ij}}{\sum_{j=1}^{n} q_{ij}}$$

式中，P_i 为第 i 个代表品的平均价格，p_{ij} 为第 i 个代表品第 j 个调查单位的出售价格，q_{ij} 为第 i 个代表品第 j 调查单位的出售数量。

7.农产品代表产品的确定

(1)代表产品选择的原则和要求

①农、林、牧、渔四大类、各中类以及90%以上的小类均选有代表品，以使价格指数能较好地反映各类别价格变动情况。

②选择对国计民生影响大的产品，一般生产量和销售量大的产品对国计民生影响较大。

③选择稳定性强的产品，因为代表品一经确定，就要连续观察几年。

④选择具有发展前景的新产品作为代表品。

⑤具有地方特色的产品，虽然在全国比重不大，但具有地方特色，也应选为代表品。一些季节性强

的产品从全年看比重不大，但在某些季节是当地的主要产品，也要考虑进来，以确保全年和各季度平均价格及指数的代表性。

代表品一般稳定五年。在五年期间，若产品结构调整较快，以致影响代表性时，可提前进行修订。

(2)国家代表产品的选择

编制农产品生产价格指数是以代表产品(类别)的价格变动来反映全部农产品的价格变化趋势和变动幅度。确定科学、合理的代表品对于编制农产品生产价格指数具有重要意义。如果代表产品过少，会造成代表品不足、价格指数不准确；代表品过多，工作量过大，造成不必要的浪费。根据上述原则，在充分征求部门和地方意见的基础上，国家统计局制订了全国农产品生产价格调查的代表类别和代表产品。即《农产品参考目录》中用“*”所列示的农、林、牧、渔 4 个大类、14 个中类、 30 个小类、180 种代表品。上述代表产品代表的各类别销售额占当年全国农产品销售额的 70%以上，具有足够的代表性。

(3)地方代表产品的选择

各省、自治区、直辖市执行全国统一的分类标准和代码，并根据国家下发的《农产品参考目录》，结合本地实际确定代表产品，包括目录中没有但在当地比较重要的产品。对于各地自行增加的代表品要报农村司审定，取得统一编码。

8.农产品代表品权数的计算

权数是衡量每种产品重要性的指标。由于每种产品在农业经济中的地位和作用不同，其价格变动对全部农产品价格变动的影响也有所不同。所以在计算价格指数时，要科学、合理地确定权数。

(1)权数确定的原则和要求

①只计算代表类别和代表产品的权数(如国家只给农产品参考目录中带※号的类别和产品分配权数)，其他产品不分配权数。

②采用 2005—2007 三年的资料平均计算权数，权数一般五年更换一次。在五年期间，若出现产品更新换代快，以致影响权数代表性的情况时，应及时进行合理修正。

③重点做好大类、中类权数和重要品种权数的审核。对生产量和销售量不大、资料又难以收集的商品，在计算其权数时，可先确定该商品所在类的类值，并确定该类别主要商品的权数，用分摊法将剩余的权数按其比例(重要程度的次序)分配给余下的商品。

④由于农产品生产与出售季节性比较强，为客观、准确地反映农业生产价格变动趋势和变动幅度，要对季度、季度累计和全年分别计算权数。

(2)权数的种类与资料来源

①商品(销售)权数：用于计算农产品生产价格指数

农产品商品(销售)权数主要利用农产品销售额进行计算，各种代表产品的商品(销售)权数合计为 1000。权数资料来源于农村住户和农场的农产品出售金额资料，也可根据农村住户调查季报和帐页资料进行加工整理，或利用农产品产量与商品率资料推算。

②产值权数：用于缩减农业发展速度。

各种代表产品的产值权数合计为 1000。产值权数资料取自农林牧渔业产值统计，或通过重点调查、部门资料进行推算。

9.农产品生产价格指数的计算方法与步骤

农业生产价格指数是反映一定时期内，农产品生产者出售的农产品价格水平变动趋势及幅度的相对数。

(1)计算每个调查单位每个代表品的价格指数

$$k_{ij} = \frac{P_{ij1}}{P_{ij0}}$$

式中，k_{ij} 为第 j 个调查单位第 i 个代表产品的个体指数，P_{ij1} 为第 j 个调查单位第 i 个代表产品的报告期平均价格，P_{ij0} 为第 j 个调查单位第 i 个代表产品的基期平均价格。

(2)计算代表品的价格指数 K_i

$$K_i = \sqrt[n]{k_1 \times k_2 \times \cdots\cdots \times k_n}$$

式中，$k1, k2, \ldots kn$ 分别为第 i 个代表产品在第 1 到第 n 个调查单位中的个体指数。

(3)计算小类价格指数

$$K = \frac{\sum K_i W_i}{\sum W_i}$$

其中：K 为该小类指数，K_i 为该小类下第 i 个代表品价格指数，W_i 为第 i 个代表品的产值权数或销售额权数。

(4)计算中类价格指数

$$K=\frac{\sum K_iW_i}{\sum W_i}$$

其中：K为中类价格指数，K_i为该中类下第i个小类价格指数，W_i为第i个小类的产值权数或销售额权数。

大类及总指数的计算，同中类价格指数计算方法。

(5)季度累计价格指数的计算方法，与分季指数计算方法相同。

(6)国家和省级价格指数的计算方法一致。

10.有关问题说明

(1)农产品生产价格是农业生产经营单位第一次出售其产品时所获得的价格，因此，所调查的代表品是由被调查单位生产且出售的农产品，外购再出售的农产品不作为调查内容。

(2)如果抽中的调查单位在调查时没有任何销售活动，该记录的各项观测值均为零，在季报时仍应保留该样本，同时上报空记录的个数，并说明情况。如确定该调查户或单位在半年内都不可能有销售活动，则应以样本附近或相似特征的调查对象替换。

(3)县队在数据录入、审核时，如果发现某调查单位某些代表产品报告期与基期价格变动幅度较大，应查询该调查单位出售的该代表品在品种、品质、销售条件等方面是否发生了改变，如果是由于上述非价格变动因素引起的，则应该剔除非价格变动因素，使报告期与基期代表品同质可比；如果新的产品已成为市场主流，则一般应调整基期价格。调整的方法可以相邻农户或地域的同质产品价格代替，如果缺乏相邻农户或地域的同质产品价格，也可以为空。

Programme for the Survey of the Producer Prices of Agricultural Products and for the Calculation of the Price Indices

I. The Purpose of the Survey

The producer prices of agricultural products refer to the actual prices per unit of agricultural products at which the producers of the agricultural products directly sell them. The purpose of conducting the survey of producer prices of agricultural products is to comprehensively collect the data on the producer prices of agricultural products, objectively reflect the situations of the level and structural changes of the producer prices of agricultural products, meet the needs of conducting the agricultural accounts and national accounts, provide the government at different levels with the base data for making the policies of protecting agriculture and circulation of agricultural products and provide the various social circles with the high quality information on the prices of agricultural products.

II. The Respondents of the Survey

The respondents of the survey are the units engaged in the agricultural production and management.

III. The Procedures of the Survey

The method of sample survey combined with the method of key-unit survey is used in the survey of producer prices of agricultural products. In the sample survey, the units engaged in the agricultural production and management are listed as the respondents of the survey and the method of random sample survey is used. For the agricultural products, which grow mainly in certain areas, the respondents of the survey are selected in the major producing areas with the subjective sampling method.

IV. The Contents of the Survey

The contents of the survey of producer prices of agricultural products include the data on the main agricultural products produced and sold by the respondents of the survey. Under the guidance of the auxiliary enumerators, the respondents of the survey should timely keep records on the names, quantities, prices and amount of the agricultural products sold in the reporting period in the accounts of the survey of producer prices of agricultural products or the household journals.

After soliciting the opinions of various departments and regions, the Department of Rural Survey, National Bureau of Statistics of China (DRS/NBS) has worked out the Reference Catalogue of Agricultural Products in accordance with the new Standard Classification of Economic Sectors. The national unified standard classification and their codes should be implemented in different regions.

V. The Cycle of the Survey and the Data Reporting to the Higher Authorities

The cycle of the survey of producer prices of agricultural products is a quarter. The calendar year is implemented.

The data in the Questionnaires of the Grassroots Units on the Producer Prices of Agricultural Products are processed, made entries, calculated and checked by the county survey organizations (bureaus of statistics) in accordance with the household accounts or journals. They are finally reported to the provincial survey organizations by means of internets. The quarterly data should include the names, codes, calculation units, quantity sold, amount and prices of the agricultural products sold by the units engaged in the agricultural production and management in the reporting period as well as the concerned prices in the base period. The prices in the base period are directly copied by the county survey organizations from the corresponding questionnaires of the grassroots units.

The periodic tabulated tables on the producer prices of agricultural products and their indices are reported by the provincial survey organizations directly to DRS/NBS before 25th in the last month of the quarter.

VI. The method of tabulating the data on the producer prices of agricultural products

1. The average price of a certain agricultural product in a unit surveyed equals to the sum of money obtained by the unit in selling the agricultural product in the reporting period divided by the total quantity of the agricultural product sold in the same period. (This

is the method of weighted arithmetic average). The formula for the calculation is given below:

$$p_i=\frac{\sum_{j=1}^{n} p_{ij}q_{ij}}{\sum_{j=1}^{n} q_{ij}}$$

where p_i stands for the average price of the ith representative product; p_{ij} stands for the selling price of the ith representative product at the jth time and q_{ij} stands for the quantity of the ith representative product. sold at the jth time.

2. The average price of a certain agricultural product in a certain province (autonomous region or municipality) and in the whole country equals to the sum of money obtained in selling the agricultural product in the reporting period in all the units surveyed divided by the total quantity of the agricultural product sold in the same period. (This is the method of weighted arithmetic average). The formula for the calculation is given below:

$$P_i=\frac{\sum_{j=1}^{n} p_{ij}q_{ij}}{\sum_{j=1}^{n} q_{ij}}$$

where p_i stands for the average price of the ith representative product; p_{ij} stands for the selling price of the ith representative product of the jth unit and q_{ij} stands for the quantity of the ith representative product sold by the jth unit.

VII. The Determination of the Representative Agricultural Products

1. The principles and requirements for the selection of representative products:

(1) The representative products should be selected from the four major divisions, namely farming, forestry, animal husbandry and fishery, and from the various divisions and more than 90% of the groups, so that the price indices can better reflect the changes of the prices in different categories.

(2) The products which have great importance to the national economy and people's livelihood should be selected. The products, which have large yields and sales, are generally the products important to the national economy and people's livelihood.

(3) We should select the products steadily produced, because they should be surveyed continuously for several years after they are selected.

(4) The new products, which have good prospect for the future development, should be selected.

(5) The products, which have local characteristics, should be selected though their proportion to the total output in the whole country is not large. The products only produced in certain seasons should be selected too, because though not large in the proportion to the annual output, they are main products in certain seasons in the localities. The annual and quarterly average prices and their indices can be representative only when they are included.

The representative products should not changed generally in the period of five years after they are selected. However, if the structure of the products is readjusted quite quickly in the period of five years so that the products formerly selected are no longer representative, the list of representative products can be revised ahead of time.

2. The selection of the representative products of the whole country

The purpose of the calculation of the indices of the producer prices of agricultural products is to reflect the change trend and change extent of the prices of all agricultural products with the data on the changes of the prices of representative products in different categories. The determination of representative products in a scientific and reasonable way is of great significance to the calculation of the indices of the producer prices of agricultural products. If the representative products are too few in number, it will result in the insufficiency of the representative products and the inaccuracy of the price indices. But if the representative products are too many in number, it will result in the too heavy workload and unnecessary waste. In accordance with the above-mentioned principles, after fully soliciting the opinions of the concerned departments and regions, NBS has worked out the representative categories and the representative products in the national survey of the producer prices of agricultural products. They include the four major divisions, namely farming, forestry, animal husbandry and fishery,14 divisions, 30 groups and 180 representative products, indicated with the symbol * in the Reference Catalogue of Agricultural Products. The sales of the various categories of the representative products account for more than 70% of the total sales of agricultural products in the whole country in the year. Therfore the categories and agricultural products selected are sufficiently representative.

3. The selection of the representative products in different regions

The provincial survey organizations determine the representative products in the regions in accordance with the Reference Catalogue of Agricultural Products, in the light of the local actual conditions while implementing the national unified classifications and codes, including those relatively important products in the regions, though they are not included in the national Catalogue. The representative products supplemented by the regions should be reported to NBS for examination, so as to have the unified codes.

VIII. The calculation of the weights of the representative agricultural products

Weights are the indicators measuring the importance of different products. Because each product is different in its role in the agricultural economy, the influence of its price change over the price change of all agricultural products is different too. Therefore, we should determine the weights in a scientific and reasonable way in the calculation of price indices.

1. The principles and requirements in determining the weights

(1) Only the weights of the representative categories and the representative products are calculated. NBS only distributes the weights of the categories and products indicated with the symbol * in the Reference Catalogue of Agricultural Products. As for the other products, no weights are distributed.

(2) The weights are calculated as averages of the data of the three years 2005-2007. The weights are generally changed once in every five years. If the old products are quickly renewed or upgraded by the new ones in the five years so that the formerly determined weights are no longer representative, the weights should be timely revised in a reasonable way.

(3) Attention should be mainly paid to the examination of the weights of the major divisions and divisions as well as the weights of important products. As for the commodity, which is not large in its yield and sales and is difficult to collect the data, we can firstly determine the weight of the category, to which the commodity belongs, secondly determine the weights of the main commodities in that category and finally distribute the remainder of the weight of the category to the other commodities in that category in a proportional way, namely in the order of their importance.

(4) Because the agricultural products are generally produced and sold in different seasons, we should calculate the weights for the quarter, for the accumulative data from the beginning of the year to the quarter and for the whole year respectively, so as to objectively and accurately reflect the change trend and change extent of the producer prices of agricultural products.

2. Types of weights and data sources

(1) Weights of sales of the commodities. They are used to calculate the indices of the producer prices of agricultural products.

The weights of sales of the commodities are calculated mainly on the basis of the data on the sales of agricultural products. The sum of the weights of sales of the various representative agricultural products equals to 100. The data sources for the calculation are the data on the sales of agricultural products of the rural households and farms. We can also process the data on the basis of the quarterly report of the survey of rural households and the concerned accounts or estimate on the basis of the data on the yields of agricultural products and their commodity rate.

(2) Weights of output value. They are used to deflate the agricultural growth rate.

The sum of the weights of the output values of various representative products equals to 100. The data sources for the calculation of weights of output value are the statistical data on the output value of farming, forestry, animal husbandry and fishery. We can also estimate on the basis of the data of key-unit survey or the data from the concerned departments.

IX. The Formulars and Steps for the Calculation of the Indices of the Producer Prices of Agricultural Products

The indices of the producer prices of agricultural products are relative numbers, which reflect the trends and extents of the changes of the producer prices of agricultural products sold by the producers in a certain period.

1. The calculation of the price index of each product in each unit surveyed

$$k_{ij} = \frac{P_{ij1}}{P_{ij0}}$$

where K_{ij} stands for the individual price index of the ith representative product in the jth unit surveyed;

P_{ij1} stands for the average price of the ith representative product in the jth unit surveyed in the reporting period and P_{ij0} stands for the average price of the ith representative product in the jth unit surveyed in the base period.

2. The calculation of the price index of the representative product K_i

$$K_i = \sqrt[n]{k_1 \times k_2 \times \cdots\cdots \times k_n}$$

where K_1, K_2 , ... K_n stands respectively for the individual price index of the ith representative product in the first, the second ...the nth unit surveyed.

3. The calculation of the price index of the group

$$K = \frac{\sum K_i W_i}{\sum W_i}$$

Where K stands for the price index of the group, K_i stands for the price index of the ith representative product in the group and W_i stands for the weight of output value or the weight of sales of the ith representative product.

4. The calculation of the price index of the division

$$K = \frac{\sum K_i W_i}{\sum W_i}$$

where K stands for the price index of the division, K_i stands for the price index of the ith group in the division and W_i stands for the weight of output value or the weight of sales of the ith group.

The calculation of the price index of the division and the calculation of the overall price index are similar as that of the division.

5. The method for the calculation of the price index in the period from the beginning of the year to the end of the quarter is similar to the calculation of the quarterly price index.

6. The method for the calculation of the national price index is similar to the calculation of the provincial price index.

X. The Treatment of Some Problems

1. The producer prices of agricultural products are the prices at which the units engaged in the agricultural production and management sell the products for the first time. Therefore the representative product surveyed refers to the agricultural product produced and sold by the unit surveyed. The agricultural product purchased from other units and resold should not be included in the survey.

2. If the selected unit in the sample survey has no activities of sales, the observed value on sales is zero, the data of the sample unit should be still included in the quarterly report and the situations should be reported to the higher authorities. If the selected household or unit in the sample survey will definitely have no activities of sales in the future half year, the household or unit should be replaced by the household or unit in the nearby areas or other respondent, which has the similar characteristics.

3. In the course of making data-entries and examination and verifying data, if the statisticians in the county survey organizations find that the change extents of the prices of certain representative products in a certain unit surveyed between the reporting period and the base period are relatively large, they should inquire if there is any change in the variety, quality or selling condition of the representative product. If the change is caused by non-price factors, the non-price factors should be removed, so as to make the representative product in the reporting period comparable with that in the base period. If the new product represents the main trend in the market, its price in the base period should be readjusted. In the readjustment, the price of the product of the same quality in the neighboring agricultural household or the neighboring area can take its place. If no price of the product of the same quality in the neighboring agricultural household or the neighboring area can be found, the data in the base period can be blank.

农产品集贸市场价格调查方案

1.调查目的

农产品集贸市场价格是指全国农产品主产区集贸市场主要农产品的成交价格。开展农产品集贸市场价格调查旨在收集农产品集贸市场价格资料，准确把握全国大宗农产品在主产区的价格走势，为提高我国农产品主产区的区域优势和市场竞争力服务。

2.调查内容

农产品集贸市场价格调查内容包括农牧渔业35种主要产品的集贸市场价格(调查品种见《农产品集贸市场价格》)。

3.调查对象

农产品集贸市场价格调查的统计范围为全国选中的农产品主产县。

4.调查周期与数据上报

(1)农产品集贸市场价格调查周期为月报。

(2)采价时间为每月25日左右，即每月24-26日内任一工作日。

(3)数据上报时间：价格资料由各调查总队每月月末前上报农村司。

5.采价办法

(1)各省(区、市)对调查品种要统一口径，不得随意变换。所有调查品种的采价范围都是指一般普通商品、中等规格。经过加工，带有品牌包装的商品不在调查之列；经过分拣后加入精美包装作为礼品出售的农产品也不在调查之内。

(2)对于固定采价集市上没有的品种(如稻谷、活猪和籽棉等)，为了保证调查数据的完整性，可采取以下几种办法：①可到其他有出售的市场取得价格；②仅在调查日当天无出售的产品，可根据上一日的情况采价；③原粮和籽棉可用市场上的大米和皮棉按当地的折算比率取得或到大米和籽棉加工点取得；④活猪价格可到农户或屠宰场取得；⑤当地不生产、也不从外地调入的产品价格就空缺。

(3)对同一品种不同等级价格的采价不好把握时，可用交易量较大的三个以上摊位价格的简单平均价作为该产品的价格。对同一品种、同一摊位、同一等级成交价格不一致时，用交易量较大的成交价作为该摊位、该产品的价格。

(4)食用油：采普通散装油价格。

(5)猪、牛、羊肉如市场上出售的是带骨肉，采价时需按当地比率折成去骨价。

(6)水产品：淡水鱼要求是采活鱼价格；带鱼可采死鱼价(包括每条规格在0.5-1公斤重的冷冻带鱼段)。

(7)蔬菜：采新鲜蔬菜价格。

(8)水果：采新鲜水果价格。

6.填报说明

(1)农产品集贸市场价格调查表由各调查总队报送。

(2)产品代码与计量单位：产品代码按M405表规定填报；单价单位为元/公斤(如采价时为“元/斤”应换算为元/公斤)。

(3)价格数据保留两位小数。

(4)如部分产品缺项，单价项应空缺(不要补“0”)。

(5)各调查总队对农产品集贸市场价格调查数据不作汇总处理，通过农村司内网直接上报以调查县为单位的集贸市场价格原始数据。

(6)严格数据审核。当月单价与上月或上年同月相比增减幅度较大时应进行认真核实、确认，并随《农产品集贸市场价格调查上报表》报送文字说明。

(7)开展农产品市场价格专题分析，有关农副产品价格的重大信息与研究报告，及时报送文字材料。

(8)年度价格走势分析与调查数据质量评估报告随12月价格报表一同报送。

7.指标解释

(1)籼稻：水稻的一种，茎秆较高较软，叶子黄绿色，稻穗上的籽粒较稀，稻粒长而细。

(2)粳稻：水稻的一种，茎秆较矮，叶子较窄，深绿色，稻粒短而粗。

(3)玉米：一年生草本植物，茎高二、三米，叶子长而大，子实比黄豆稍大。

(4)籼米：籼稻碾出的米，黏性小。

(5)粳米：粳稻碾出的米，黏性较大。

(6)面粉：小麦磨成的粉，调查规格品是普通标准粉。

(7)籽棉：是指棉农从棉枝上摘下的、未经轧花加工除籽的棉花。籽棉经过加工后去掉棉籽的棉花叫皮棉。籽棉加工成皮棉的比例一般是 10∶3，即 10 公斤籽棉可加工成 3 公斤皮棉。

(8)花生仁：去壳的生花生。

(9)活猪：待宰的肥猪(也称毛猪，一般在 65 公斤以上)。

(10)仔猪：待育肥的普通小猪(一般指 10 公斤以下刚断奶的猪)。

(11)草鱼：身体圆筒形，微绿色，生活在淡水中，吃水草。

(12)鲤鱼：身体侧扁，背部苍黑色，腹部黄白色，嘴边有须一对，淡水鱼。

(13)鲢鱼：身体侧扁，鳞细，背部青黑色，腹部白色，淡水鱼。

(14)菜椒：也称柿子椒。

(15)四季豆：部分地区也称扁豆。

(16)中等：产品规格栏的“中等”有两种含义。原粮的“中等”是指国家规定的中准级，其他品种的“中等”是指市场实际交易数量较多的质量等级。

Programme for the Survey of the Prices of Agricultural Products at the Rural Market Fairs

I. The Purpose of the Survey

The prices of agricultural products at the rural market fairs refer to the unit prices of main agricultural products, which have been stricken bargains at the rural market fairs in major producing areas in China. The purpose of conducting the survey of the prices of agricultural products at the rural market fairs is to collect the data on the prices of agricultural products at the rural market fairs, accurately keep abreast of the change trend of the prices of the staple agricultural products in the major producing areas in the whole country and serve for the purpose of improving the regional superiority and competitive power at the market of the major producing areas of agricultural products in China and their competitive power at the market.

II. The contents of the survey

The contents of the survey of the prices of agricultural products at the rural market fairs include prices of 36 main agricultural products of farming, forestry, animal husbandry and the fishery at the rural market fairs (As for the variety surveyed, see the questionnaires used in the survey of the prices of agricultural products at the rural market fairs).

III. Respondents of the survey

The statistical coverage of the survey of the prices of agricultural products at the rural market fairs includes the major producing counties of agricultural products selected in the sample survey in the whole country.

IV. Cycle of the Survey and Data Reporting

1. The cycle of the survey of the prices of agricultural products at the rural market fairs is a month.

2. The date for collecting the price data is about the 25th of every month, namely any working day in the period 24-26st.

3. The date for reporting data: The price data are reported by the provincial survey organizations to the Department of Rural Survey before the 25th of every month.

V. Methods for Collecting the Data on Prices

1. The provincial survey organizations should pay attention that the specifications of the varieties surveyed should be unified in different time and should not be changed at will. All the varieties listed for collecting their prices refer to the ordinary commodities with medium standard. Those commodities, which have been processed and packaged with brands, are not to be surveyed. The agricultural products, which have been picked out, beautifully packaged and sold as gifts, are also not to be surveyed.

2. For the varieties (such as paddy, live pig and un-ginned cotton, etc.) not sold at the specified rural market fairs for collecting price data, the following methods can be adopted so as to ensure the complete data coverage: (1) The price data can be collected from the other market fairs, at which these varieties are sold; (2) For the varieties, which are not sold only on the day for the survey, the data on their prices on the preceding day can be collected; (3) The data on the prices of the un-husked rice and un-ginned cotton can be converted on the basis of the data on the prices of husked rice and ginned cotton at the market with the local conversion rate or can be collected from the spots where the un-husked rice or un-ginned cotton are processed into husked rice or ginned cotton; (4) The data on the price of live pig can be collected from the rural households or slaughter house; (5) For the products neither produced in the locality nor transported from other places, their price data can be blank.

3. When it is not easy to make decision for collecting the price data of the same variety with different grades, the simple average of the prices of more than three vendor's stands which have relatively bigger sales volumes can be taken as the price of that variety. When the prices at which the bargains are stricken are not the same for the same grade, same variety at the same vendor's stand, the price at which the bargain is stricken with the biggest sales volume can be taken as the price of that variety at that vendor's stand.

4. For edible vegetable oil, the price in bulk and

in ordinary grade can be collected.

5. For pork, beef and mutton, if they are sold with bones, their prices without bones can be estimated with the local conversion rate.

6. For aquatic products, the prices of live fish should be taken for the freshwater fish while the price of dead fish can be taken for the hairtail, including the frozen hairtail segments with the weight of 0.5-1 kg for each hairtail.

7. For vegetable, the prices of fresh vegetable should be collected.

8. For fruits, the prices of fresh fruits should be collected.

VI. Instructions

1. The questionnaires for the survey of the prices of agricultural products at the rural market fairs should be reported by the provincial survey organizations.

2. Codes of products and units of calculation: The codes of products should be filled out in accordance with the stipulations for Table M405. The unit for calculation of the unit price is yuan / kg.

3. Two decimals are required to be kept in price data.

4. If the data of parts of products are unavailable, the item on unit price should be blank.

5. The provincial survey organizations should not tabulate the survey data on the prices of agricultural products at the rural market fairs, but should directly report the original data on the prices of agricultural products at the rural market fairs in every county by the means of the internet.

6. The data should be strictly examined and verified. When the unit price of the month increases or decreases by a quite big margin as compared with the previous month or the same month in the previous year, it should be seriously checked and confirmed.

7. The annual analysis report on the change trend of prices and appraisal report on the quality of survey data should be reported along with the price questionnaires of December.

VII. Explanatory Notes on Indicators

1. Long-grained non-glutinous rice: a kind of paddy rice with quite tall and soft stem and its leaves are yellowish-green. The grains are sparsely grown in the ears of rice. The grains of rice are long and thin.

2. Round-grained rice: a kind of paddy rice. Its stalk is comparatively low. Its leaves are comparatively narrow and deep green. The grains of rice are short and wide.

3. Maize: an annual herb. Its stalk is 2-3 meter tall. Its leaves are long and large. Its grains are a little larger than soybeans.

4. Polished long-grained non-glutinous rice: rice husked from the long-grained non-glutinous rice. It has little stickiness.

5. Polished round-grained rice: rice husked from the round-grained rice. It has comparatively high stickiness.

6. Wheat flour: powder husked from wheat. The specification for the survey is the ordinary standard flour.

7. Un-ginned cotton: refers to the cotton picked down by the cotton farmers from the cotton branches and un-ginned. When the un-ginned cotton is ginned and the seeds are removed, it is called ginned cotton. 10 kg of un-ginned cotton can be generally processed into 3 kg of ginned cotton.

8. Peanut kernel: refers to the shelled peanut.

9. Live pig: refers to the grown pig to be slaughtered. Its weight is generally greater than 65 kg.

10. Piglet: refers to the ordinary young pig to be fattened up. It generally refers to the newly weaned pig. Its weight is generally less than 10 kg.

11. Grass carp: Its body is shaped like a cylinder and is greenish. It lives in freshwater and takes waterweeds as its food.

12. Carp: Its body is squad shaped. Its back is black and its belly is yellowish white. It has a pair of beard near its mouth. It is a kind of freshwater fish.

13. Silver carp: Its body is squad shaped. It has thin scales. Its back is greenish black and its belly is white. It is a kind of freshwater fish.

14. Sweet-bell: It is called Shizijiao or Caijiao in Chinese.

15. Kidney bean: It is called Sijidou or Biandou in different regions in Chinese.

16. Medium grade: There are two meanings . The medium grade of raw grain refers to the middle grade stipulated by the government. The medium grade of other products refers to the quality grade at which the bargain of a large quantity of products stricken.

农产品参考目录

产品代码	农产品类别与品名	生产价格代表产品	计　量
1	农业产品	*	
101	谷物	*	
10101	稻谷	*	公斤
1010101	早籼稻	*	公斤
101010101	种用早籼稻		公斤
101010199	其他早籼稻	*	公斤
1010102	晚籼稻	*	公斤
101010201	种用晚籼稻		公斤
101010299	其他晚籼稻	*	公斤
1010103	中籼稻	*	公斤
101010301	种用中籼稻		公斤
101010399	其他中籼稻	*	公斤
1010104	粳稻	*	公斤
101010401	种用粳稻		公斤
101010499	其他粳稻	*	公斤
1010105	糯稻		公斤
101010501	种用糯稻		公斤
101010599	其他糯稻		公斤
1010199	其他稻谷		公斤
101019901	其他种用稻谷		公斤
101019999	其他未列明稻谷		公斤
10102	小麦	*	公斤
1010201	硬质小麦	*	公斤
101020101	种用硬质小麦		公斤
101020199	其他硬质小麦	*	公斤
1010202	软质小麦	*	公斤
101020201	种用软质小麦		公斤
101020299	其他软质小麦	*	公斤
1010299	其他小麦		公斤
101029901	其他种用小麦		公斤
101029999	其他未列明小麦		公斤
10103	玉米	*	公斤
1010301	白玉米	*	公斤
101030101	种用白玉米		公斤
101030199	其他白玉米	*	公斤
1010302	黄玉米	*	公斤
101030201	种用黄玉米		公斤
101030299	其他黄玉米	*	公斤
1010303	糯玉米		公斤
101030301	种用糯玉米		公斤
101030399	其他糯玉米		公斤
1010304	甜玉米		公斤
101030401	种用甜玉米		公斤
101030499	其他甜玉米		公斤
1010399	其他玉米		公斤
101039901	其他种用玉米		公斤
101039999	其他未列明玉米		公斤
10104	谷子		公斤
101040100	硬谷子		公斤
101040200	糯谷子		公斤
101049900	其他谷子		公斤

续表 1 continued 1

产品代码	农产品类别与品名	生产价格代表产品	计 量
10105	高粱		公斤
1010501	红粒高粱		公斤
101050101	种用红粒高粱		公斤
101050199	其他红粒高粱		公斤
1010502	白粒高粱		公斤
101050201	种用白粒高粱		公斤
101050299	其他白粒高粱		公斤
1010503	糯高粱		公斤
101050301	种用糯高粱		公斤
101050399	其他糯高粱		公斤
1010599	其他高粱		公斤
101059901	其他种用高粱		公斤
101059999	其他未列明高粱		公斤
10106	大麦		公斤
1010601	裸大麦		公斤
101060101	种用裸大麦		公斤
101060199	其他裸大麦		公斤
1010602	皮大麦		公斤
101060201	种用皮大麦		公斤
101060299	其他皮大麦		公斤
10107	燕麦		公斤
101070100	裸燕麦		公斤
101070200	皮燕麦		公斤
101080000	黑麦		公斤
10109	荞麦		公斤
101090100	甜荞麦		公斤
101090200	苦荞麦		公斤
10199	其他谷物		公斤
1019901	糜子		公斤
101990101	硬糜子		公斤
101990102	糯糜子		公斤
101990200	紫米		公斤
101990300	薏苡		公斤
101999900	其他未列明谷物		公斤
102	薯类	*	公斤
10201	马铃薯	*	公斤
102010100	种用马铃薯		公斤
102019900	其他马铃薯	*	公斤
10202	木薯		公斤
102020100	鲜木薯		公斤
102020200	木薯干		公斤
102029900	其他木薯		公斤
10203	甘薯	*	公斤
102030100	种用甘薯		公斤
102030200	甘薯干		公斤
102039900	其他鲜甘薯	*	公斤
102990000	其他薯类		公斤
103	油料	*	公斤
10301	花生	*	公斤
1030101	带壳花生		公斤
103010101	种用带壳花生		公斤
103010199	其他带壳花生	*	公斤

续表 2 continued 2

产品代码	农产品类别与品名	生产价格代表产品	计 量
103010200	花生仁		公斤
10302	油菜籽	*	公斤
1030201	双低油菜籽	*	公斤
103020101	种用双低油菜籽		公斤
103020199	其他双低油菜籽	*	公斤
1030299	其他油菜籽		公斤
103029901	其他种用油菜籽		公斤
103029999	其他未列明油菜籽		公斤
10303	葵花籽		公斤
1030301	油葵		公斤
103030101	种用油葵		公斤
103030199	其他油葵		公斤
1030302	食葵		公斤
103030201	种用食葵		公斤
103030299	其他食葵		公斤
10304	芝麻	*	公斤
1030401	白芝麻	*	公斤
103040101	种用白芝麻		公斤
103040199	其他白芝麻	*	公斤
1030402	黑芝麻	*	公斤
103040201	种用黑芝麻		公斤
103040299	其他黑芝麻	*	公斤
1030403	黄芝麻		公斤
103040301	种用黄芝麻		公斤
103040399	其他黄芝麻		公斤
10305	胡麻籽		公斤
103050100	种用胡麻籽		公斤
103059900	其他胡麻籽		公斤
10306	棉籽		公斤
103060100	种用棉籽		公斤
103069900	其他棉籽		公斤
10307	蓖麻籽		公斤
103070100	种用蓖麻籽		公斤
103079900	其他蓖麻籽		公斤
10308	芥子		公斤
103080100	种用芥子		公斤
103089900	其他芥子		公斤
10309	红花籽		公斤
103090100	种用红花籽		公斤
103099900	其他红花籽		公斤
10310	油棕果及油棕仁		公斤
103100100	种用油棕果及油棕仁		公斤
103109900	其他油棕果及油棕仁		公斤
103110000	罂粟子		公斤
103120000	油橄榄果		公斤
103130000	油茶籽(油料)		公斤
103990000	其他油料		公斤
104	豆类	*	公斤
10401	大豆	*	公斤
104010100	黄大豆	*	公斤
104010200	黑大豆		公斤
104010300	青大豆		公斤

续表 3 continued 3

产品代码	农产品类别与品名	生产价格代表产品	计 量
104010400	褐红大豆		公斤
104010500	双青豆		公斤
104010600	青仁乌豆		公斤
104010700	小黑豆		公斤
104019900	其他大豆		公斤
10402	绿豆	*	公斤
1040201	明绿豆	*	公斤
104020101	种用明绿豆		公斤
104020199	其他明绿豆	*	公斤
1040202	毛绿豆	*	公斤
104020201	种用毛绿豆		公斤
104020299	其他毛绿豆	*	公斤
10403	小豆	*	公斤
104030100	红小豆	*	公斤
104030200	灰白小豆		公斤
104030300	狸小豆		公斤
104039900	其他小豆		公斤
10404	干豌豆		公斤
1040401	白豌豆		公斤
104040101	种用白豌豆		公斤
104040199	其他白豌豆		公斤
1040402	绿豌豆		公斤
104040201	种用绿豌豆		公斤
104040299	其他绿豌豆		公斤
1040403	麻豌豆		公斤
104040301	种用麻豌豆		公斤
104040399	其他麻豌豆		公斤
10405	小扁豆		公斤
104050100	大粒小扁豆		公斤
104050200	小粒小扁豆		公斤
10406	干蚕豆		公斤
104060100	种用干蚕豆		公斤
104069900	其他干蚕豆		公斤
10407	芸豆		公斤
104070100	种用芸豆		公斤
104079900	其他芸豆		公斤
10408	饭豆		公斤
104080100	种用饭豆		公斤
104089900	其他饭豆		公斤
10409	干豇豆		公斤
104090100	种用干豇豆		公斤
104099900	其他干豇豆		公斤
10410	鹰嘴豆		公斤
104100100	种用鹰嘴豆		公斤
104109900	其他鹰嘴豆		公斤
10499	其他杂豆		公斤
104990100	种用杂豆		公斤
104999900	其他未列明杂豆		公斤
105	棉花	*	公斤
105010000	籽棉		公斤
10502	皮棉	*	公斤
105020100	细绒棉皮棉	*	公斤

续表 4 continued 4

产品代码	农产品类别与品名	生产价格代表产品	计 量
105020200	长绒棉皮棉	*	公斤
105990000	其他棉花		公斤
106	生麻	*	公斤
106010000	生亚麻	*	公斤
106020000	生苎麻	*	公斤
106030000	生黄红麻	*	公斤
106040000	生线麻		公斤
106050000	生茼麻		公斤
106060000	生大麻		公斤
106070000	生剑麻		公斤
106990000	其他生麻类纤维植物		公斤
107	糖料	*	公斤
107010000	甘蔗	*	公斤
107020000	甜菜	*	公斤
107990000	其他糖料		公斤
108	未加工烟草	*	公斤
108010000	未去梗烤烟叶	*	公斤
108020000	未去梗晒烟叶	*	公斤
108030000	未去梗晾烟叶		公斤
108040000	未去梗白肋烟		公斤
108990000	其他未加工烟草		公斤
109	饲料作物		公斤
109010000	苜蓿		公斤
109020000	青饲料		公斤
10903	饲料牧草		公斤
109030100	苜蓿干草		公斤
109030200	羊草		公斤
109030300	沙打旺		公斤
109039900	其他饲料牧草		公斤
109040000	饲料作物用种子		公斤
109990000	其他饲料作物		公斤
110	水生植物类		公斤
110010000	芦苇		公斤
110020000	席草		公斤
110030000	苇子		公斤
110040000	莲子		公斤
110050000	蒲草		公斤
110060000	茨菇		公斤
110990000	其他水生植物类		公斤
112	蔬菜及食用菌	*	公斤
11201	蔬菜	*	公斤
1120101	叶菜类蔬菜	*	公斤
112010101	芹菜	*	公斤
112010102	油菜	*	公斤
112010103	菠菜	*	公斤
112010104	苋菜		公斤
112010105	空心菜		公斤
112010106	香菜		公斤
112010107	茼蒿		公斤
112010108	小白菜		公斤
112010109	冬寒菜		公斤
112010110	木耳菜		公斤

续表 5 continued 5

产品代码	农产品类别与品名	生产价格代表产品	计 量
112010111	茴香		公斤
112010199	其他叶菜类蔬菜		公斤
1120102	白菜类蔬菜	*	公斤
112010201	大白菜	*	公斤
112010202	普通白菜		公斤
112010203	乌榻菜		公斤
112010204	菜心(菜薹)		公斤
112010205	紫菜薹		公斤
1120103	芥菜类蔬菜		公斤
112010301	叶用芥菜		公斤
112010302	茎用芥菜		公斤
112010303	根用芥菜		公斤
1120104	甘蓝类蔬菜	*	公斤
112010401	结球甘蓝	*	公斤
112010402	菜花	*	公斤
112010403	花椰菜	*	公斤
112010404	青花菜		公斤
112010405	抱子甘蓝		公斤
112010406	球茎甘蓝		公斤
112010407	芥蓝		公斤
1120105	根茎类蔬菜	*	公斤
112010501	白萝卜	*	公斤
112010502	红萝卜	*	公斤
112010503	胡萝卜	*	公斤
112010504	水萝卜	*	公斤
112010505	生姜	*	公斤
112010506	榨菜头		公斤
112010507	芋头		公斤
112010508	百合		公斤
112010509	山药		公斤
112010510	牛蒡		公斤
112010511	魔芋		公斤
112010599	其他根茎类蔬菜		公斤
1120106	瓜菜类蔬菜	*	公斤
112010601	黄瓜	*	公斤
112010602	冬瓜	*	公斤
112010603	西葫芦		公斤
112010604	苦瓜		公斤
112010605	南瓜		公斤
112010606	佛手瓜		公斤
112010607	丝瓜		公斤
112010608	瓠瓜		公斤
112010699	其他瓜菜类蔬菜		公斤
1120107	豆类蔬菜	*	公斤
112010701	扁豆		公斤
112010702	荚豆		公斤
112010703	豇豆	*	公斤
112010704	豌豆		公斤
112010705	四季豆	*	公斤
112010706	毛豆		公斤
112010707	蚕豆		公斤
112010799	其他豆类蔬菜		公斤

续表 6 continued 6

产品代码	农产品类别与品名	生产价格代表产品	计　量
1120108	茄果类蔬菜	*	公斤
112010801	茄子	*	公斤
112010802	青椒	*	公斤
112010803	辣椒	*	公斤
112010804	西红柿	*	公斤
112010899	其他茄果类蔬菜		公斤
1120109	莴苣及菊苣类蔬菜	*	公斤
112010901	生菜	*	公斤
112010902	结球莴苣(包心生菜)		公斤
112010903	莴笋	*	公斤
112010999	其他莴苣及菊苣类蔬菜		公斤
1120110	葱蒜类蔬菜	*	公斤
112011001	洋葱		公斤
112011002	大葱	*	公斤
112011003	细香葱		公斤
112011004	薤菜		公斤
112011005	大蒜	*	公斤
112011006	蒜苗		公斤
112011007	蒜苔	*	公斤
112011008	蒜头	*	公斤
112011009	韭菜		公斤
112011099	其他葱蒜类蔬菜		公斤
1120111	水生蔬菜	*	公斤
112011101	莲藕	*	公斤
112011102	荸荠		公斤
112011103	慈姑		公斤
112011104	莼菜		公斤
112011105	水芹		公斤
112011106	菱角		公斤
112011107	茭白	*	公斤
112011199	其他水生蔬菜		公斤
1120112	养植蔬菜		公斤
112011201	豌豆苗		公斤
112011202	豆芽菜		公斤
112011203	黄花		公斤
112011204	香椿		公斤
112011205	竹笋		公斤
112011206	芦笋		公斤
112011207	金针菜		公斤
112011208	黄秋葵		公斤
112011209	菊苣		公斤
112011299	其他养殖蔬菜		公斤
112011300	蔬菜籽		公斤
112019900	其他蔬菜		公斤
11202	食用菌	*	公斤
112020100	平菇	*	公斤
112020200	金针菇	*	公斤
112020300	双孢蘑菇		公斤
112020400	鸡腿菇		公斤
112020500	杏鲍菇		公斤
112020600	茶树菇		公斤
112020700	滑菇		公斤

续表 7 continued 7

产品代码	农产品类别与品名	生产价格代表产品	计 量
112020800	草菇		公斤
112020900	猴头菌		公斤
112021000	香菇	*	公斤
112021100	竹荪		公斤
112021200	黑木耳	*	公斤
112021300	黄背木耳		公斤
112021400	白木耳	*	公斤
112021500	松茸		公斤
112021600	榛蘑		公斤
112021700	灰树花		公斤
112029900	其他食用菌		公斤
113	花卉	*	
11301	盆栽花	*	
113010100	孤挺花		盆
113010200	银莲花(鳞茎类)		盆
113010300	美人蕉	*	盆
113010400	窄叶小草		盆
113010500	铃兰		盆
113010600	藏红花		盆
113010700	仙客来		盆
113010800	大丽花		盆
113010900	独尾草		盆
113011000	小苍兰		盆
113011100	盆栽贝母		盆
113011200	雪花莲		盆
113011300	大岩桐		盆
113011400	风信子		盆
113011500	鸢尾		盆
113011600	观音兰		盆
113011700	水仙头		盆
113011800	水仙花	*	盆
113011900	虎眼万年青		盆
113012000	酢浆草		盆
113012100	晚香玉		盆
113012200	毛茛		盆
113012300	茜草		盆
113012400	老虎莲		盆
113012500	郁金香		盆
113012600	杜鹃		盆
113012700	盆栽菊花	*	盆
113012800	凤梨		盆
113012900	兰花		盆
113013000	一品红		盆
113013100	花烛属		盆
113013200	君子兰		盆
113013300	秋海棠		盆
113013400	伽兰莱		盆
113013500	新几内亚凤仙		盆
113013600	仙人掌及多浆植物		盆
113013700	花坛花卉		盆
113013800	木本盆花		盆
113019900	其他盆栽花		盆

续表 8　　continued 8

产品代码	农产品类别与品名	生产价格代表产品	计　量
11302	鲜切花及花蕾	*	
113020100	康乃馨	*	枝
113020200	满天星	*	枝
113020300	勿忘我	*	枝
113020400	玫瑰		枝
113020500	情人草		枝
113020600	紫罗兰		枝
113020700	月季		枝
113020800	香石竹		枝
113020900	唐菖蒲		枝
113021000	百合花	*	枝
113021100	非洲菊	*	枝
113021200	补血草		枝
113021300	马蹄莲		枝
113021400	火鹤		枝
113029900	其他鲜切花及花蕾		枝
114	盆景及园艺产品		
11401	园艺产品		
1140101	盆栽观叶植物		
114010101	龙血树		株
114010102	马拉巴栗		株
114010103	喜林芋		株
114010104	绿萝		株
114010105	变叶木		株
114010106	袖珍椰子		株
114010107	盆栽散尾葵		株
114010108	绿巨人		株
114010109	花叶万年青		株
114010110	竹芋		株
114010111	白鹤芋		株
114010112	花叶芋		株
114010113	亮丝草		株
114010199	其他盆栽观叶植物		株
114010200	草皮		平方米
114010300	草坪		平方米
114019900	其他园艺产品		
114990000	其他盆景及园艺产品		
116	水果及坚果	*	
11601	水果(园林水果)	*	公斤
1160101	苹果	*	公斤
116010101	红富士苹果	*	公斤
116010102	国光苹果	*	公斤
116010103	秦冠苹果	*	公斤
116010104	香蕉苹果		公斤
116010105	金冠苹果		公斤
116010106	元帅苹果		公斤
116010107	新红星苹果		公斤
116010199	其他苹果		公斤
1160102	梨	*	公斤
116010201	雪花梨	*	公斤
116010202	鸭梨	*	公斤
116010203	酥梨	*	公斤

续表 9 continued 9

产品代码	农产品类别与品名	生产价格代表产品	计 量
116010204	香梨		公斤
116010205	苹果梨		公斤
116010206	黄冠梨		公斤
116010207	绿宝石梨		公斤
116010208	冬果梨		公斤
116010209	汞梨		公斤
116010210	黄花梨		公斤
116010299	其他梨		公斤
1160103	柑橘类水果	*	公斤
116010301	柑橘	*	公斤
116010302	橙	*	公斤
116010303	宽皮柑橘		公斤
116010304	柚类	*	公斤
116010305	金柑		公斤
116010399	其他柑橘类水果		公斤
1160104	葡萄	*	公斤
116010401	巨峰葡萄	*	公斤
116010402	玫瑰香葡萄		公斤
116010403	白葡萄		公斤
116010404	龙眼葡萄		公斤
116010405	木纳格葡萄		公斤
116010406	红提葡萄		公斤
116010407	酿造葡萄		公斤
116010499	其他葡萄		公斤
1160105	热带水果	*	公斤
116010501	香蕉	*	公斤
116010502	菠萝		公斤
116010503	龙眼		公斤
116010504	荔枝		公斤
116010505	枇杷		公斤
116010506	红毛丹		公斤
116010507	芒果		公斤
116010508	橄榄		公斤
116010509	无花果		公斤
116010510	鳄梨		公斤
116010511	番石榴		公斤
116010512	山竹果		公斤
116010513	杨桃		公斤
116010514	莲雾		公斤
116010515	火龙果		公斤
116010599	其他热带水果		公斤
1160106	瓜类水果	*	公斤
116010601	西瓜	*	公斤
116010602	哈密瓜	*	公斤
116010603	华莱士瓜		公斤
116010604	香瓜		公斤
116010605	伊利沙白瓜		公斤
116010606	金瓜		公斤
116010607	木瓜		公斤
116010699	其他瓜类水果		公斤
1160199	其他水果		公斤
116019901	樱桃		公斤

续表 10 continued 10

产品代码	农产品类别与品名	生产价格代表产品	计　量
116019902	枣		公斤
116019903	红果		公斤
116019904	柿子		公斤
116019905	桃		公斤
116019906	李子		公斤
116019907	石榴		公斤
116019908	杏		公斤
116019909	杨梅		公斤
116019910	草莓		公斤
116019911	黑莓		公斤
116019912	桑椹		公斤
116019913	猕猴桃		公斤
116019914	沙棘		公斤
116019999	其他未列明水果		
11602	干制水果及水果籽		
1160201	干制水果		
116020101	葡萄干		公斤
116020102	杏干		公斤
116020103	梅干及李干		公斤
116020104	苹果干		公斤
116020105	龙眼干、肉		公斤
116020106	柿饼		公斤
116020107	干枣		公斤
116020108	椰子干		公斤
116020109	荔枝干		公斤
116020199	其他干制水果		公斤
1160202	水果籽		公斤
116020201	杏核		公斤
116020202	葡萄籽		公斤
116020299	其他水果籽		公斤
11603	食用坚果	*	公斤
1160301	椰子		公斤
116030101	种用椰子		公斤
116030199	其他椰子		公斤
116030200	腰果		公斤
116030300	核桃	*	公斤
116030400	山核桃		公斤
1160305	栗子	*	公斤
116030501	板栗	*	公斤
116030502	锥栗		公斤
116030503	丹东栗		公斤
116030599	其他栗子		公斤
116030600	松子		公斤
116030700	榛子		公斤
116030800	阿月浑子果(开心果)		公斤
116030900	槟榔		公斤
116031000	白果		公斤
116031100	香榧		公斤
116031200	巴旦杏		公斤
116031300	夏威夷果		公斤
116039900	其他食用坚果		公斤
117	茶及饮料原料	*	

续表 11 continued 11

产品代码	农产品类别与品名	生产价格代表产品	计 量
11701	茶叶	*	公斤
117010100	红茶	*	公斤
117010200	绿茶	*	公斤
117010300	白茶		公斤
117010400	黄茶		公斤
1170105	清茶	*	公斤
117010501	铁观音		公斤
117010502	乌龙茶	*	公斤
117010599	其他清茶		公斤
1170106	黑茶		公斤
117010601	普洱茶		公斤
117010699	其他黑茶		公斤
1170107	再加工茶		公斤
117010701	银杏茶		公斤
117010799	其他再加工茶		公斤
117019900	其他茶叶		公斤
11799	其他饮料原料		公斤
117990100	可可豆		公斤
117990200	咖啡豆		公斤
117999900	其他未列明饮料原料		公斤
118	香料原料		公斤
11801	调味香料		公斤
118010100	花椒		公斤
118010200	胡椒		公斤
118010300	八椒		公斤
118010400	桂皮		公斤
118010500	桂花		公斤
118010600	丁香		公斤
118010700	豆蔻		公斤
118010800	小茴香		公斤
118010900	咖喱		公斤
118011000	枯茗子		公斤
118011100	蒿子		公斤
118011200	杜松果		公斤
118019900	其他调味香料		公斤
11802	香味料		公斤
118020100	香子兰		公斤
118020200	香茅草		公斤
118020300	薄荷油		公斤
118020400	留兰香		公斤
118020500	啤酒花		公斤
118020600	番红花		公斤
118020700	姜黄		公斤
118020800	麝香草		公斤
118020900	月桂叶		公斤
118029900	其他香味料		公斤
119	中草药材		公斤
119010000	甘草		公斤
119020000	人参	*	公斤
119030000	古柯叶		公斤
119040000	罂粟杆		公斤
119050000	当归		公斤

续表 12　　continued 12

产品代码	农产品类别与品名	生产价格代表产品	计　量
119060000	田七		公斤
119070000	党参		公斤
119080000	黄连		公斤
119090000	菊花	*	公斤
119100000	冬虫夏草		公斤
119110000	贝母		公斤
119120000	川芎		公斤
119130000	半夏		公斤
119140000	白芍		公斤
119150000	天麻		公斤
119160000	黄芪		公斤
119170000	大黄、籽黄		公斤
119180000	白术		公斤
119190000	地黄		公斤
119200000	槐米		公斤
119210000	杜仲		公斤
119220000	茯苓		公斤
119230000	枸杞	*	公斤
119240000	大海子		公斤
119250000	沉香		公斤
119260000	沙参		公斤
119270000	青蒿		公斤
119280000	鱼藤根		公斤
119290000	除虫菊		公斤
119300000	灵芝		公斤
119310000	五味子		公斤
119320000	刺五加		公斤
119330000	生地		公斤
119340000	麦冬		公斤
119350000	云木香		公斤
119360000	白芷		公斤
119370000	元胡	*	公斤
119380000	山茱萸		公斤
119390000	莲翘		公斤
119400000	辛荑		公斤
119410000	厚朴		公斤
119420000	黄芩		公斤
119430000	葛根		公斤
119440000	柴胡		公斤
119450000	麻黄		公斤
119460000	列当		公斤
119470000	肉苁蓉		公斤
119480000	锁阳		公斤
119490000	罗布麻		公斤
119990000	其他中草药材		公斤
2	林业产品		
201	育种和育苗		
20103	苗木类		株
2010301	针叶乔木苗类		株
201030101	杉树树苗		株
201030102	柏树树苗		株
201030103	松树树苗		株

续表 13 continued 13

产品代码	农产品类别与品名	生产价格代表产品	计　量
201030104	银杏树苗		株
201030199	其他针叶乔木树苗		株
2010302	阔叶乔木苗类		株
201030201	槭树类树苗		株
201030202	枫树类树苗		株
201030203	冬青树类树苗		株
201030204	桦树类树苗		株
201030205	木棉树类树苗		株
201030206	榛树类树苗		株
201030207	杨树类树苗		株
201030208	柳树类树苗		株
201030209	樟树类树苗		株
201030210	楠木类树苗		株
201030211	榆树类树苗		株
201030212	桂花树苗		株
201030213	相思类树苗		株
201030214	壳斗科类树苗		株
201030299	其他阔叶乔木树苗		株
2010303	果树苗		株
201030301	苹果树苗		株
201030302	梨树苗		株
201030303	葡萄树苗		株
201030304	柑橘树苗		株
201030305	桃树苗		株
201030399	其他果树苗		株
2010304	竹苗		株
201030401	毛竹苗		株
201030402	撑蒿竹苗		株
201030403	水竹苗		株
201030404	淡竹苗		株
201030405	慈竹苗		株
201030406	红壳竹苗		株
201030407	绿竹苗		株
201030499	其他竹苗		株
2010305	灌木树苗		株
201030501	蕃荔枝类灌木树苗		株
201030502	夹竹桃类灌木树苗		株
201030503	冬青类灌木树苗		株
201030504	小檗类灌木树苗		株
201030505	桦木及杨树类灌木树苗		株
201030599	其他灌木树苗	*	株
202	木材采伐产品	*	
20201	原木	*	立方米
2020101	针叶原木	*	立方米
202010101	红松原木		立方米
202010102	樟子松原木		立方米
202010103	白松(云杉和冷杉)原木		立方米
202010104	辐射松原木		立方米
202010105	落叶松原木	*	立方米
202010106	马尾松原木	*	立方米
202010107	云南松原木		立方米
202010108	杉木原条		立方米

续表 14 continued 14

产品代码	农产品类别与品名	生产价格代表产品	计　量
202010199	其他针叶原木	*	立方米
2020102	非针叶原木	*	立方米
202010201	栎木(橡木)原木	*	立方米
202010202	山毛榉木原木		立方米
202010203	楠木原木		立方米
202010204	樟木原木		立方米
202010205	泡桐木原木		立方米
202010206	杨树原木		立方米
202010207	水曲柳原木		立方米
202010208	胡桃楸原木		立方米
202010209	柞木原木		立方米
202010210	桦木原木		立方米
202010211	榆木原木		立方米
202010212	柳木原木		立方米
202010213	椴木原木		立方米
202010214	桉树原木		立方米
202010299	其他非针叶原木		立方米
20202	小规格木材		立方米
202020100	针叶木小规格木材		立方米
202029900	其他木小规格木材		立方米
202030000	薪材		立方米
202040000	短条及细枝等	*	立方米
203	竹材采伐产品	*	
20301	竹材	*	吨
203010100	毛竹	*	吨
203010200	撑蒿竹		吨
203010300	水竹		吨
203010400	淡竹		吨
203010500	慈竹		吨
203010600	红壳竹		吨
203019900	其他竹材		吨
203990000	其他竹材采伐产品	*	吨
204	林产品	*	
20401	天然橡胶	*	公斤
204010100	天然橡胶乳		公斤
204010200	烟胶片		公斤
204010300	胶清片		公斤
204010400	白皱片		公斤
204010500	褐胶片		公斤
204010600	标准胶片		公斤
204019900	其他天然橡胶	*	公斤
20402	天然树脂、树胶	*	公斤
204020100	天然生漆	*	公斤
204020200	天然松脂		公斤
204020300	虫胶		公斤
204020400	桃胶		公斤
204020500	冷杉胶		公斤
204029900	其他天然树脂、树胶		公斤
20403	栲胶原料		公斤
204030100	落叶松树皮		公斤
204030200	杨梅树皮		公斤
204030300	油柑树皮		公斤

续表 15 continued 15

产品代码	农产品类别与品名	生产价格代表产品	计 量
204030400	槲树皮		公斤
204030500	木麻黄树皮		公斤
204030600	黑荆树皮		公斤
204030700	橡碗		公斤
204030800	化香果		公斤
204039900	其他栲胶原料		公斤
20404	非直接食用果类	*	公斤
204040100	油桐籽	*	公斤
204040300	沙棘果		公斤
204040400	油棕果		公斤
204040500	乌桕子		公斤
204040600	油橄榄		公斤
204040700	文冠果		公斤
204040800	山苍籽		公斤
204040900	黑椋子		公斤
204041000	麻风树果(小桐子)		公斤
204041100	黄连木果		公斤
204041200	光皮梾(光皮树)果		公斤
204049900	其他非直接食用果类		公斤
20405	编结用原料		公斤
204050100	藤条		公斤
204050200	柳条		公斤
204050300	柠条		公斤
204050400	荆条		公斤
204050500	桑条		公斤
204050600	灯心草		公斤
204050700	菖蒲		公斤
204050800	葵叶		公斤
204059900	其他编织用原料		公斤
20406	染色、鞣革用植物原料		公斤
204060100	五倍子		公斤
204060200	地衣		公斤
204060300	蓝靛		公斤
204060400	薯莨		公斤
204069900	其他染色、鞣革用植物原料		公斤
20407	野生植物活体		公斤
204070100	野生乔木		公斤
204070200	野生灌木		公斤
204070300	野生藤木		公斤
204070400	野生菌类		公斤
204079900	其他野生植物活体		公斤
20408	野生植物采集产品		公斤
204080100	野生植物根		公斤
204080200	野生植物茎		公斤
204080300	野生植物叶		公斤
204080400	野生植物花		公斤
204080500	野生植物果实		公斤
204089900	其他野生植物采集产品		公斤
20499	其他林产品		公斤
204990100	未加工天然软木		公斤
204990200	棕片		公斤
204990300	竹笋干		公斤

续表 16 continued 16

产品代码	农产品类别与品名	生产价格代表产品	计 量
204990400	黄柏柏		公斤
204990500	山苍子		公斤
204990600	桉树叶		公斤
3	饲养动物及其产品	*	
301	活牲畜	*	
30101	猪	*	公斤
301010100	种猪		公斤
301010200	仔猪		公斤
301010300	中猪		公斤
301010400	能繁殖母猪		公斤
301019900	其他活猪	*	公斤
30102	牛	*	公斤
301020100	种牛		公斤
301020200	黄牛	*	公斤
301020300	水牛	*	公斤
301020400	奶牛		公斤
301020500	牦牛		公斤
301020600	牛犊		公斤
301020700	能繁殖母牛		公斤
301029900	其他活牛		公斤
30103	马		公斤
301030100	种马		公斤
301030200	马驹		公斤
301039900	其他活马		公斤
30104	驴		公斤
301040100	种驴		公斤
301049900	其他驴		公斤
301050000	骡		公斤
30106	羊	*	公斤
3010601	绵羊	*	公斤
301060101	细毛羊	*	公斤
301060102	半细毛羊	*	公斤
301060103	种绵羊		公斤
301060104	能繁殖母绵羊		公斤
301060199	其他绵羊		公斤
3010602	山羊	*	公斤
301060201	种山羊		公斤
301060202	奶山羊		公斤
301060203	种绒山羊		公斤
301060204	绒山羊	*	公斤
301060205	能繁殖母山羊		公斤
301060299	其他山羊		公斤
301060300	能繁殖母羊		公斤
301060400	羔羊		公斤
301070000	骆驼		公斤
301990000	其他活牲畜		公斤
302	活家禽	*	公斤
30201	活鸡	*	公斤
3020101	蛋鸡		公斤
302010101	种蛋鸡		公斤
302010199	其他蛋鸡		公斤
3020102	雏鸡		公斤

续表 17 continued 17

产品代码	农产品类别与品名	生产价格代表产品	计 量
302010201	种雏鸡		公斤
302010299	其他雏鸡		公斤
3020103	肉鸡	*	公斤
302010301	种肉鸡		公斤
302010399	其他肉鸡	*	公斤
3020199	其他活鸡		公斤
302019901	其他种用活鸡		公斤
302019999	其他未列明活鸡		公斤
30202	活鸭	*	公斤
3020201	雏鸭		公斤
302020101	种用雏鸭		公斤
302020199	其他雏鸭		公斤
3020202	成鸭	*	公斤
302020201	种用成鸭		公斤
302020299	其他成鸭	*	公斤
30203	活鹅	*	公斤
3020301	雏鹅		公斤
302030101	种用雏鹅		公斤
302030199	其他雏鹅		公斤
3020302	成鹅	*	公斤
302030201	种用成鹅		公斤
302030299	其他成鹅	*	公斤
30204	活火鸡		公斤
3020401	雏火鸡		公斤
302040101	种用火鸡		公斤
302040199	其他火鸡		公斤
3020402	成火鸡		公斤
302040201	种用成火鸡		公斤
302040299	其他成火鸡		公斤
30205	活珍珠鸡		公斤
3020501	雏珍珠鸡		公斤
302050101	种用雏珍珠鸡		公斤
302050199	其他雏珍珠鸡		公斤
3020502	成珍珠鸡		公斤
302050201	种用成珍珠鸡		公斤
302050299	其他成珍珠鸡		公斤
30299	其他活家禽		公斤
302990100	鸽子		公斤
302990200	鸵鸟		公斤
302990300	野鸭		公斤
302990400	鹌鹑		公斤
302999900	其他未列明活家禽		公斤
303	畜禽产品	*	公斤
30301	生奶	*	公斤
303010100	生牛奶	*	公斤
303010200	生羊奶		公斤
303010300	生马奶		公斤
303019900	其他生奶		公斤
30302	禽蛋	*	公斤
3030201	鸡蛋	*	公斤
303020101	种用鸡蛋		公斤
303020199	其他鲜鸡蛋	*	公斤

续表 18 continued 18

产品代码	农产品类别与品名	生产价格代表产品	计 量
3030202	鸭蛋	*	公斤
303020201	种用鸭蛋		公斤
303020299	其他鲜鸭蛋	*	公斤
3030203	鹅蛋	*	公斤
303020301	种用鹅蛋		公斤
303020399	其他鲜鹅蛋	*	公斤
3030204	鹌鹑蛋		公斤
303020401	种用鹌鹑蛋		公斤
303020499	其他鲜鹌鹑蛋		公斤
303029900	其他禽蛋		公斤
30303	天然蜂蜜及副产品		公斤
303030100	天然蜂蜜		公斤
303030200	蜂蜡		公斤
303030300	鲜蜂王浆		公斤
303039900	其他天然蜂蜜及副产品		公斤
30304	蚕茧		公斤
303040100	桑蚕茧		公斤
303040200	柞蚕茧		公斤
303040300	蓖麻蚕茧		公斤
303049900	其他蚕茧		公斤
30305	动物毛类	*	公斤
3030501	绵羊毛	*	公斤
303050101	细羊毛	*	公斤
303050102	半细羊毛	*	公斤
303050103	剪羊毛		公斤
303050199	其他绵羊毛		公斤
3030502	山羊毛	*	公斤
303050201	山羊粗毛	*	公斤
303050202	山羊绒	*	公斤
3030503	牦牛毛		公斤
303050301	粗牦牛毛		公斤
303050302	牦牛绒		公斤
303050400	兔毛	*	公斤
3030505	骆驼毛		公斤
303050501	骆驼粗毛		公斤
303050502	骆驼绒		公斤
3030506	马毛		公斤
303050601	马鬃		公斤
303050602	马尾		公斤
303050699	其他马毛		公斤
303059900	其他动物毛类		
30306	生皮		张
3030601	整张生牛皮		张
303060101	整张黄牛生皮		张
303060102	整张水牛生皮		张
303060199	其他整张牛生皮		张
3030602	整张绵羊生皮		张
303060201	整张带毛绵羊生皮		张
303060202	整张不带毛绵羊生皮		张
3030603	整张山羊生皮		张
303060301	整张山羊板皮		张
303060399	其他整张山羊生皮		张

续表 19 continued 19

产品代码	农产品类别与品名	生产价格代表产品	计 量
303060400	整张生猪皮		张
303060500	整张生马皮		张
303060600	整张爬行动物皮		张
303069900	其他生皮		张
30307	生毛皮		张
303070100	整张羔羊生毛皮		张
303070200	整张水貂生毛皮		张
303070300	整张狐生毛皮		张
303070400	整张兔生毛皮		张
303079900	其他生毛皮		张
30308	制刷用兽毛		公斤
303080100	猪鬃		公斤
303080200	制刷用山羊毛		公斤
303089900	其他制刷用兽毛		公斤
30399	其他畜禽产品		公斤
303990100	麝香		公斤
303990200	鹿茸		公斤
303990300	燕窝		公斤
303990400	龟蛋		公斤
303999900	其他未列明畜禽产品		
399	其他饲养动物		
39901	爬行动物		公斤
399010100	食用爬行动物		公斤
399019900	其他爬行动物		公斤
39902	蛙类动物		公斤
399020100	改良种用蛙苗		公斤
399029900	其他食用蛙类动物		公斤
39903	家兔		公斤
399030100	种用家兔		公斤
3990302	非种用家兔		公斤
399030201	毛兔		公斤
399030202	皮兔		公斤
399030203	肉兔		公斤
39904	鹦形目鸟		公斤
399040100	改良种用鹦形目鸟		公斤
399040200	非种用鹦形目鸟		公斤
399050000	蜂		公斤
399060000	蚕		公斤
399070000	驯鹿		公斤
399080000	梅花鹿		公斤
399090000	狐		公斤
399100000	貂		公斤
399110000	麝		公斤
399990000	其他未列明饲养动物		
4	渔业产品	*	
401	海水养殖产品	*	公斤
40101	海水养殖鱼	*	公斤
401010100	海水养殖观赏鱼		公斤
401010200	海水养殖鲈鱼	*	公斤
401010300	海水养殖石斑鱼	*	公斤
401010400	海水养殖美国红鱼		公斤
401010500	海水养殖鲆鱼		公斤

续表 20　　continued 20

产品代码	农产品类别与品名	生产价格代表产品	计　量
401010600	海水养殖大黄鱼	*	公斤
401010700	海水养殖军曹鱼		公斤
401010800	海水养殖鲕鱼		公斤
401010900	海水养殖鲷鱼		公斤
401011000	海水养殖河鲀		公斤
401011100	海水养殖鲽鱼		公斤
401019900	其他海水养殖活鱼		公斤
40102	海水养殖虾	*	公斤
401020100	海水养殖中国对虾	*	公斤
401020200	海水养殖南美白对虾		公斤
401020300	海水养殖斑节对虾		公斤
401020400	海水养殖日本对虾		公斤
401020500	海水养殖龙虾		公斤
401029900	其他海水养殖海虾		公斤
40103	海水养殖蟹	*	公斤
401030100	海水养殖梭子蟹	*	公斤
401030200	海水养殖青蟹		公斤
401039900	其他海水养殖蟹		公斤
40104	海水养殖贝类	*	公斤
401040100	海水养殖牡蛎	*	公斤
401040200	海水养殖扇贝	*	公斤
401040300	海水养殖贻贝		公斤
401040400	海水养殖江珧		公斤
401040500	海水养殖鲍		公斤
401040600	海水养殖螺		公斤
401040700	海水养殖蚶		公斤
401040800	海水养殖蛤		公斤
401040900	海水养殖蛏		公斤
401049900	其他海水养殖贝类		公斤
40105	海水养殖藻类	*	公斤
401050100	海水养殖海带	*	公斤
401050200	海水养殖紫菜	*	公斤
401050300	海水养殖裙带菜		公斤
401050400	海水养殖江蓠		公斤
401050500	海水养殖麒麟菜		公斤
401050600	海水养殖石花菜		公斤
401050700	海水养殖羊栖菜		公斤
401050800	海水养殖苔菜		公斤
401059900	其他海水养殖藻类		公斤
40199	其他海水养殖产品		公斤
401990100	海水养殖海参		公斤
401990200	海水养殖海胆		公斤
401990300	海水养殖珍珠		公斤
401990400	海水养殖海蜇		公斤
401999900	其他未列明海水养殖产品		公斤
402	海水养殖产品种苗		尾
40201	海水养殖鱼苗		尾
402010100	海水养殖军曹鱼苗		尾
402010200	海水养殖鲕鱼苗		尾
402010300	海水养殖鲷鱼苗		尾
402010400	海水养殖大黄鱼苗		尾
402010500	海水养殖鲆鱼苗		尾

续表 21 continued 21

产品代码	农产品类别与品名	生产价格代表产品	计　量
402010600	海水养殖鲽鱼苗		尾
402010700	海水养殖鳎鱼苗		尾
402010800	海水养殖鲀鱼苗		尾
402019900	其他海水养殖鱼苗		尾
40202	海水养殖虾种苗		尾
402020100	海水养殖对虾种苗		尾
402020200	海水养殖中国对虾种苗		尾
402020300	海水养殖南美白对虾种苗		尾
402020400	海水养殖斑节对虾种苗		尾
402020500	海水养殖日本对虾种苗		尾
402020600	海水养殖龙虾种苗		尾
402029900	其他海水养殖海虾种苗		尾
40203	海水养殖蟹苗		尾
402030100	海水养殖梭子蟹苗		尾
402030200	海水养殖青蟹苗		尾
402039900	其他海水养殖蟹苗		尾
40204	海水养殖贝类种苗		尾
402040100	海水养殖牡蛎种苗		尾
402040200	海水养殖扇贝种苗		尾
402040300	海水养殖贻贝种苗		尾
402040400	海水养殖江珧种苗		尾
402040500	海水养殖鲍种苗		尾
402040600	海水养殖螺种苗		尾
402040700	海水养殖蚶种苗		尾
402040800	海水养殖蛤种苗		尾
402040900	海水养殖蛏种苗		尾
402049900	其他海水养殖贝类种苗		尾
40205	海水养殖藻类育苗		尾
402050100	海水养殖海带苗		尾
402050200	海水养殖紫菜苗		尾
402050300	海水养殖裙带菜苗		尾
402050400	海水养殖江蓠苗		尾
402050500	海水养殖麒麟菜苗		尾
402050600	海水养殖石花菜苗		尾
402050700	海水养殖羊栖菜苗		尾
402050800	海水养殖苔菜苗		尾
402059900	其他海水养殖藻类育苗		尾
40299	其他海水养殖产品种苗		尾
402990100	海水养殖海参苗		尾
402990200	海水养殖海胆苗		尾
402990300	海水养殖珍珠蚌		尾
402990400	海水养殖海蜇苗		尾
402999900	其他未列明海水养殖产品种苗		尾
403	海水捕捞产品	*	公斤
40301	海水捕捞鲜鱼	*	公斤
403010100	大黄鱼	*	公斤
403010200	小黄鱼	*	公斤
403010300	带鱼	*	公斤
403010400	鲥鱼		公斤
4030105	比目鱼		公斤
403010501	鲽鱼		公斤
403010502	鳎鱼		公斤

续表 22 continued 22

产品代码	农产品类别与品名	生产价格代表产品	计　量
403010503	鲆鱼		公斤
4030106	金枪鱼		公斤
403010601	长鳍金枪鱼		公斤
403010602	黄鳍金枪鱼		公斤
403010603	鲣鱼		公斤
403010604	大眼金枪鱼		公斤
403010605	蓝鳍金枪鱼		公斤
403010699	其他金枪鱼		公斤
4030107	鳕鱼		公斤
403010701	黑线鳕鱼		公斤
403010799	其他鳕鱼		公斤
403010800	沙丁鱼		公斤
403010900	鲑鱼(海水)		公斤
403011000	大马哈鱼		公斤
403011100	角鲨,相关鲨鱼		公斤
403011200	海鳗		公斤
403011300	鳀鱼		公斤
4030114	鲳鱼		公斤
403011401	绿青鲳鱼		公斤
403011499	其他鲳鱼		公斤
403011500	鲱鱼		公斤
403011600	石斑鱼		公斤
403011700	蓝圆鲹		公斤
403011800	白姑鱼		公斤
403011900	黄姑鱼		公斤
403012000	梅童鱼		公斤
403012100	方头鱼		公斤
403012200	玉筋鱼		公斤
403012300	梭鱼		公斤
403012400	鲻鱼		公斤
403012500	鲐鱼		公斤
403012600	鲅鱼		公斤
403012700	马面鲀		公斤
403012800	竹荚鱼		公斤
403019900	其他海水捕捞鲜鱼		公斤
40302	海水捕捞虾	*	公斤
403020100	龙虾	*	公斤
403020200	斑节对虾	*	公斤
403020300	中国对虾	*	公斤
403020400	日本对虾		公斤
403020500	毛虾		公斤
403020600	虾蛄		公斤
403020700	鹰爪虾		公斤
403029900	其他海水捕捞虾		公斤
40303	海水捕捞蟹	*	公斤
403030100	梭子蟹	*	公斤
403030200	青蟹	*	公斤
403039900	其他海水捕捞蟹		公斤
40304	海水捕捞贝类	*	公斤
403040100	贻贝	*	公斤
403040200	蛤	*	公斤
403040300	蚶		公斤

续表 23 continued 23

产品代码	农产品类别与品名	生产价格代表产品	计 量
403049900	其他海水捕捞贝类		公斤
40305	海水捕捞软体水生动物	*	公斤
403050100	墨鱼	*	公斤
403050200	鱿鱼	*	公斤
403050300	沙蚕		公斤
403059900	其他海水捕捞软体水生动物		公斤
403990000	其他海水捕捞产品		公斤
404	淡水养殖产品	*	公斤
40401	养殖淡水鱼	*	公斤
4040101	养殖淡水观赏鱼		公斤
404010101	金鱼		公斤
404010199	其他养殖淡水观赏鱼		公斤
404010200	养殖淡水鳟鱼	*	公斤
404010300	养殖淡水鳗鲡		公斤
404010400	养殖淡水鲤鱼	*	公斤
404010500	养殖淡水草鱼	*	公斤
404010600	养殖淡水鳙鱼(胖头鱼)		公斤
404010700	养殖淡水鲟鱼		公斤
404010800	养殖淡水罗非鱼		公斤
404010900	养殖淡水河鲀		公斤
404011000	养殖淡水青鱼		公斤
404011100	养殖淡水鲢鱼	*	公斤
404011200	养殖淡水鲫鱼		公斤
404011300	养殖淡水鳊鲂		公斤
404011400	养殖淡水鲶鱼		公斤
404011500	养殖淡水鮰鱼		公斤
404011600	养殖淡水黄颡鱼		公斤
404011700	养殖淡水鲑鱼		公斤
404011800	养殖淡水池沼公鱼		公斤
404011900	养殖淡水银鱼		公斤
404012000	养殖淡水短盖巨脂鲤		公斤
404012100	养殖淡水长吻鮠		公斤
404012200	养殖淡水黄鳝		公斤
404012300	养殖淡水鳜鱼		公斤
404012400	养殖淡水鲈鱼		公斤
404012500	养殖淡水乌鳢		公斤
404012600	养殖淡水泥鳅		公斤
404019900	其他养殖淡水鱼		公斤
40402	淡水养殖虾	*	公斤
404020100	淡水养殖罗氏沼虾	*	公斤
404020200	淡水养殖青虾	*	公斤
404020300	淡水养殖克氏原螯虾		公斤
404020400	淡水养殖南美白对虾		公斤
404029900	其他淡水养殖虾		公斤
40403	淡水养殖蟹	*	公斤
404030100	淡水养殖活河蟹	*	公斤
404039900	其他淡水养殖蟹		公斤
40404	淡水养殖贝类	*	公斤
404040100	淡水养殖河蚌	*	公斤
404040200	淡水养殖螺		公斤
404040300	淡水养殖蚬		公斤

续表 24　　continued 24

产品代码	农产品类别与品名	生产价格代表产品	计　量
404049900	其他淡水养殖贝类		公斤
404050000	淡水养殖螺旋藻		公斤
40499	其他淡水养殖产品		公斤
404990100	淡水养殖龟		公斤
404990200	淡水养殖鳖		公斤
404990300	淡水养殖蛙		公斤
404990400	淡水养殖珍珠		公斤
404999900	其他未列明淡水养殖产品		公斤
405	淡水养殖产品种苗		尾
40501	淡水鱼苗		尾
405010100	鳟鱼苗		尾
405010200	鳗鱼苗		尾
405010300	鲤鱼苗		尾
405010400	草鱼鱼苗		尾
405010500	鳙鱼鱼苗		尾
405010600	鲟鱼苗		尾
405010700	罗非鱼苗		尾
405010800	鲀鱼苗		尾
405010900	青鱼苗		尾
405011000	鲢鱼苗		尾
405011100	鲫鱼苗		尾
405011200	鳊鱼苗		尾
405011300	鲶鱼苗		尾
405011400	鮰鱼苗		尾
405011500	黄颡鱼苗		尾
405011600	鲑鱼苗		尾
405011700	池沼公鱼苗		尾
405011800	银鱼苗		尾
405011900	短盖巨脂鲤苗		尾
405012000	长吻鮠苗		尾
405012100	黄鳝苗		尾
405012200	鳜鱼苗		尾
405012300	鲈鱼苗		尾
405012400	乌鳢苗		尾
405012500	泥鳅苗		尾
405019900	其他淡水鱼苗		尾
40502	淡水养殖虾苗		尾
405020100	罗氏沼虾苗		尾
405020200	青虾苗		尾
405020300	克氏原螯虾苗		尾
405020400	南美白对虾苗		尾
405029900	其他淡水养殖虾苗		尾
40503	淡水养殖蟹种苗		尾
405030100	中华绒毛蟹(大闸蟹)种苗		尾
405039900	其他淡水养殖蟹种苗		尾
40504	淡水养殖贝壳种苗		尾
405040100	河蚌种苗		尾
405040200	螺种苗		尾
405040300	蚬种苗		尾
405049900	其他淡水养殖贝壳种苗		尾
40505	淡水养殖藻类种苗		尾

续表 25 continued 25

产品代码	农产品类别与品名	生产价格代表产品	计 量
405050100	螺旋藻种苗		尾
405059900	其他淡水养殖藻类种苗		尾
40599	其他淡水养殖产品种苗		尾
405990100	稚龟种苗		尾
405990200	稚鳖种苗		尾
405990300	幼蛙种苗		尾
405990400	珍珠蚌种苗		尾
405999900	其他未列明淡水养殖产品种苗		尾
406	淡水捕捞产品		公斤
40601	捕捞淡水鱼		公斤
406010100	鳗鲡		公斤
406010200	青鱼		公斤
406010300	草鱼		公斤
406010400	鲢鱼		公斤
406010500	鳙鱼		公斤
406010600	鲤鱼		公斤
406010700	鲫鱼		公斤
406010800	鳊鲂		公斤
406010900	泥鳅		公斤
406011000	鲶鱼		公斤
406011100	鮰鱼		公斤
406011200	黄颡鱼		公斤
406011300	鲑鱼(淡水)		公斤
406011400	鳟鱼		公斤
406011500	河鲀		公斤
406011600	池沼公鱼		公斤
406011700	银鱼		公斤
406011800	长吻鮠		公斤
406011900	黄鳝		公斤
406012000	鳜鱼		公斤
406012100	鲈鱼		公斤
406019900	其他捕捞淡水鱼		公斤
40602	淡水捕捞鲜虾		公斤
406020100	罗氏沼虾		公斤
406020200	青虾		公斤
406020300	克氏螯虾(克氏原螯虾)		公斤
406029900	其他淡水捕捞鲜虾		公斤
40603	淡水捕捞蟹		公斤
406030100	中华绒毛蟹(大闸蟹)		公斤
406039900	其他淡水捕捞蟹		公斤
40604	淡水捕捞鲜软体动物		公斤
406040100	蜗牛		公斤
406040200	螺		公斤
406040300	河蚌		公斤
406040400	蚬		公斤
406049900	其他淡水捕捞鲜软体动物		公斤
406050000	淡水捕捞螺旋藻		公斤
40699	其他淡水捕捞产品		公斤
406990100	丰年虫		公斤
406999900	其他未列明淡水捕捞产品		公斤